JN437530

성(誠)의 신학자

윤성범의 삶과 신학

윤남옥 편저

성(誠)의 신학자

윤성범의 삶과 신학

윤남옥 편저

한들출판사

추천의 글

박승호 (Dr. Prof. Andrew Sung Park)*

《윤성범의 삶과 신학》을 읽으면서 많은 감동과 감격의 연속들이었음을 고백합니다. 윤성범 교수의 제자(1969년도 입학)로서 그 분의 사상을 전체적으로 어느 정도 알고 있었으나, 정작 그 분의 신학이 자신의 삶과 생활 속에서 나온 사상임을 알지 못하였다가, 이 책을 읽으면서 비로소 윤 박사님의 삶과 신학이 멋있게 조화되어 열매 맺은 것이 한국적 신학, 성(誠)의 신학임을 깨닫게 되었습니다.

이 책을 읽으면서 윤 박사께서 의도하셨던 것이 더욱 명료하게 깨달아졌고, 신학대학을 다니면서 수없이 성(誠)을 강조하시면서 열강을 하셨던 모습이 떠올라서 감회가 새로웠습니다.

그 분의 믿음, 인내, 창조성, 학구열이 함께 하나님의 은총 안에서 대학자를 만들어내셨습니다. 폐결핵과 열악한 환경 속에서도 학업에

* 박승호 박사는 데이톤 연합신학대학원(United Theological Seminary) 조직신학과 윤리학 교수(Prof. of Theology and Ethics)이시다.

정진하면서, 그리고 신학세계를 제패하였던 칼 바르트 스승 밑에서, 또한 그 스승과 함께 한국적 신학을 우뚝 세워 놓으셨습니다.

그 분은 훌륭한 효자이셨으며, 훌륭한 남편이요, 훌륭한 부모님이셨습니다. 그 분은 사람을 사랑하고 귀하게 여기고 아끼고 예(禮)를 갖추어 대하시는 참신한 분이요, 참 신앙인이요, 참 사람이요, 참 스승님이시오, 나라 사랑하는 참 한국인이셨습니다.

그의 사상은 성(誠)과 효(孝)로 집약할 수 있으되, 그 깊이는 한 마디로 요약하여 말하기는 힘들 정도로 심오합니다. 성(誠)은 언(言: 말씀)이 성(成)으로 이루어지는, 육신이 되신 하나님이신 예수님을 의미합니다. 이 성(誠)이라는 말은 바르트의 예수 그리스도 중심 신학을 잘 나타내고 있고, 유교의 중요 사상인 율곡을 통한 한국의 정신(ethos)을 유감없이 표현하는 단어로, 그의 생애와 신학과 삶을 함께 묶어주는 하나님이 주신 귀하고 귀한 사상입니다.

그 분의 삶이 바로 성(誠) 자체이셨습니다. 이 성은 이퇴계의 경(敬)도 포함하였으며 그 분의 삶은 경(敬)을 또한 육신화한 삶이라고 말할 수 있습니다. 그리고 화합된 경(敬)과 성(誠)을 제자들에게도 몸소 실행하여 가르치셨습니다. 그 분이 고문으로 계셨던 '생명경외클럽'의 회원들인 연대, 이대 의대생들과 감신 하기전도대원들이 함께 1971년 여름 강화도에서 마을 주민들을 섬기면서 윤성범 박사께서 끼친 영향력과 그의 경외(敬畏) 사상을 몸으로 깊이 체험할 수 있었습니다.

그 분의 효(孝) 사랑은 삼위일체 가르침을 한국적 상황에서 잘 표현해주는 것이었습니다. 그 분은 효(孝)로 살지 못하면 삼위일체를 이해하기 힘들다고 효의 중요성을 강조하셨습니다. 하나님과 예수님의 관계는 효에서만 이해할 수 있고, 또 그로 인해 성의 개념도 이해하고 실천하게 됨을 가르치셨습니다. 그 분의 토착화 신학은 나라 사랑과 한(韓) 민족 사랑에서 나왔습니다. 그 분의 신학을 이해하려면, 그 분의 신학하는 동기가 나라 사랑이었음을 알고 시작해야 합니다. 주님은 한국에 들어오실 때, 한국 민족의 정신을 폐하시려는 것이 아니라 완성하시러 오신 분이라고 믿으셨습니다. 마치 헬라-로마 문화에 들어가실 때 주님은 Logos(말씀)로 표현되어 성육신되신 것처럼, 한국에서는 성(誠)을 통해서 오신 것입니다.

저는 성(誠)의 운동(말씀이 육신이 되는)과 성령운동의 뿌리는 같은 것이라 생각합니다. 진정한 성령운동은 이러한 성(誠)에 근거해서 일어나야 한다고 생각합니다. 성령운동을 하면서도 말씀이 육신으로 나타나지 않는 많은 지도자들 때문에 성령운동의 의미가 바로 이해되지 못하고 있는 한국 교계에, 성(誠)이 이루어지는 성령운동이 일어나야 할 때라고 보고 있으며, 그러한 의미에서 윤성범 박사의 성(誠)의 신학은 이제 다시 부활하여 적용하고 실천해야 할 때라고 믿습니다.

제가 클레아몬트 신학대학원에서 윤 박사의 사상으로 논문을 썼을 때, John Cobb 교수님이 많이 배웠다고 기뻐하셨습니다. 또 Berkely 연합신학대학원(Graduate Theological Union)에서 공부할 때, 논문 지도교수 중에 한 분이시던 Robert Bellar(종교사회학) 교수께서 윤성범 박사의 효(孝) 사상을 듣고, 논문에서 다루어 주기를 권면하셨습니다. 윤성범 박사의 책으로 신학박사 논문을 쓴 학자들이 상당수가 있다는 것은 다 알고 있는 사실입니다.

이 책은 윤 박사의 사상과 생애가 제자들과 한국 신학계에 끼친 영향을 한 눈에 볼 수 있는 참 귀중한 자료입니다. 이 책이 많은 후학을 일으키며 세계 신학과 한국 교계에 큰 공헌을 할 것을 기대하면서 진심을 다해 추천합니다.

또한 이 책을 직접 준비해주신 윤남옥 박사께 감사드립니다. 윤남옥 박사와 부군 이용택 목사는 1970년 대(代) 같은 시기에 이민을 와서 오랜 교제를 나눈 동료 목사입니다. 윤남옥 박사의 삶과 목회 속에서 아버님의 신학인 효(孝)와 성(誠)의 정신이 육신화되고 생활화되고 있음을 보는 것도 저의 큰 기쁨입니다. 또한 아버님의 신학을 평신도의 언어로 소통하려고 하는 윤남옥 박사님의 노력도 치하드립니다. 이 책을 통해, 아버님이 하신 신학을 이어가면서 목회와 삶의 현장에서 효(孝)와 성(誠)을 이루어 나가는 윤남옥 박사가 되실 것을 축복하며 추천의 글을 마칩니다.

2017년 7월

편저자의 글

들어가면서

고(故) 해천(海天) 윤성범 박사의 생애와 신학을 쓰게 해주신 하나님께 감사와 영광을 올려드립니다. 이 책은 윤성범 박사께서 생전에 말씀하시고 글로 남기신 것을 하나의 줄거리로 편집한 책입니다. 그러므로 저자는 윤성범 박사이시고, 저는 단지 윤 박사께서 남기신 자료를 정리하여 편집했을 뿐입니다. 그리고 한문을 모르는 시대에 사는 신학생들과 평신도들이 한국적 신학, 곧 토착화에 대한 이해를 쉽게 하고 읽기 쉽도록 정리했습니다. 그러나 한국적 신학의 더 깊은 부분을 연구하기 위해서는 직접 윤성범 박사의 저서(원서)들을 읽기를 권합니다.

저는 이 방대한 책을 어떻게 쓸 수 있을까에 대해 마음의 부담이 있었는데 아버님이 《칼 바르트》의 서문에서 어떤 분에 대하여 글을 쓰기를 원하면 그 분에 대한 저서를 많이 읽어야 한다는 말씀을 쓰신 적이 있었습니다. 이 때부터 아버님의 책을 읽으면서 더 알기를 원했고, 아버님이 직접 책을 쓰시는 형식으로 하기 위하여, 곳곳에 나타나고 있는 그분이 직접 쓴 생애와 사상을 모아서 이렇게 편집한 것입니다.

이 책은 윤성범 박사의 책을 읽기 위한 전이해, 입문에 지나지 않습니다. 그러므로 이 책은 모두가 읽기 쉽고 평이하게 만들어졌습니다. 평소에 윤성범 박사께서 "어떻게 하면 신학을 평이한 평신도의 글로 써서 평신도와 소통할 수 있을까?"가 관심의 주제였습니다. 그러나 워낙 철학적인 용어와 한문이 많이 나와서 평신도들이 읽기에는 너무 벽이 높았습니다. 이 책에서는 아버님이 쓰신 글들 가운데 평이한 부분을 주로 소개해 드렸습니다. 이 책으로 말미암아 높게 느껴졌던 윤성범 박사의 신학이 좀 더 친근하게 다가올 수 있기를 바랍니다.

그래서 윤 박사께서 추구하시던 한국적 신학, 성(誠)의 신학이 평신도와 차세대 신학생들과의 소통으로 이어질 수 있기를 바랍니다. 넷째 딸이면서 아버님께 직접 배운 제자인 저는 어떤 책임감을 느껴왔는데 윤 박사의 생활과 신학을 부족하나마 소개하게 되어 기쁩니다. 한국적 신학이 단지 신학적인 논쟁 가운데 있는 것으로만 여기고 거리감을 느껴 왔던 신세대 신학생들도 이 글로 인하여 한국적 신학이 더 가깝고, 중요하게 다가오기를 기도합니다.

마지막으로 이 책의 출판이 가능하도록 아버님 책의 전집 일곱 권을 미리 출판해 주었던 감리교신학대학 편집위원회에 감사드립니다. 아버님 책이 한문이 많아서 원서를 읽을 수 없었는데 평이하게 읽을 수 있도록 책을 만들어 주셔서 제가 다시 인용할 수 있었음을 감사드립니다. 만일 원서를 읽고 이 책을 써야 하였다면 나는 손을 들고 포기하고 말았을 것입니다.

그리고 저희 자매들에게 감사를 드립니다. 몇 번씩 원고를 교정해 준 언니 윤명옥 권사와 동생 윤귀남 권사께 감사를 드리고 책이 나오도록 귀한 물질로 힘을 합해 준 윤명옥, 윤순옥, 윤귀남 자매들께 또 한 번 더 감사를 드립니다. 또한 아버님 전집이 나올 때, 큰 힘이 되었던 이미 고인이 된 언니 윤원옥 장로에게도 더불어 감사드립니다. 이미 고인이 되어 하늘나라에서 아버님과 어머님과 영생을 누리고 있을 언니도 함께 기뻐해 주었으면 합니다.

무엇보다도 이 일을 할 수 있도록 이해하고 힘이 되어준 나의 영원한 동반자, 이용택 목사께도 감사드리며 옆에서 이 책이 완성되도록 안타까운 마음으로 외조해준 것에 대해 심심한 감사를 드립니다.

2017년 여름에

목사 윤남옥

차례

제2부 나의 신학

1장

2장

제3부 윤성범: 그 분은 누구신가?

(교수들과 제자들의 논문과 추모의 글)

〈논문〉

〈추모의 글〉

제4부 윤성범: 나의 영원한 스승(윤남옥)

제1부
나의 생애

이 글은 윤성범 박사께서 쓰신 칼럼[1]을 기초로 하고 있으며 더하여 다른 칼럼에서 쓰신 윤 박사님의 글들과 방송에서 설교하셨던 것들, 윤 박사님에 대하여 다른 분들이 쓰신 칼럼과 그리고 딸과 제자들의 증언을 토대로 윤 박사님이 직접 쓰신 글로 편집한 것입니다. 모든 자료는 윤성범 박사님의 전집 일곱 권에 모두 수록되어 있습니다. 관심이 있는 분들은 윤성범 박사의 전집을 읽으시거나, 아니면 성(誠)의 해석학, 효(孝), 기독교와 한국사상 등 원서를 직접 읽으시기 바랍니다.

1) 1976년에 크리스천 신문에 연재되었던 나의 생애와 신학이라는 칼럼.

1. 강원도(현재 경상북도) 울진에서 태어나다

나는(1916. 1. 13-1980. 1. 22) 강원도 울진에서 고(故) 윤태현 목사(1888-1961)의 장남[1]으로 태어났다. 세 살적인가 고향 산천을 등지고 집시 무리와도 같이 이곳저곳을 돌아다니다 보니 사십대가 되도록 고향에 가보지 못했다. 우연히 지난 여름방학에 포항의 한 집회에 참석했다가 고향에 들르게 되었다. 할아버지 산소도 옮기고 또 친척들도 찾아보기 위함이었다.

울진은 얼마 전에 경상북도로 편입되었다. 마치 독 · 불 · 국경이 자리 잡고 있는 알사스 로렌 지방과도 같다. 강원도에서 경상북도로 편입된 것은 나로서도 여간 섭섭한 일이 아니다. 나는 여전히 감자바우 강원도가 마음에 든다. 순박하고 절대 평범하고 무던하고 그리고 두루뭉술하고!

읍내에서 조금 떨어진 금남면 노읍리 이곳이 내 고향, 여기에는 관

1) 누님이 한 분 계셨는데 전쟁 중에 일찍 돌아가셨고 감리교신학대학을 나온 남동생이 하나 있다(편집자 주).

동팔경 중 하나인 '망양정' 이 있다. 이 지점에서 동해바다를 바라보는 것도 말할 나위 없이 좋거니와 되돌아서서 서쪽으로 왕비천의 맑은 시내와 길고도 멋진 왕비교를 끼고 석양 하늘 아래 중첩된 영봉들을 바라볼 때 나는 저 독일의 대학도시로 널리 알려졌고, 그리고 시인 휄더린이 찬사를 아끼지 아니한 하이델베르크의 풍경, 곧 네카 강과 그 다리 그리고 고성과 중첩된 산들을 연상해 본다. 그러나 웅장하고 숭고하며 신비스러운 모습은 비교가 안 된다. 이 고장은 유명한 옛 신라의 화랑도들의 도장도 된다.

이 왕비천은 평북 영변 청진강과도 같이 맑고 깨끗하다. 이 강의 특산은 은어이다. 망양정 바로 아래는 무연한 모래사장, 왕비천 냇물이 합류하는 곳, 해수욕장으로서도 어느 곳보다도 자랑할 만하다. 그 뿐만 아니라 왕비천을 끼고 좀 더 상류로 올라 가다보면 아직까지 잘 알려지지 않은 '선유굴' 이라는 데가 있다. 평북 영변 구장의 동룡굴은 이것보다 웅장한 모습이 평안북도 묘향산을 연상케 하니 이 선유굴이야말로 이 아기자기한 품이 문자 그대로 강원도의 지하금강이다. 문교부의 답사도 끝났고, 동해선만 놓이는 날이면 관광지로서는 안성맞춤이다.

한 때 석천(昔泉) 오종식(吳宗植) 선생은 나에게 아호 하나를 지어주셨는데 그는 내가 어디서 난 것을 염두에 두지 않고 아마 주역풀이를 하여서인지 해천이라는 호를 지어주셨다. 바다와 하늘, 그 사이에 아무런 구별을 할 수 없는 경지, 그는 이것을 나의 성격으로 표현하려 했으나, 나는 동해안 울진 출생이기 때문에 망양정에서 동해 바다를 바라볼 때 느껴지는 바로 그러한 광경을 알맞게 표현한 것이라고 말했더니 오종식 선생은 자기는 이것을 전제하지 않고 지었다는 것이다.[2)]

내가 태어날 때, 어머님은 이러한 태몽을 꾸셨다고 한다.

---

2) 윤성범, 《자연주의적 철학》(서울: 서울신문사 출판국, 1977), 135.

꿈에 흰말이 나타났다가 또 한참 있다가는 어린 사내아이가 되곤 하였으며, 또 어느 때는 흰 말 위에 흰 옷을 입은 백발의 할아버지가 타곤 했다.

그래서 한동안 나의 아호는 백마(白馬)였는데 오종식 선생님이 해천이라는 것을 주신 이후로, 이것이 더 마음에 들어 해천으로 바꾸었다.[3)]

3) 변선환, 윤성범 박사의 3주기 추모사에서, 1983. 1.22(편집자 주).

2. 아버님, 윤태현 목사가 예수님의 복음을 만나다[4)]

아버님, 윤태현 목사(1888-1961)는 강원도(지금은 경상북도) 울진에서 유교사상에 젖은 가정에서 자라나면서 소년 시에는 한문서당에 다니시고 그 다음에는 그 곳에 처음으로 설립된 보통학교를 다니셨다. 아버지께서 말씀하시는 바에 의하면 점점 장성하게 되면서 동시에 그의 마음속에는 생에 대한 말할 수 없는 의혹이 생기기 시작했다는 것이다. 인생이란 이렇게 살다가 죽고 마는 것인가에 문제였다. 고루하고 생명을 잃은 유교사상으로는 그를 만족시키지 못했다. 그에게는 두 가지 길이 남아 있었다. 이렇게 살 바에는 죽는 것이 낫겠다는 것이 하나의 길이며, 새로운 생명적인 진리가 있다면 죽음을 각오하고서라도 그 길을 택해야 되겠다는 것이 다른 하나였다

4) 《윤성범 전집 제3권, 효와 종교》(서울: 도서출판 감신, 1998), 363-366.

윤태현 목사와 장영규 사모

때마침 이 지방에 처음으로 매서인(혹은 권서인)이 순회를 하면서 복음을 전파하는 기회에 아버님은 예수를 믿을 결심을 했다. 아마 이 매서인들은 그 당시 토마스 하디와 노블 선교사에게 영향을 받은 자들로서 원산으로부터 전도를 하며 강원도 울진까지 내려왔던 것 같다. 아버님은 그리스도인이 된 증거로 머리(상투)를 깎아 버리고 집으로 돌아오게 되었다. 할아버지와 할머니 그리고 어머님이 놀란 것은 말할 것도 없고 온 집안과 온 동리가 큰일이나 난 듯이 소동을 벌리게 되었다. 할아버님은 집안 망신을 시킨다고 죽여 버린다고 찾아다니고 우리 어머님은 친정에서 데려가 버리고 이 세상에서는 아무도 돌보아 주지 않는 알몸의 고독자가 되고 말았다.

아버님, 윤태현 목사님은 산에 숨어서 며칠을 보내며 굶주림 가운데서 기도를 드렸다. 그러나 아버님은 낙심하지 않고 방랑생활에서 떠나 새로운 삶을 개척해 나가게 되었다. 아버님은 부모님이 믿도록 전도하기 시작했다. 부모님은 아들이 모든 생활에 변한 것과 부모에 대한 태도가 전적으로 달라진 것을 보시고 예수교가 진리인가 보라고 생각하게 되었다. 1년이 못되어 부모님이 믿게 되었다. 처음에는 부모님 집에서 예배를 보기 시작했다. 얼마 후에 아버님의 마음을 돌이킬 수 없음을 안 어머니도 친정에서 돌아왔다. 어머니는 안 믿는 집에서 우리 아버님에게 시집을 왔다. 평소에도 철저하게 민속신앙을 따르던 어머님은 남편이 예수를 믿는다고 하니 너무 충격을 받았다고 하신다. 남편이 예수교를 믿으면 이혼하겠다고 친정에서 안 오셨다고 한다.

아버님은 복음의 진리를 점점 깨닫게 되자 복음의 사도가 될 결심을 하게 되었다 그래서 그는 서울 피어선성경학교에 입학하여 공부하게 되었다. 이 학교를 졸업하신 후 다시 감리교신학교(그 때는 협성신학교)에 입학하여 이 학교를 마치게 되셨다. 아버님은 울진에서 서울까지 집신 두 개를 준비하셔서 걸어 다니셨다. 서울에 올라갈 때 집신 한 켤레, 내려올 때 집신 한 켤레가 다 닳았다.

1916년 내가 태어나던 해에, 아버님은 강원도 망상지역에 감리교 전도사로 파송 받으셨다. 어머님은 울진에서 여성들을 이끌고 와서 강원도 삼척, 망상, 강릉지역에서 전도를 하여 초기 선교에 기여를 하였다.[5] 그리고 4-50년 동안 감리교 교단의 개척 시대 목회자로 어디로 파송을 받든지 순종하며 섬기셨다.

강원도에서는 삼척, 강릉, 횡성, 이천, 철원 등지에서 목회하셨다. 경기도에서는 수원, 서울 지역과 황해도에서는 사리원, 평안북도에서는 영변, 회천, 북진 등지에서 목회를 하셨으며 여러 곳에서 지방 감리사 일을 하셨다. 그 분은 전도 열정에 사로잡힌 분이셨으며 새로 발견한 생명의 진리를 위하여 그의 인생을 기쁨으로 바치셨다. 이러한 할아버님의 투철한 전도 의식과 믿음의 목회를 보면서 나는 제2대 목회자의 길을 걷게 되었다.

그 분의 목회의 길은 아주 어려운 길이었다. 한국인의 대부분이 유교와 불교에 젖어 있었을 때라, 예수님이 누구신지, 목사가 누군지 모를 때였다. 아버님은 동네가게에 가셔서도 전도가 되지 않으면 그 가게를 떠나는 일이 없으셨다. 사탕도 사 잡수시고, 사과도 사서 잡수시면서 그 주인에게 예수님을 전하였다. 오늘도 가고 내일도 가고 또 그 다음 날에

5) 정원화 목사: 장로교 목사님이신 그는 울진지역 선교사(史)를 연구하다가 윤태현 목사님과 사모님의 전도사역을 발견하였다(편집자 주).

도 가셨다. 그러면 그 주인은 너무 지쳐서 귀찮아지기도 하고 장사에도 방해가 되니 결국에는 이렇게 말한다고 한다.

> 목사님! 교회가 어디 있어요? 이번 주부터 나갈 테니 이제 그만 가게에 와요. 그럼 되지요?

이렇게 아버님의 전도가 너무 귀찮아서 할 수 없어서 교회에 온다고 말하면 아버님은 다른 가게로 이동해 이런 식으로 전도를 계속하였다고 하신다.

이렇게 간단히 그리고 쉽게 열거했지만 교역생활을 통해서 피 눈물 나는 일은 한두 가지가 아니었다. 그러나 아버지는 한 번도 낙심하신 적이 없으셨다. 그리고 한 번도 목사가 되신 것을 후회하신 적이 없으셨다. 내가 이(二)세 목사가 된 것도 아버지의 믿음에서 감화를 받았다고 할 수 있다. 아무리 고생스러워도 이 길만이 가장 복된 길인 것을 아버지의 생활에서 배웠기 때문이다.

네 살 때인가로 기억하는데 동네에서 굿판이 벌어졌다. 나는 너무 신기하고 재미 있어서 가까이 가서 구경하고 있었다. 그런데 무당이 땀을 뻘뻘 흘리면서 아주 힘들게 굿판을 이끌어 가고 있었다. 나는 아무것도 모르는 어린아이로 자신이 목사의 아들인지도 모르는 때, 마냥 신기하고 재미 있어서 구경을 하염없이 하고 있는데, 갑자기 무당이 와서 나에게 무섭게 외쳤다.

> 너 때문에 굿판이 열리지 않으니, 어서 집에 가거라.

나는 너무 무서워서 집으로 돌아왔다. 그리고 평생 그 무당이 왜 그렇게 행동했는지 의아하였지만 나중에 이해하였다. 그 무당이 방해를 받았던 것이다. 비록 나는 믿음이 무엇인지 모르는 아이였지만 아버님의 기름부음이 그 무당의 굿판을 방해하고 있었던 것이다. 성령의 역사가 무엇인지도 모를 나이였지만 영의 역사는 너무나도 분명하였다. 이러한 체험을 통해 믿는 가정의 신앙생활이 얼마나 중요한지 깨달았다. 그것은 아이들이 알지 못해도 부모들의 기도와 신앙생활이 그들을 거룩한 기름부음으로 채운다는 깨달음이었다.

3. 나는 학교에서 가망이 없어 보였다

한편 나는 학교 수업을 제대로 따라갈 수 없었다. 아버님이 삼척, 강릉, 횡성 등 감리교회를 파송 받아 담임 목회를 하시다 보니 항상 이사하는 것이 큰일이었다. 횡성에는 국민학교(편집자 주 - 지금의 초등학교)에 들어가서 4년까지 마치고 경기도 수원지방으로 옮기게 되자 나는 남양초등학교에서 졸업하게 되었고, 중학교는 공주 영명학교에 입학하여 한 학기를 겨우 마치고 다시 북쪽 평안북도 영변지방으로 아버님이 옮기시게 되자 나는 다시 영변 숭덕학교로 전학하여 그곳에서 3년을 마치게 되었다. 그런데 나는 심한 그 지방 사투리로 설명하는 공부를 이해할 수 없었다. 그래서 과목들은 모두 낙제였다. 학교에서 선생님들은 우리 부모에게 이렇게 말해 줄 정도였다.

저 아이는 앞으로도 공부하기는 불가능한 아이랍니다.

우리 부모는 말할 것도 없이 나도 실망하였다. 그래서 도시락을 하나 싸 들고 집을 나와 정처 없이 어디론가 가버리려고 하였다. 이렇게 사느니 차라리 부모님에게 걱정을 드리지 않기 위해 가출을 해 버릴까 생각했던 것이다. 어느 날, 집에서 나와 정처 없이 길을 걷고 있는데, 해가 지고 있는 석양에, 갑자기 아버님이 뒤를 따라오시면서 외쳤다.

요한아, 네가 광성고등보통학교에 입학이 되었단다.

아버님은 기뻐서 이렇게 외치며 나의 뒤를 따라오셨던 것이다. 그 당시 어느 학교에서도 입학이 어려울 것 같아, 절망이었는데 그 학교에 입학 소식을 아버님이 전해 듣고 뛰어오셨다. 평양 광성고등보통학교로 전학하게 되었다. 이 학교에 입학한 것은 나의 인생의 전환점을 가져다주었다.

4. 정경옥 교수의 신앙 세미나를 접하고

1930년대에는 감리교신학교 전성시대였다. 선교사 빌링스 박사 외에도 한국인 교수로 변홍규 박사, 김영희 박사, 정경옥 교수, 김창준 교수, 정일형 박사 등의 중진 학자들이 교수를 담당했고, 당시 졸업생들 중에 홍현설 박사, 김광우 목사, 마경일 목사, 이호운 목사, 송정율 목사 등이 배출되어 전후 한국 신학계의 대표적인 신학자와 목회자로 활동하였다.

아마 나에게 가장 영향을 준 스승을 말하라면 정경옥 교수라고 말할 것이다. 그 당시 이 분은 혜성과 같이 나타난 조직신학 교수라고 말해도 좋을 것이다. 이 분도 동지사 대학을 나와서 미국 시카고의 게렛 신학교에서 롤 교수로부터 수학을 받은 분이었다.

내가 정경옥 교수를 만나게 된 것은 평양 광성고등보통학교 제4학년 재학 당시에 있었던 신앙강좌 때였다. 그는 우리 학교에 와서 한 주일 동안 아침과 오후 각 한 시간씩 특별 신앙 강좌를 해주었던 것이다.

학생들은 모두 서울 감리교신학교 교수가 와서 이야기를 해준다는데 비상한 관심을 모으고 그 첫날 아침에 대강당에서 기다리게 되었다.

마침내 김득수 교장 선생님과 함께 정경옥 교수는 단에 올라오게 되었다. 키가 후리후리하게 큰데다가 금테 안경을 쓰고 나타나셨다. 그의 열변은 온 청중을 완전히 사로잡게 되었다. 그의 설득력은 말할 수 없이 컸던 것을 지금도 기억하고 있다.

그의 강의 내용은 "그는 이렇게 살았다"는 내용으로 예수의 일생을 신학적으로 그린 내용이었다. 그의 강연 가운데 지금도 기억에 남는 것은 그(예수)는 이렇게 살았기 때문에 나도 그렇게 살려고 한다는 주제의 강연이었다.[6] 또한 감동적인 내용은 "예수께서 우셨다"라는 제목이었다. 이러한 간단한 내용이 한 시간 동안 계속됨에 따라 학생들이 모두 그의 흉내를 낼 정도였으니까 그의 언변이 얼마나 설득력이 컸던가를 알 수 있다.

그는 양복만 입고 온 것이 아니라, 때로는 새까만 명주 두루마기를 입고 오곤 했는데 이것도 그의 인기를 부각시키는 계기가 되었다. 그 명주 두루마기 속에서 어쩌면 그렇게도 참신한 신학이 쏟아져 나올까 하고 감탄하기도 하였다. 이제는 우리 바지저고리 속에서도 훌륭한 신학이 나올 수 있다는 자신도 가지게 되었던 것이다.

어쨌든 그의 신앙 강좌는 우리 학교의 분위기를 아주 뒤바꾸어 놓게 되었고 이로 인해서 우리 4학년 반에서는 7명이나 감리교 신학교를 가기로 작정했던 것을 지금도 기억하고 있다. 그 7명 중 나도 하나였다.[7]

---

6) CGN TV, 이덕주 교수 강의 "다시 예수로"-2(편집자 주).
《윤성범 전집 제6권 한국교회와 한국사회》(서울: 도서출판 감신, 1998), 347.

7) CGN TV, 이덕주 교수 강의 "다시 예수로"-2(편집자 주), 《윤성범 전집 제6권》, 347.

한번은 정경옥 교수님에게 "왜 우리는 하나님께 기도해야 하는가요? 하나님은 우리 사정을 다 아시는데 굳이 기도해야 할 필요가 있는가요?"에 대하여 장문의 편지를 보낸 적이 있다. 오랫동안 기다렸지만 답장을 받지 못했었다. 그 분의 독특한 변증법으로 명쾌하게 대답해 줄 것을 기다렸지만 답장은 오지 않았다. 그 당시 감리교신학대학에 다니던 송정율 형님에게 연락을 보내 보았더니 아직도 그 분이 편지에 대한 답장을 쓰는 중이라고만 들었는데 결국 답장을 못 받고 말았다. 그 후, 동지사대학을 다닐 때에도, 여러 번 만나 뵈려고 편지를 보냈지만 번번이 학교 사정으로 무산되었던 것이 너무 안타깝다.

정경옥 교수는 해방이 되기 4개월 전에 돌아올 수 없는 몸이 되었다. 그 분은 학생들에게 꿈을 주고 조국을 위해 일할 것을 부탁하였다. 그래서 감리교, 장로교 말할 것도 없이 많은 청년들이 이 분의 영향을 받았고, 해방 후, 우리나라를 이끌어가는 영적 지도자들이 되었다. 나의 친구, 서남동 박사도 그 중의 하나였다.[8] 그 분의 유고도 많이 있다고는 하나 찾을 길은 없다. 그러나 그 분은 그들의 제자들 가운데 여전히 그의 신학과 삶이 살아 있고, 나 역시 그 분에게서 직접 배운 제자는 아니지만 이 신학의 길을 걷고 있는 것도 그 분이 결정적인 영향 때문이었다.

---

8) CGN TV, 이덕주 교수 강의 "다시 예수로"-2(편집자 주).

5. 기적적인 치유의 체험

가난한 목사 가정에서 먹지 못하고 공부하던 나는 광성고등보통학교[9]를 나오기 얼마 전 폐결핵을 앓게 되어 그나마 졸업장도 못 받게 되었다. 나는 너무나 실망한 나머지 집을 나와 하염없이 걸으며 울고 있었다. 하지만 아버님은 학교에 사정하여 졸업장을 받아주시어 나를 찾아와서 졸업장을 가슴에 안겨주었다.

> 병으로 졸업식에도 참여하지도 못하고 병이 심하기 때문에 졸업장도 주지 않는 것을 아버님이 학교에 찾아가시어 병으로 고생하고 공부한 한 소년에게 용기를 주어야 하지 않겠느냐고 사정해서 고인에게 졸업장을 주었을 때 그것을 가슴에 품은 고인은 너무나 좋아서 어쩔 줄을 몰라했습니다.[10]

---

9) 선교사 홀(Rev. William James Hall)이 세운 학교로서 1938년에 광성중학교 5년제로 인가를 받은 학교로서 지금의 광성고등학교 전신이라고 보면 된다.

10) 정영관: 1980년 1월 윤성범 박사의 장례식 추모사에서(편집자 주).

3년 동안 투병하던 중, 나는 거의 죽게 되었다. 부모님의 지극하고 따듯한 간호와 기도에도 그 당시 무서운 병이었던 폐결핵을 이기기는 어려웠다. 그래서 가족과 친지들이 원두막에 환자를 격리시켜놓고 장례 준비를 하고 있을 때에 나는 하나님을 찾았다. "저를 살려주시면 주님만을 위하여 살겠습니다." 내가 죽을 것 같았던 그 시기에도 어머님은 계속 찾아오셔서 "요한아 살아있니?" 하고 얼굴에 가린 천을 들어 올리셔서 묻곤 하셨다. 관까지 준비하고 장례를 준비하고 있던 가족들은 나를 죽음의 순간에서 기적적으로 치유하신 하나님의 손길을 목격하는 축복을 누리게 되었다. 이 아픈 기간 동안에도 공부에 대한 열정을 버리지 않았던 나는 독일어를 마스터 하였고 영어도 공부하였다. 그 때 칸트의 책들을 읽었고 나중에 칸트의 순수이성비판을 번역하게 된다.

이 시기에 특기할 만한 것은 내가 면학의 길은 비록 막혔지만 침대에 드러누워서 논리학, 철학, 그 밖의 많은 책들을 읽을 수 있었다는 것과 또 영어 외에 독일어를 독습하기 시작했다는 것이다. 이 시기에 나는 칸트의 《순수이성비판》을 일역으로 읽기 시작하였는데 독일어가 진전됨에 따라 독일어 원전으로 읽기 시작했다. 원산 베네딕트 수도원에서 만난 신부들이 독일어 발음을 교정해 주었고 독일어를 해독하게 되었다. 그 당시 나는 독일어로 칸트의 순수이성비판을 읽었고, 이것은 후에 바젤에 가서 신학공부를 할 때, 학문적으로, 언어 소통으로 많은 도움을 받게 되었다. 스위스에서 동네 사람들과 학교에서 독일어를 잘하는 유학생으로 인정받은 것은 그 기간 동안에 접한 독일어 덕분이었다.

건강이 나빴으나 학문에 대한 열정을 가지고 있었던 나는 감리교신학교 입학시험에 일등으로 합격했음에도 불구하고 폐결핵으로 인하여 입학이 좌절되었다. 나는 대신 일본 동경에 있는 동지사 대학에 문을 두드리게 되었는데 그곳에서는 건강을 유지한다는 조건으로 일 년 동안 가(假)입학시켜 주었다.

6. 어머니, 장영규 사모님

나에게 영향을 준 가장 위대한 분이 계시다면 바로 어머님이셨다. 어머님은 믿지 않는 가정에서 시집을 와서 중간에 목회자가 되겠다는 남편에 대하여 처음에는 이해할 수 없었다. 그래서 이혼하자고 말씀도 하셨다. 하지만 시집가면 남편을 따라야 한다는 생각에 열심히 내조하는 사모님이 되셨다.

어머님은 기도의 어머님이시며 사랑의 천사였다. 별명이 천사 사모님이셨다. 또한 성경을 많이 외우셔서 아버님이 설교를 준비하시다가 "그 성경 구절이 어디에 있지요?" 라고 물으시면 정확하게 대답해 주셨다는 것이다. 어머니의 성경 실력이 얼마만한 것이었는지 가히 짐작할 수 있는 일이었다. 그 분은 항상 기도원에 올라가셔서 깊은 기도를 하셨고 사랑이 넘치는 분이셨다. 내가 부모님들을 통해서 알게 된 것은 사랑 하나 뿐이다. 곧 하나님을 사랑할 것과 이웃을 사랑할 것, 이 두 가지이고 이것만이 영원하다는 것을 부모님을 통해 체험했다.

아버님이 아무 실수 없이 4-50년간 교회를 섬기게 된 것은 어머니의 공로가 큰 것이었다. 우리 어머니의 특징은 남의 결함을 일체 입 밖에 내지 않는 분이시다. 그리고 교인들 간에도 원만한 관계를 가지셨으며 다투는 일 같은 것이 전혀 없었으며 어떠한 경우에도 공평한 태도에 교인들은 늘 감복하게 되었다고 한다. 믿지 않는 시장의 장사하시는 분들도 천사 할머니라고 부를 정도였다.

어머님은 기도와 성경 보는 일 이외에는 다른 것은 하시지 않는 믿음의 어머님이셨다. 나를 '요한' 이라고 부르시면서 "요한아, 이 반찬은 옆집 집사님이 가지고 오신 거니 한번 먹어 보자"고 말씀하셨다. 그것은 내가 입이 짧아 밥을 잘 먹지 않았는데 누가 만들어준 반찬이라고 하면 겨우 한 술 먹었다고 한다. 어머님은 당신이 만든 반찬도 가끔 이렇게 거짓말을 해서 내가 밥 한 술을 뜨게 만드셨다. 나중에는 그것이 들통이 나서 더 이상 통하지 않게 되었다. 왜냐하면 나는 어머님의 솜씨와 맛을 알고 있었기 때문이다.

은퇴하신 후에, 홍제동에 와서 사실 때에는 삼각산기도원에 거의 매일 가셔서 기도하셨다.[11] 매우 여성적인, 지극히 한국적인 여성이었지만 어느 때는 그 고집을 아버님이 꺾지 못할 때도 있으셨다. 어머님은 아버님이 돌아가신 후, 2년 뒤에 따라 가셨는데, 평생 아버님을 뒷바라지 하며 천사처럼 사시다 가신 어머님이셨다. 그 분의 희생과 사랑은 나의 삶의 비타민과 같은 역할을 하셨고, 어머님의 따듯한 사랑 때문에 많은 어려운 인생의 고비 고비마다 내가 견뎌내고 다시 일어설 수 있었다.

---

11) 할아버님 윤태현 목사님은 은퇴 후에 홍제동 지서 앞에서 사셨는데 가끔 우리에게 할머니를 찾아오라고 하셨다. 할머니가 집에 안 계신다는 것이다. 그러면 우리 자매들은 물어볼 것도 없이 삼각산기도원에 가서 할머니를 찾아왔다. 그분은 그곳에서 항상 기도하고 계셨다(편집자 주).

7. 효에서 가정윤리, 성경윤리의 근간을 발견하다

이러한 믿음의 가정에서 자라난 나의 신학은 효(孝)로부터 출발한다. 홍현설 박사는 나의 60회 생일 잔치에서 "윤 박사는 남다른 효자"라고 소개하였다. 그럼에도 불구하고 나는 아버님에 대한 불효를 고백하면서 나의 신학은 출발한다. 나와 아버지와의 관계, 또한 하나님과 예수님과의 관계를 효로 풀어나갔다. 나는 《효(孝)》의 서문에서 이렇게 시작하고 있다.[12)]

> 이 책은 필자로서는 하나의 참회록(confessions)이요, 신앙고백(credo)이기도 하다. 필자는 이 책을 쓰면서 부모님께 대한 불효를 생각하면서 몇 번이고 눈물을 금치 못한 바도 있다.

나는 효(孝, Filial Piety and Ethics, East and West/영문으로 번역됨)

---

12) 윤성범, 《효》(서울: 서울문화사, 1973) 서문.

를 가장 기본적인 성경적 관계라고 보며 효는 하나님과 아들, 예수의 관계, 곧 성부와 성자의 관계에서 출발한다고 본다. 동양, 특히 유교윤리는 가정윤리요 효(孝)가 가정윤리의 근본이 되어 있다. 오륜(五倫) 가운데 부자유친(父子有親)은 유교윤리의 근본이 된다고 하겠다. 이것은 성경에서도 하늘 아버지와 그의 독생자 예수 그리스도의 부자관계가 성서의 핵심을 이루고 있음을 우리는 잘 알고 있다.

나는 윤리를 세 가지로 나누어 설명하였다. 곧 서양(西洋)윤리, 동양(東洋)윤리, 유교(儒教)윤리이다. 나는 서양윤리, 곧 부부관계가 기본이 되는 윤리, 개인주의적 윤리가 기독교 윤리와 동일시되는 것을 안타깝게 지적하고 있으며 오히려 서양윤리보다는 유교윤리가 '효(孝)' 라는 공통 관심에서 더 일치한다고 보았다. 기독교윤리의 효(孝)가 회복이 되어 본연의 모습을 찾는다면 서양윤리와 유교윤리의 부족한 면이 새로운 관점에서 보완될 수 있다고 주장하였다.

윤리(倫理)는 어원적으로 말하면 '인간관계의 이치' 라는 뜻이다. 그러므로 윤리는 단순히 한 인간이 어떻게 도덕적으로 살아가느냐에 있는 것이 아니라 "한 인간이 한 다른 인간을 위해서의 자유를 문제 삼는다고 볼 수 있다."[13] 곧 마르틴 부버가 말하는 것 '나와 너의 관계(Ich und Du)' 와 같은 것이다.[14]

윤리를 말할 때 가장 중요한 부분은 자유라는 개념이다. 서양윤리에서는 개인의 절대적인 자유를 보장하려는데 강조점을 두지만 동양윤리에서는 효 안에서의 자유, 자율성을 문제 삼기 때문에 절대적인, 개인

---

13) Karl Barth, *Das Geschenk der Freiheit,* 5.

14) Martin Buber, *Ich und Du,* 38ff.

적인 자유가 아니라 부모와의 관계에서의 자유, 곧 효 안에서의 제약적인 자유를 말하고 있는 것이다.

하나님은 아담을 창조하시고 그와의 관계를 먼저 형성하신 후에 아내를 만들어 주셨다. 부자관계가 먼저이고 후에 부부관계가 생겼다. 예수 그리스도도 예외는 아니다. 성부와 성자의 관계가 기본이고 성령은 이 관계를 연결시켜 준다고 보았다. 이 세상에서 효의 모범을 보여주신 분은 바로 예수 그리스도이시다. 그는 '아바 아버지' 의 뜻을 이루기 위하여 자신의 뜻을 접은 겸손한 분이셨으며 하나님의 사랑을 자신의 십자가를 통하여 보여준 분이시다.

효(孝)는 모든 덕의 근본이다. 효(孝)는 결국 인간이 인간으로 회복하는 것을 의미한다. 그래서 축복을 받는 그릇으로 준비가 된다. 효(孝)가 준비된 존재에게 하나님은 축복을 주시기로 약속을 하셨다. 성경에는 약속이 따르는 첫 계명이 나오는데 그것은 "부모를 공경하면… 너희는 하나님 나 여호와가 네게 준 땅에서 오래 살리라"(출 20:12)라는 것이다.

8. 나의 첫 유학, 일본 동지사대학

그러므로 나의 첫 유학은 한국에서 중학을 마치고 대학을 일본 교토[京都]에서 공부한 때부터 시작된다. 일본이 다스리던 시대라 그 때는 일어를 초등학교부터 사용했기 때문에 그곳에 가서도 그리 큰 어학적인 어려움은 없었다고 생각한다. 나는 동지사대학 신학부에 입학하여 공부하게 되었는데 중학 졸업 후에 몇 해 앓는 동안에 영어를 공부하였지만 독일어도 혼자서 자습하기 시작한 것이 내 일생의 진로를 크게 결정하는 계기가 되었다.

1875년에 세워진 동지사대학은 1912년에 신학부를 설립하면서 1945년까지 54명의 한국인 유학생을 배출했다. 이 학교 출신을 보면, 전순득, 우익현, 서남동, 정대위, 옥경석, 강관홍, 이만호, 권동철, 이상순, 홍병선, 조용기 등이다. 이 중에서 1941년에 졸업한 나와 서남동은 토착화신학과 민중신학이라는 독보적인 신학 분야를 개척한 한국 신학자가 되었다.

동지사대학은 정말로 나의 학창 시절을 무르익게 해준 자유의 학원이었다고 생각한다. 이곳에서 나는 신학과 철학을 배우게 되었고 어학으로는 라틴어를 2년간 열심히 한 기억이 난다. 그 때 우리는 라틴 원서를 가지고 교수들과 함께 읽은 기억도 난다. 특히 어거스틴의《참회록》, 마틴 루터의《로마서 강해》등을 원서로 읽을 수 있었다는 것은 그 때 얼마나 내가 라틴어에 열중했는가를 알고도 남음이 있다. 지금은 다 잊어 버려서 사전을 사용하지 않고는 읽기 어렵게 되었는데 이것은 크게 유감스러운 일이라고 지금도 후회하고 있다. 그때부터 계속하였더라면 지금쯤 굴지의 라틴어 학자가 되었을지도 모르기 때문이다.

나는 조직신학을 전공할 생각으로 오츠카 교수 아래서 많은 것을 배우게 되었고 종교철학 계통은 하다노 교수(東京大 교수)에게서 많은 것을 배우게 되었다. 그 밖에 신약학에는 도미노모리 교수, 그리고 구약학에는 칼 교수, 교회사에는 아리가 교수와 우오기 교수 등에게 사사하게 되었다.

교토는 나에게 있어서 잊을 수 없는 고장이기도 하다. 그것은 그곳이 오랜 문화의 도시인 관계도 있지만 적어도 사상계에 있어서 더욱 그러하였다. 내가 애착을 느낀 것은 교토 일대에서 우리 한국 민족이 건너가서 터 닦아 놓은 문화를 지금도 여실히 볼 수 있기 때문이었다.

그 당시 동지사대학 신학부에는 칼 바르트 신학으로 꽃 피우던 때였다. 아마 칼 바르트 신학이 일본에서 인기가 있기 10년 전부터 이미 동지사대학에서는 그의 신학이 소개되고 있었던 것이다. 그 밖에도 변증법적 신학자들, 예컨대 에밀 브루너나 프리드리히 고갈텐 등의 책도 소개되고 있었다. 철학으로는 칸트의 철학과 신칸트학파 연구가 성행하였고 실존주의도 많이 소개되었다. 나는 독일어를 미리 했기 때문에 많은 참고서나 독일어 교재를 별반 준비 없이도 읽을 수 있었다. 그리고 그 당시에 마르틴 부버의《로마서 강해》를 라틴 원문으로 읽어 내려간 것도 기억에 새롭다.

그 당시 동지사는 가장 찬란한 학풍이 조성되어 있던 때였다고 생각한다. 그리고 클락기념관에는 신학부 전용 도서관이 있어서 적어도 내가 필요로 하는 책은 무엇이나 빌려 볼 수 있도록 잘 정리되어 있었다. 그 당시를 회고해 볼 때 내가 교토 동지사에 온 것을 하나님께 감사하고 싶다. 즉 동지사는 아주 자유로운 신학적 분위기가 형성되어 있었기 때문에 신학사상 때문에 제약을 받는 일이 없었던 것이다.[15] 어떠한 신학사상도 동지사에서는 공부할 수 있었고 토의할 수 있었으며, 또 비판할 수도 있었던 것이다. 이러한 자유가 없었던들 나는 그곳을 떠날 수밖에 없었을 것이다.

이미 지적한 바 있지만 나는 칸트철학을 계속 연구하고 있었다. 그래서 그런지 처음에는 바르트 신학을 이해하는데 무척 애를 쓰게 되었다. 도리어 철학적으로 가미된 브루너의 신학서가 이해가 쉬었던 것이다. 그러한 관계로 나는 '칸트의 종교철학'이라는 제목으로 졸업논문을 쓰게 되었다. 지금 보면 대단한 것은 아니지만 그때만 해도 그런 것을 쓰지 않으면 내 심정이 풀리지 않을 것 같아서 그렇게 한 것이다.

나는 미일 전쟁이 일어나던 날 현해탄이 봉쇄될지 모른다는 바람에 그 날 밤으로 교토를 떠나서 집으로 돌아오게 되었다. 와서 몇 달을 지낸 뒤, 나는 강화 홍천교회에 가서 일하게 되었다.[16]

그리고 일 년을 못 채우고 건강문제도 있고 해서 강원도 이천(아버님 계신 교회)으로 돌아와서 얼마동안 쉬고 있다가 아버님이 철원지방 감리사로 가시면서 후임자가 없던 때에 내가 맡게 되었다. 일제 말엽이

---

15) 아버님의 자유로운 신학하는 삶은 동지사대학에서 기초를 이룬 것 같다. 그 분의 신학은 아주 자유롭고 열려있었던 것을 볼 수 있는데 동경에서 공부할 때부터 많은 영향을 받는 것으로 보인다(편집자 주).

16) 윤성범 박사는 강화 홍천교회에 가기 전 결혼하였다(편집자 주).

라 강원도 일대는 어느 곳보다도 박해가 심했었다. 여러 가지 어려운 시험을 당하면서 1945년 12월까지 지내다가 1946년 정월에 월남하고 말았다.

해방 뒤에도 합동 교단으로 교파는 모두 흐트러지고 말았으나, 다시 각 교파가 재건되는 바람에 감리교신학교는 아무런 재정적 뒷받침도 없이 양주삼 총리사, 변홍규 박사와 이규갑 목사 등 몇 분과 함께 신학교를 다시 시작하게 되었다. 물론 월급이란 있을 리 없고 아버님이 재정은 도와주셔서 간신히 생활은 할 수 있었다.

그 뒤 다소 교회도 수습되고 선교부 후원도 있고 해서 점차로 활기를 띠게 된 것이다. 그러나 신학교로서의 면모를 갖추지 못한 것은 말할 필요도 없었다. 1950년 3월에 그동안 감리교회가 갈라져서 진통을 겪던 차에 다행히 합동하게 되었고 류형기 박사가 충정로에 있는 교사를 새롭게 단장하여 쓰게 되었다. 매주 24시간 강의에 눈 코 뜰 사이가 없었다.

9. 사랑하는 아내를 만나다

나는 항상 이렇게 말했다. "훌륭한 자녀 뒤에는 훌륭한 부모가 있고, 훌륭한 남자 뒤에는 훌륭한 아내가 있다." 나도 하나님이 보내준 성실하고 아름다운 믿음의 아내를 만나게 되었는데 아내의 도움으로 든든한 신학자로, 교수로 서게 되었다.

1941년 동지사대학을 졸업하고 한국으로 돌아 와서 1년 뒤, 나는 이희영이라는 여성 신학생을 만나 결혼하게 된다. 나는 그 당시 건강을 상하여서 몸이 수척하였고, 옷을 입고 다녀도 남성적으로 보이지 않았다고 한다. 그런데 정일형 박사(이태영 변호사의 부군)가 한 여성을 유심히 보아두었는데, 아주 시적(詩的)이고 문학적인 여성이었는데, 그 당시로는 26살의 여성으로 혼기를 놓친 나이였다. 그 여성은 감리교신학대학을 다닐 때 항상 문학서적을 끼고 다니는 여성이었다.

정일형 박사는 이 여성을 나에게 소개해주기 위하여 "자네가 우리집 문턱이 닳도록 드나들면 좋은 여성을 아내감으로 소개해 주겠다"고

하셔서 나도 그 댁을 수없이 드나들었다. 그 후, 정일형 박사의 소개로 만나게 된 여성이 바로 나의 아내, 이희영 장로였다. 정 박사님의 소개로 우리 부부는 첫 번 만남을 가졌다. 첫 만남에 아주 씩씩해 보이고 강하게 보이는 여자가 나왔다. 아마 그 여성은 독립적이기 때문에 그렇게 보였는지도 모른다. 눈이 크고 성실하게 보이는 여자였다. 그러나 첫 만남에 서로 호감을 가질 수는 없었다. 그래서 나는 두 번 째 만남을 하려고 하지 않았고, 이런 식으로 몇 주가 지나갔다. 그런데 그 여성으로부터 한 장의 편지가 나에게 도착했다.

아주 독립적이고 남성적으로 보였던 아내는 그날 데이트 상대자가 마음에 들지는 않았다고 한다. 옷소매가 손을 덮었고, 옷은 남의 것을 빌려 입었는지 크고 연약한 남자로 보여서 마음에 들지 않았다고 한다. 전차를 타고 가는데 그 헐렁한 옷 때문에 더 연약하게 보였던 나를 아내는 부끄럽기까지 하였다고 한다.

그러면서도 아내는 남자 쪽에서 다시 연락이 오기를 기다렸지만 소식이 전혀 오지 않았다고 한다. 아내는 남자가 마음에는 들지 않지만 몇 가지 이유로 나를 남편감으로 생각했는데 우선 아버님이 목사님이시고, 결혼을 하지 않은 남자라는 것이 마음에 들었다고 한다. 그 당시 남자로 28살이면 벌써 결혼하여 아이들이 초등학교 갈 나이였는데 나는 몸이 아파서 혼기를 놓치고 있던 터였다. 또 아내도 26살의 혼기를 놓친 터라 잘못 하다가는 남의 재취로 들어갈 수도 있다는 다급함에 먼저 연락하여 다시 한 번 더 만나 줄 수 있느냐고 나에게 부탁하였다. 그래서 결혼으로 이어지게 되었다.

아내의 상황은 매우 좋지 않았다. 그의 어머님은 아버님이 일찍 돌아가셔서 홀로 되어 아주 경제적으로 어려운 생활을 하였는데 초등학교 졸업을 하게 될 때, 어머님이 재혼하셨다. 그런데 그 상대는 양복 수선을 하는 전도사였는데 아주 가난한 사람이었다고 한다. 그래서 딸까지 데리고 살 수 없다고 하여 초등학교를 졸업하고는 서울에 있는 새우젓 장사를 크게 하는 집으로 올라와서 잡일을 하며 생활하게 되었다. 새 아버님은 너무 가난하여 딸이 결혼을 하여도 아무 것도 못해주고 양복을 수선할 때 쓰는 좋은 가위를 하나 주셨는데 그것은 아내가 평생 사용하였다. 그리고 셋째 딸 순옥이가 결혼할 때 선물로 주었다. 새 아버님은 그 후 두 딸을 낳았고, 장모님보다 먼저 돌아가시어서 홀로 남겨진 장모님은 딸 영순 처제 집에서 노후를 보내셨다.

초등학교 이후로 부모님을 떠나 홀로 살게 된 아내는 아주 독립적이고 강한 여성으로 성장하게 되었다. 새우젓 도매를 하던 가정의 주인은 아내를 배화여자중 · 고등학교를 다니게 해 주셨고, 그 집에서 잡일을 하고 그 주인집의 두 딸을 돕고 가르치며 청소년 시절을 보내게 되었다. 그리고 감리교신학대학의 전신, 협성신학교를 들어가게 되었다.

이러한 생활 배경은 아내의 성격을 형성하는데 지대한 영향을 주었다. 부모님의 사랑 없이 남의 집에서 청소년을 보낸 아내는 성격이 아주 무뚝뚝하였다. 사랑을 잘 표현하지 못했고, 사랑을 받을 줄도 몰랐다. 그것은 결혼생활에 많은 어려움을 주었다. 나의 성격은 조용하고 감성적이고, 남에게 의존하는 성격이었는데, 아내는 어릴 때부터 독립하고 살아서 아주 강인하고 남성적이고 책임 있는 여성이었다. 아마 이것도

하나님이 서로 돕고 살라고 맺어준 결혼이었던 것 같다.

이러한 강인한 성격은 생활에서도 잘 나타났고, 아주 성실하고 책임적인 아내, 어머니로 자리 잡았다. 홍제감리교회에서 재정부장을 13년간 하였고, 장로로 선택이 되었는데, 하도 일을 빨리 처리하여서 '번개 장로'라는 별명을 가지고 있었다. 나는 신학대학에서 매일 예배를 드리고 말씀을 가르치니까 개체 교회에는 그렇게 깊이 참여하지 않았다. 홍제감리교회에서는 소속 목사라고 매월 첫 주일에 설교를 하곤 했지만 교인들과 교제하는 것은 그렇게 많지 않았다. 하지만 아내는 전폭적으로 교회봉사를 하였고, 담임목사님의 가정과 자신의 가정과 교회재정들을 성실하게 꾸려 나갔다.

없는 살림에도 불구하고 나의 아내는 지극히 성실하고 책임감 있게 자녀들을 교육시켰다. 성격이 강인함에도 불구하고 자녀들을 키우는 데는 많이 열려 있었고, 딸 다섯을 모두 우수한 성적으로 이화여고를 졸업하게 하고, 생활이 반듯하고 모범적인 딸들로 키워 나갔다.

그래서 내가 외부 활동을 안심하고 할 수 있었는지도 모른다. 손이 다 부풀어가도록 빨래를 하고 부모님을 옆집에 모시고 살면서 교회 일, 집안 일, 그 많은 일들을 전형적인 현모양처로 성실하게 감당하였다. 나는 외부 일로 바빠서 아내와 함께 시간을 많이 갖지는 못했지만 "좋은 남편 뒤에는 좋은 아내가 있다"는 생각에는 변함이 없다.

나는 언제나 머리를 스포츠형으로 깎고 다녔다. 그래서 사람들이 물으면 "아내에게 머리를 안 잡히려고 짧게 깎고 다닌다"고 대답했다. 그러니 자연히 나는 집에서 공처가인줄 알려지게 되었다. 그런 참에 '엄처시하협회' 를 만들었다. 그리고 화장실 덮개 모양의 방패를 나무로 만들어서 아내가 공격하면 이것으로 방어하라고 만들어 주기도 하였다. 우리말로는 엄처시하(嚴妻侍下)라는 말로 대강 통용되고 있는데 달리 말하면 공처가라고 하고 '구처시하' 라고 부르는 것 같다.

몇 해 전 일이지만는 스위스에 있는 내 친구 한 사람이 편지와 함께 조그마한 종이 쪽지를 보내왔다. 그 내용은 영국에는 Hen Packed Society[17] 곧 엄처시하회가 있다는 어떤 스위스 신문의 보도를 오려서 보내준 것이다. 이들은 틈틈이 같이 모이거나 전화로 연락해서 자기의 어려운 문제를 이 엄처시하회서 해결해 나간다는 것이다.

요사이 한국에는 여성 해방 운동이 한창이라서 남성들을 보호할 수 있는 대안이란 별로 없는 것이 사실이다. 공처가를 판별해 내는 방법 가운데 꼭 한 가지는 알려 주겠다. 그것은 다른 것이 아니라 밖에 나와서 몹시 떠들어 대는 사람은 십중팔구 엄처시하라는 것으로 단정하면 좋을 듯하다. 그 사람은 집에 가서는 꼼짝 못하는 것이 보통이며 집안에서 떠들지 못한 것을 밖에 나와 화풀이로 더 떠드는 것이라고 볼 수 있다.[18]

그래서 나도 신학대학 교수들을 중심으로 엄처시하협회를 만들었

17) 암탉에게 쫓기는 수탉을 의미(편집자 주).

18) 1966. 8. 12. 《오늘을 보람 있게》(편집자 주).

다. 그리고 어떻게 당당하게 아내들이 공격해 올 때 방어하는가를 가르쳐 주기도 하였다. 우리 신학대학 K 교수는 매우 엄처시하이다. 그것은 나이가 13살인가 차이가 되는 여성(우리는 영계백숙을 데려왔다고 놀렸다)을 아내로 맞아서 어쩔줄 모르고 아내를 사랑한다. 결국 사랑하는 것이 엄처시하로 나타나는 것인지도 모른다.

또 B 교수도 엄처시하이다. 똑똑한 교수 아내를 둔 때문이기도 하다. 어느 날 B 교수는 아내와 함께 서대문우체국에 갔다. 가서 보니 도장을 안 가지고 왔더라는 것이다. 그래서 아내는 B 교수에게 어서 사무실에 가서 도장을 가지고 오라고 했다. 그 교수는 신학대학에 올라와 그것을 깜빡 잊어버리고 책을 읽고 있었다. 한참이나 기다려도 도장을 가지고 오지 않으니 아내가 전화를 걸었다. 그제야 B 교수는 자신이 왜 학교 사무실로 올라왔는지를 기억했다. 그래서 그 교수는 두 손으로 전화기를 들고 부들 부를 떨면서 더듬거리며 말했다. "네, 싸 싸 싸모님 잘못했습니다. 곧 내려가겠습니다."

이와 같이 신학대학 교수들은 모두가 엄처시하였다. 이들 모두가 외국에 나가 공부하는 동안, 남편 없이 고생한 아내들이다. 또한 어느 아내는 남편이 없는 가운데도 늙은 시부모를 열심히 모셔서 정말 엄처시하가 되지 않고는 면목이 없을 정도였다. 그 어려운 시기에 남편을 외국에 공부까지 보내고 한국에 홀로 남은 아내들이 겪었을 힘든 삶을 생각한다면 당연히 아내들에게 보이는 사랑의 표시가 다른 이들에게는 엄처시하로 보였을 것이라 생각한다.

10. 딸 다섯을 낳고

1942년에 결혼한 나는 그 다음 해 6월에 강원도 이천에서 큰 딸, 원옥이를, 그리고 그 다음 해 12월에 둘째 딸 명옥이를 낳았다. 항상 아버님의 걱정은 내 몸이 연약하고 허약하여 아이를 낳을 수 있을까 생각하였지만 그 우려를 깨고 딸을 연년생으로 낳게 되었다. 큰 딸을 낳고는 너무 귀엽고 기뻤다. 그러나 다음에는 아들을 낳을까 기대했는데 또 딸을 낳으니 좀 실망이 되었다. 1947년도에는 감리교신학대학 교수로 임용을 받고 냉천동에서 딸 순옥이를 낳았다. 이렇게 낳은 것이 바젤로 유학을 가기 전 다섯 딸을 낳았다. 그러나 넷째 딸 정옥이는 어려서 복막염으로 죽고, 제주도로 피난 가서 다시 딸 남옥이를 낳았다. 계속 딸만 낳으니까 아내의 별명이 별복(別腹)이 되었다. 이상한 배라는 것이다.

그래도 나는 이렇게 말했다. "딸만 계속 낳는 것도 보통 솜씨가 아니다. 딸만 계속 나면 A학점, 딸, 아들 섞어 낳으면 B학점, 아들만 계속 낳으면 C학점이다"라고 말해 위로를 받기도 하였다. 가끔 신학대학의

제자들이 와서 묻는다. “어떻게 하면 아들을 낳느냐?” 왜냐하면 내가 아들 낳는 법을 가르쳤기 때문이다. 결국 대답은 이것이었다. “나 같이만 안 하면 아들 낳는다.” 실제 딸만 넷을 낳은 제자가 나를 초청하여 저녁을 거하게 대접하고, 아들 낳는 법을 가르쳐 달라고 해서 나 같이만 안 하면 아들 낳는다고 해서 폭소를 한 적이 있다.

제주도로 온 가족이 피난을 갔다. 전쟁이 나서 괴뢰군이 내려오면 목사부터 죽인다고 해서 아버님, 어머님, 그리고 나는 먼저 제주도로 피난을 갔다. 피난 가면서도 나는 칸트의 《순수이성비판》을 가지고 갔다. 나중에 인천에서 배를 타고 피난 온 아내는 3명의 딸을 데리고 홀로 왔는데 고생이 이만 저만한 것이 아니었다. 아이들 등에 지어가지고 온 쌀들이 너무 무거워, 중간에 다 버리고 왔다고 한다.

제주도에 내려와서 아내는 또 임신을 하였다. 아내는 그 당시 몸이 너무 안 좋았고 늑막염을 앓고 있었다. 그 와중에도 딸을 낳았고, 그 아이가 남옥이었다. 아내는 젖을 낼 수 없었고, 처제의 젖을 동냥하여 부족한 양을 채워 주었고, 그래서 전쟁 중에 태어난 넷째는 날 때부터 병약하였다. 그러던 중, 부산 동래에 와서 천연두 예방주사를 못 맞은 넷째 딸 남옥이는 천연두에 걸리고 말았다. 딸 하나를 잃었던 우리는 마음이 절박하였다. 나는 미군 부대 선박을 찾아가 애원하였다. "My daughter is sick. Please help me." 그러자 그 미군은 사정이 딱해 보였는지 주사 놓을 줄 아느냐고 물으면서 페니실린을 잔뜩 주었다. 이것만 정규적으로 맞히면 죽지는 않을 것이라고 했다. 그 당시 천연두 치료약은 없었지만 적어도 염증으로부터는 도움이 될 것이라고 말해 주었다.

우리는 3개월의 긴 시간을 눈물로 기도하며 간호하였다. 그 당시 천연두로 인해 살아난 사람이 거의 없을 정도로 사람들은 죽어서 들 것에 실려 나갔다. 온 몸을 덮은 딱지들은 어디가 눈이고 어디가 입인지 알 수 없게 만들었다. 가려워서 긁으려고 하는 아이의 손을 묶어놓고 간절히 하나님께 기도하였다.

> 하나님, 이 아이를 살려주시옵소서. 이 아이가 살아나서 건강하게 살 수 있으면 살려주시고, 이 아이가 태어나서 장애자가 된다면 거두어 가 주시옵소서. 그러나 이 아이가 살 수 있다면 그 동안에 당하는 아픔을 저희들이 대신 당하게 하여 주시옵소서.

이것은 아내의 기도였다. 우리는 아이의 눈과 귀에서 진물이 나는 것을 보고 이 아이가 장님이나 귀머거리가 될까봐 걱정이 되었다.

감사하게도 이 아이는 기적적으로 살아났다. 모두가 아버님, 어머님, 그리고 가족과 성도들의 기도가 있었기 때문이다. 천연두를 앓은 것은 돌이 되기 직전이었는데 나는 그 아이가 회복된 후 스위스로 유학을 가게 되었다. 남옥이가 두 살 반 일 때, 네 명의 딸들을 아내에게 맡기고 스위스로 향한 것이었다. 그 때는 부산에 수영비행장이 있었는데 아주 열악한 상태였었고 그나마 모두가 군사시설이었다.

고국산천과 집을 떠나는 서러움을 억제하면서 수영비행장에서 스위스로 향한 것은 1953년 9월 24일이었다.[19] 그날 밤 12경에 동경 비행장에 내려 친구들의 두터운 사랑을 받으며 그로서 약 사흘간을 묵고 26일 밤 12시에 동경을 떠나 오까나와(방콕), 태국(랑군), 미얀마 칼커다 인도(카라치) 파키스탄 등을 거쳐 이스라엘의 제일 큰 도시이며 항구인 텔아비브 야포비행장에 도착한 것은 10월 18일 아침 5시 경이었다. 얼마나 오랜 시간 여행을 하였는가 상상해 보라! 야포라는 곳은 예수님 당시 욥바라고 부르던 곳이다.

이스라엘 땅을 밟을 때 내가 얼마나 감개무량하였던지 아직도 기억이 새롭다. 2000년 전에 예수께서 여기에 계셨었구나 생각할 때 감격의 눈물이 나왔다. 10월의 이스라엘의 하늘은 맑고 한국의 더운 여름과도 같이 무더웠다.[20] 나는 한 주일이라는 짧은 시일의 여유밖에 없었기 때문에 성지순례를 계획적으로 하지는 못했다. 단지 사마리아 지방, 특히 가이사랴 지방을 거쳐 이스라엘의 가장 아름다운 항구인 하이파를 잠시 구경하고 곧 나사렛에 가서 몇몇의 고적을 구경했을 뿐이다.

예루살렘에 있는 동안에는 그곳의 신문기자들이 찾아와서 먼 동양의 나라, 코리아에서 왔다고 영독 신문과 히브리어 신문 '하아레츠' 라는 신문에도 소개하는 글을 실어 주었고 외무부에서도 찾아 주었다. 예루살렘의 저명한 인사들과 저널리스트와도 만날 기회를 가졌었고 또 WCC 계통으로 세워진 '서진신학원' 을 방문하고 그곳에서 하루를 지낸 것은 특히 인상 깊었다.

스위스로 떠난 지 꼭 2년 째 되는 날, 1955년 12월에 나는 한국으로

---

19) 《윤성범 전집 제6권, 한국사회와 한국교회의 과제》, 136 이하.

20) 나도 9월 중순에 이스라엘을 방문한 적이 있는데 이스라엘은 6월부터 9월까지는 건기로 무척 무덥고 10월이 지나면서 우기가 2월까지 지속된다(편집자 주).

돌아왔다. 바젤에서 박사학위를 취득했기 때문이다. 공항에서 아무에게도 알리지 않고 돈암동 집에 작은 가방 하나 들고 찾아왔을 때, 나를 맞이한 것은 그 당시 네 살 된 딸 남옥이었다. 나는 딸을 유심히 보며 이렇게 물었다. "이 댁이 이희영 씨 댁이냐?" 그러나 줄넘기를 하고 있던 작은 아이는 나를 빤히 쳐다보며 이렇게 말했다. "사람을 찾으시려면 동회에나 가보시죠." 아주 당돌한 아이였다. 그 아이는 이렇게 말하고는 또 줄넘기를 계속하였다. 그 아이가 내가 2년 전에 두고 갔던 남옥이라는 생각에 감회가 깊었지만 내가 너의 아버지라는 말을 하지 않고 아버님 댁으로 돌아갔다. 그리고 그 날 저녁에 딸 네 명과 아내와 함께 큰 기쁨의 저녁식사를 하였다.

지금 생각해도 이런 일은 다시 일어나서는 안 될 것 같았다. 세 살 되었을 때부터 남옥이는 집에 혼자 남겨졌다. 아내는 전도사로 일하러 가고 딸 셋은 모두 돈암국민(초등)학교에 다녔다. 세 살짜리 딸은 매일 이렇게 셋방 사는 집에 혼자 남겨졌다. 점심상을 차려놓고 배고프면 먹으라고 하였고, 아침에 나가서 저녁에나 들어왔다. 자라를 두 마리 키우면서 심심하면 자라하고 놀고, 물 밖으로 나오면 다시 어항에 집어놓고는 했다고 한다.

어느 날 그 아이가 얼마나 외로웠든지, 언니들의 학교를 찾아가 엉엉 울었다고 한다. 그러자 각 교실마다 아이들이 내다보았는데 딸 명옥이가 "제는 내 동생이에요"라고 말해서 그 언니의 의자 밑에 앉아 있다가 학업이 끝난 후 명옥이가 업고 돌아온 적도 있었다고 한다. 지금 생각하면 너무 끔찍하다. 아버지가 유학 간 사이, 세 살짜리 딸이 항상 혼자 집에 남겨져 있었다는 것이 상상이 되는가? 이것만 보아도 유학을 간 사이, 아내가 얼마나 혼자 고생하였는가 알 수 있었다.

그리고 나는 감리교신학대학 교수로 복직되어 다시 북아현동 교수사택으로 이사 오게 되었다. 사택에서 아주 가까이에는 김용옥 박사가 살고 있었고, 조금 떨어진 곳에 홍현설 학장님이 계셨다. 그 곳에서 다섯째 딸 귀남이를 낳게 되었다. 이름을 경옥이라고 지을까 했는데 너무 아들이 귀해서 귀남(貴男)이라고 지었다. 귀남이는 유일하게 박사가 된 후에 얻은 딸이 되었다. 집에서 아이를 낳았는데 목청이 얼마나 큰지 밖에서 듣던 우리는 아들인 줄 알았다. 나는 잔뜩 기대하면서 초조하게 기다렸는데 산파는 "딸이에요"라고 말해 주었다. 나와 비롯하여 모든 딸들이 실망한 모습이었다.

그러나 박사가 된 후 낳은 딸 귀남이는 얼마나 예쁘고 귀여운지 몰랐다. 늦게 얻은 딸이라 더욱 귀여웠다. 신학대학 교수들은 집에 방문해서 '미스코리아 감' 이라고 귀여워해 주었다. 이 딸은 자라면서 미스코리아 포즈를 취하면서 교수님들의 사랑을 독차지 하였다. 그래서 아내의 별복(別腹:이상한 배)이라는 별명은 더 든든히 자리 잡게 되었다.

딸만 다섯을 낳고 나니 나는 자연히 여성주의자가 되었다. 그래서 딸들에게 신사임당 같은 아내와 어머니가 되기를 교육하였다. 좋은 교육, 외국 유학, 이런 것들이 그들에게 교만이 되지 않도록, 교육의 목적은 좋은 아내, 좋은 어머니가 되기 위함임을 가르쳤다. 그래서 항상 한 어머니가 기도하는 어머니일 때 집안이 어떻게 변화되는가를 가르쳤다. 때로는 편지로, 때로는 녹음 테이프로 딸들에게 주지시켜 주었다.

> 세계가 변화되기 위하여 위대한 지도자가 필요한 것이 아니다. 한 여성이 변화되면 가정이 서게 되고, 가정이 서게 되면 교회가 서고, 국가가 서고, 세계가 변화된다. 한 여성이 변화될 때, 유명한 목회자도, 유능한 정치가도 할 수 없는 일을 한다.

이 율곡을 키운 신사임당은 나에게 롤 모델이었다. 태교의 중요성을 깨닫게 되고 어머니의 힘이 얼마나 큰지 나의 딸들에게 기대하였다.

나는 딸 남옥에게 항상 이런 말을 들려주었다.

> 나는 너를 통해서 세상이 변화되는 꿈을 꾼다. 한 여성이 새로워지면 세상이 새로워진다.

나는 남옥이가 대학원 논문을 쓴다고 해서 신사임당의 태교를 연구하면 어떻겠냐고 제의한 적도 있다. 그러나 결혼을 하지 않는 딸이 태교를 연구한다는 것이 어려웠든지, 폴 틸리히의 역사 개념인 카이로스로 신학석사를 받았는데, 그때 내가 주임교수였다.

11. 생명경외클럽(V. V. Club)

내가 잊지 못하는 사회봉사를 시작하게 된 때는 1958년 9월에 처음 생명경외클럽이라는 곳에 강연을 하러 갈 때부터이다. 나는 처음으로 슈바이처 박사에 관한 설교를 하였다. 그 이후로 생명경외클럽은 매번 모일 때마다 슈바이처의 *My Life and Thought*를 장 별로 공부하게 되었다. 이러한 슈바이처박사의 생명경외사상이 이 클럽의 든든한 사상적 기초가 되었다.

이 클럽은 젊은 의학도(의대, 치대, 간호대)들이 모여서 주말에 무료의료봉사를 나가는 클럽이었는데 봉사활동도 중요하지만 그리스도인이 가져야할 생명경외사상을 기초로 모이는 것이 더 중요하였다. 우리는 정동교회 안에 있는 젠센홀에서 모임을 가졌다. 그렇게 인연을 맺은 이후로 나는 23년간 그들의 정신적인 고문이 되어서 그들이 하는 일에 동참하였다. 젠센홀은 10년 동안 빌려 사용할 수 있었는데 나중에는 이것도 여의치 않아서 아현교회로 장소를 옮겨 매 번 모임을 가능하게 주선해 주었다.

또한 여름마다 모이는 수양회도 너무 즐거운 모임이었다. 나도 참석을 하였지만 딸들을 데리고 가기도 하였다. 이러한 모임에 딸들을 적극적으로 데리고 간 이유는 행여나, 좋은 사윗감이라고 맞이할 수 있을까 하는 바램이었다. 가끔 우리 집에도 불러서 티(Tea) 타임을 가졌는데 우리 집 방이 얼마나 작은지 두 겹, 세 겹으로 둘러앉아야 할 정도였다. 집으로 초대할 때마다 딸들에게 차 대접을 하게 하면서 좋은 사윗감이라도 연결할까 생각했지만 그런 일은 일어나지 않았다.

나는 김석목 교수[21]와 함께 그들의 고문 역할을 감당하였으며 23년간 그 클럽 모임에 참석한 장기 참석자이고 어느 회원보다도 더 많은 횟수를 참여하였다. 오랫동안 이동 수단이 없어서 불편하였던 이 클럽을 위하여 나는 독일 선교부에 주선하여 마이크로 버스 한 대를 기증받았다. 나중에는 팔아서 이 클럽의 기금으로 들어갔다.

나는 그들의 기본 이념에 대하여 만족하였고, 그들의 기발한 운영방식, 그리고 서로에 대하여 지어주는 별명들(이것은 의사 후보생들답게 모두 인간장기로부터 나온 별명이었다)이 너무 재미 있었다. 그런 본명 이외에 재미있는 별명을 짓도록 제안한 것도 나였고, 나도 소꼬리라는 별명을 가지게 되었는데 그것은 윤(尹)이라는 한자를 풀어서 말한 것이 별명이 된 것이다. 그들의 젊음, 사명감, 그리고 헌신, 열정, 생명경외사상, 이 모든 것이 나도 젊게 만들었고, 갈 때마다 웃음보들이 터지는 생동감이 있는 클럽이었다.

V. V. CLUB은 생명경외(*Veneratio Vitae, Reverence for life*)의 약자로 형성된 이름이다. 앞으로는 이것을 쉽게 비비안이라고 부르겠다. 생명을 존중히 여긴다는 사상은 비단 슈바이처 박사의 사상만은 아니다. 그러나 그의 사상에는 기독교적인 인격 개념이 풍부히 드러나 있다는

---

21) 전 서울대학교 사범대학 교수(편집자 주).

점에 주목할 필요가 있다. 단순한 생명이 아니라 하나님 앞에 서있는 생명을 의미하고 있는 것이다. 예수께서는 "나는 길이요 진리요 생명이니"라고 말씀하셨다. 우리의 모든 생명은 그리스도에게 연결되어 있는 것이다, 생명경외는 이념이 아니라 행동을 수반하는 윤리이다. 생명경외의 윤리는 사랑의 윤리인 것이다.

기독교가 한 때는 영혼구원의 종교로 만족하던 때가 있었다. 그러나 오늘에 와서는 사정이 달라진 것이다. 생명이란 단순한 육체만이 아니요, 그렇다고 단순한 영혼만도 아니다. 오히려 양자의 종합이며 하나의 총제적인 의미에서 생명인 것이다. 그러므로 목사의 마음과 의사의 마음을 합쳐서 그리스도의 마음이 된다면 얼마나 아름답겠는가?

한 해, 한 해, 그들과 함께 한 시간들이 10년, 20년 지나갔다. 그동안 열심이었던 회원들이 모두들 의사가 되고 치과의사가 되어서 마음이 뿌듯하였다. 그들이 어디에서든지 이 생명경외클럽의 기본 이념인 생명을 존중하는 것을 실천하고 적용하며 의료사역을 하기를 기대한다. 치과를 갈 때에도 비비안을 찾아갈 때는 마음이 흐뭇하다. 이러한 의료사역을 통하여 생명과 사랑을 전하는 삶으로 실천하는 기독 의료인들이 있다는 것이 너무 감사하다.

처음에는 미미한 클럽이었지만 지금은 회원이 많아져서 그 많은 별명들을 외우지 못하는 것이 안타깝다. 본래 나는 이름을 외우는 것에 올꾼이 아닌가? 신학대학 강의를 마치고 집으로 가는 길에, 우리 학생들을 만나도 나는 잘 알아보지 못할 때가 많다. "어디서 많이 보던 분인데…"라고 지나칠 때가 많다. 우리나라 선교가 의료사업과 교육으로 시작되었던 것을 기억해보면 이러한 비비안들이 넓힐 선교의 지경에 기대를 해본다.

12. 바젤 신학대학에 가다[22)]

하나님의 은혜로 교토에서 3년간 공부를 잘 하고 동지사대학을 졸업한 나는 한국으로 돌아와 4년간 강화(홍천교회 등. 그 때는 전도사가 귀해서 서너 교회를 담임하였다)와 이천(강원도) 등지에서 전도사로 개척 교회를 섬기다가 감리교신학교 교수로 임용되었다.

이렇게 목회생활은 몇 년 안 되었지만 이 당시 아내의 고생은 말로 할 수 없었다. 학자 체질인 내가 책을 읽고 있으면 먹는 것도, 불 때는 것도 공급되지 않았고,[23)] 너무 힘들어 아내는 죽으려는 마음도 먹었다고 한다. 강화에서 순회 목회를 할 때에는 밤에 예배가 끝나고 집에 가려면 칠흑 같은 어둠이 아무 것도 보이지 않아 논두렁에 빠지는 일들은 비일

22) 《윤성범 전집 제4권, 신학적 인간학과 현대 신학자들》, 258 이하 참고(편집자 주).

23) 그 때는 동회에 가면 땔거리를 주었다고 한다. 그런데 아버님은 책만 읽고 땔거리를 받아가지고 오지 않아 어머님은 추운 겨울을 그냥 견디어야 할 때도 있었다고 한다. 남자들이 받아와야 할 정도로 무거웠다고 한다(편집자 주).

비재하였다. 지금은 전기가 어디에나 밝게 켜 있지만 말이다. 그래서 나의 아내는 항상 딸들에게 "여자가 행복하려면 첫째, 목사 사모가 되지 말 것, 둘째, 장남한테 시집가지 말 것"을 강조하였는데 내가 바로 그 모든 조건에 맞는 남편이었다. 이렇게 전도사 생활이 어려운 아내에게 나는 다시 외국 유학을 가려는 엄청난 계획을 내어놓게 되었다.

부산에 살 때 나는 네 딸과 아내를 두고 유학을 갔는데 그러한 결단을 한 것은 너무 어려운 결단이었다. 우선 네 딸에 대한 경제적인 책임도 그렇고 가족이 있는 몸으로 유학을 간다는 것은 말도 안 되었다. 부산에서 임시 감리교신학대학을 열고 교수로 열심히 가르쳤지만 미국 계통에서 공부하고 돌아온 신학박사들이 늘어가면서 나도 공부를 하지 않으면 신학대학에서 가르칠 수 없겠다는 생각을 했다.

그때만 해도 독일어 서적은 얼마만큼 읽을 수 있었기 때문에 가능하면 유럽 방면으로 특히 독일이나 스위스 방면에 공부 갈 생각이 간절하게 일어나게 되었다. 그 당시 나에게는 칼 바르트 교수야 말로 우상과 같은 존재가 되었다. 그분 아래서 공부를 해 볼 엉뚱한 생각이 나의 잠재의식 속에는 언제나 움터 살아나고 있었다. 그래서 어렵게 결단을 하였고 내가 스위스로 떠난 후, 가족은 곧 돈암동으로 올라

와 아버님이 시무하시는 교회가 있는 동네에서 세 들어 살게 되었다.

나는 1948년에 에밀 브루너의 《종교철학》을 독일어에서 번역하여 그 다음해에 을유문화사에서 출판하게 되었다. 이러한 경험도 실상은 독일어를 좀 더 연마할 수 있는 기회가 된 셈이다. 그 후 에밀 브루너가 한국에 방문하였을 때, 나는 그로부터 칭찬과 격려의 말을 들을 줄 알았지만 철학자인 그는 나에게 아무 말도 하지 않았다. 그럴 때에 아주 냉정하게 느껴졌다.

그 당시의 오스카 쿨만 교수의 《그리스도와 시간》이 나와서 전 세계적으로 각광을 받던 때였다. 나는 이 책을 읽고 많은 동감을 하게 되었고 학생들에게 강의도 하였고 교지인 〈신학세계〉에 소개하기도 하였다. 이러한 사실을 통해서 나는 오스카 쿨만 교수와 서신으로 접근할 기회를 얻게 되었으며 그의 알선으로 스위스 바젤대학에 공부를 가게 된 것이다.

그 당시 감리교신학교 교장이시던(후에는 감독이 되었음) 유형기 박사의 알선으로 나는 십자군 장학회로부터 왕복 여행비를 받게 되었고 그 분의 주선으로 바젤로 가기 전에 제네바 대학의 부설기관의 하나인 WCC의 에큐메니칼 연구원에서 겨울학기를 연구하게 되었다. 이곳에는 세계적인 석학들이 교수로 초빙되어서 한 학기를 강의하게 된다. 제네바에서 전철로 30분쯤 되는 곳에 '셀리니' 라는 역에서 내려서 들어가면 된다.

내가 스위스로 공부하러 떠난 때는 1953년 10월이었다. 아시다시피 스위스라는 나라는 자기 고유한 국어가 없고 독어, 프랑스어, 이탈리아어, 그리고 로마니쉬라는 라틴어와 비슷한 방언, 이렇게 네 나라 말을 사용하고 있다. 독어를 사용하는 지역은 취리히, 바젤, 베른 등이요, 프랑스어를 하는 곳은 주네브, 로잔느 등이요, 이탈리아어를 하는 곳은 루가노, 로카르노 등지이다. 로마니쉬는 작은 산간 지역에서 지금도 사용하고 있다. 스위스는 말의 다름에 따라 화제도 달라진다.

독일어 지역은 대학에서 주는 학위가 박사 학위 하나 밖에 없다. 그러므로 박사는 대학의 교수가 되기 위한 일종의 등용문이라 할 수 있다. 박사란 교수에 비하여 햇병아리요, 풋내기라고 봄이 좋을 것이다.

즉 박사가 된다는 것은 이제부터 공부할 수 있는 가능성을 인정한다는 표시에 불과하다고 할 수 있다. 스위스는 학위를 남발하지 않고 있다. 대전(大戰)을 몇 번이고 겪었지만 피해가 없는 나라이고 보니 언제나 옛 전통을 그대로 유지해 오는 것도 특색의 하나라 할 수 있다. 오래전 이야기이지만 알버트 아인슈타인도 스위스에서 학위 논문을 제출했으나 학위를 받지 못했다는 말도 있다. 아마 나중에는 명예 학위를 주었는지 모른다.

알다시피 이곳에서 철학박사 학위는 비교적 쉽고 어학 리콰이어먼트(requirement)도 없어서 쉬우나, 제일 어려운 것이 신학박사이다. 그리고 스위스는 아시다시피 종교개혁 운동의 독일 다음 가는 제2 본거지였고, 현대의 위대한 대표적 신학자들이 모여 있는 고장이기도 하다. 나는 이러한 평생의 소원이던 스위스로 공부하러 가게 된 것이다.

나는 먼저 주네브 교외에 있는 에큐메니칼(Ecumenical) 연구원에서 한 학기를 공부하였다. 이 연구원은 주네브대학의 부속기관으로 관계를 맺고 있어, 결국 주네브대학에서 한 학기 공부한 셈이 된다. 그 이듬해 나는 방학이 길었던 관계로 그동안 좀 공부를 하려고 찾아간 곳이 서독 하이델베르크 대학이었다. 나는 하이델베르크 대학 총장 슈링크 박사의 알선으로 네카 강기슭에 자리 잡고 있는 아름다운 신학생 기숙사에서 싼 값으로 지낼 수 있었다. 그곳에서 3개월 동안 지냈었던 것 같다. 그곳은 조용한 곳으로 기숙사 전용의 도서관이 있어서 연구할 수 있는 좋은 기회가 되었다. 그곳에서 자유로이 장서들을 읽을 수 있었다는 것도 내게는 큰 도움이 되었다. 그때 비로소 수료 논문을 독일어로 써보게 된 것이다. 따라서 교회일치운동의 필요성을 절실히 느끼게 되는 계기도 되었다. 그러나 나의 목적은 바젤이다. 그 때에 그 당시 총장인 슐링크 박사, 그리고 보른캄 박사 등을 알게 되었고 또 초청도 받아 후대도 받게 되었다.

나는 여름학기를 시작하기 위하여 바젤로 돌아왔다. 나의 숙원은 이루어졌고 그 당시 교수진들은 정말로 놀랄 만하였다고 생각한다. 칼 바르트, 칼 야스퍼스, 오스칼 쿨만, 아이히로트(구약) 등 세계적으로 쟁쟁한 교수들이 이 대학에 모여 있었다. 이곳은 500년 된 대학이 있어서 중세기의 많은 모습들이 그대로 남아 있는 말하자면 고색이 짙은 대학도시이다. 그 때 바젤 시(市)로 발을 들여 놓으면서 감개무량하였던 내 심정은 이루 형용할 수 없었다. 정말 꿈인가 생시인가 모를 정도로 기뻤다. 이곳으로 올 수 있게 되도록 많은 수고를 해주신 오스카 쿨만 교수에게 마음 깊이 감사하였다. 바젤이라면 중세기에서 현대로 접어드는데 사상적인 교량 역할을 한 고장이요, 인문주의 선포의 총본산지이기도 한 곳이다. 저 유명한 로테르담의 에라스무스를 비롯하여 취리히의 종교개혁자인 울리히 츠빙글리 등이 이곳에 근거를 가지고 있었고, 후자는 바젤에서 공부하였고 전자는 인문주의를 바젤에서 교수하였다. 그리고 감리교의 큰 영향을 끼친 네덜란드의 알미니우스도 바젤의 신학생이었던 것을 알 수 있다.

이토록 바젤은 종교적, 철학적 휴머니즘으로는 유럽의 총본산지라고 해도 과언이 아니다. 특히 근세로 접어들면서 저 유명한 무신론자 프리드리히 니체도 처음이자 마지막으로 바젤대학 교수로 있었고 이어 병으로 교수직을 포기한 곳이기도 하다. 근년에 와서는 칼 융(종교 심리학자)도 바젤 출신이요, 실존주의 철학의 대부인 칼 야스퍼스와 함께 새 시대의 사상적인 거장들이 이곳에서 활약하게 된 것이다. 칼빈의 《기독교 강요》도 첫 판이 바젤에서 출판되었다.

내가 바젤에서 충실히 강의를 계속 듣게 된 과목들은 바르트 교수와 야스퍼스 교수의 것이었다. 이러한 상반되는 사상가 사이에서 나는 나의 사상을 정리할 수밖에 없게 되었다. 이것이 뒤에 한국적 신학의 중요한 모티브가 될 줄은 나 자신도 몰랐던 사실이다. 이러한 신학적인 중용의 길을 걸어갈 수 있도록 위의 두 분이 나에게 알려준 것이었다. 물론 바르트 교수 한 분으로도 이러한 방법은 배울 수 있었던 것이기도 하지만….

그리고 이곳에서 일 년 반 만에 사도 바울의 인간학으로 박사학위를 받게 되었다. 그래서 나는 유럽에서 독일어로 공부하여 박사학위를 받은 제1호 교수가 되었다. 스위스로 가기 전에도 앞서 말한 오스카 쿨만의 저서들과 불트만의 책 가운데 특히 《신약신학》 등은 내게 좋은 예비적 참고서가 되기도 하였다. 나는 불트만의 저서를 통하여 그에게서 풍기는 현대적 감각을 느낄 수 있었다. 그러나 어딘지 모르게 해석의 구체성에 있어서 허술함이 있었던 것을 느끼게 되었다. 이것은 칼 바르트와 에밀 브루너의 비교에서 느낄 수 있는 것과 같은 것을 찾아내게 된 것이다. 명쾌하기 짝이 없는 브루너의 저서에서는 앞서 말한 짜임새가 결여되어 있었던 것이다. 비근한 예를 든다면 그의 '인간학', '모순 가운데 있는 인간' 에서도 이러한 것을 발견할 수 있었다. 그러나 나는 이러한 짜임새 있는 방법을 쿨만의 성서해석에서 느낄 수 있었으며 바르트 교수의 《교회교의학》에서도 발견해 낼 수 있었다.

이러한 진술을 앞세운 것은 내가 바젤에서 '학위논문' 을 작성하는 데 필요했던 준비 지식을 말하려고 한 때문이다. 나는 '바울의 인간학' 에 관한 논문을 작성하기 시작했다. 독일어로 논문을 쓴다고 해도 독일이나 스위스 교수들이 모두 이해하지 못한다는 사실을 알게 되었다. 즉 그들의 사상적 콘텍스트(context) 속에서 표현되지 않는다면 아무리 유창한 독일어를 구사한대도 이해되지 않는다는 사실을 말하는 것이다.

이런 사실이 내게 있어서 유리했다는 것은 내가 칸트 철학을 오래 연구한 덕이라고 지금도 생각하고 있다. 그래서 칸트의 표현 양식을 나의 논문 표현이나 논문 내용에 투사할 수 있었던 것이다. 이러한 점이 바르트 교수의 마음에 들었는지도 모른다. 내 학위를 받는데 적극적으로 나선 분들이 많이 있는데 그 중의 가장 큰 발언권을 가졌던 분이 바로 칼 바르트 교수였다. 나는 1955년 12월까지 바젤에서 공부했는데 어떻게 이렇게 빨리 학위를 얻었는지 아무도 믿지 않을 정도였다.

나의 논문에 대하여 바젤에 온지 한 학기 밖에 안 된 젊은 교수가 적극적으로 반대하였지만 교수 전체(칼 바르트, 반 오엔, 아이히로트, 바움 감브너, 스테 헬린, 오스카 쿨만) 의향이 학위를 주자고 일치되어 결국 그 어려운 고비를 아슬아슬하게 넘길 수 있었음은 통쾌한 일이 아닐 수 없었다. 나중에 이러한 과정을 통해 가결하게 된 경위를 신학부장 오엔 교수를 통해서 알게 되었다. 바르트 교수에게 인정받게 된다는 것은 정말로 뜻밖의 일로서 그저 백번 감사해마지 않는 바이다. 왜냐하면 바르트 교수에게는 학문적으로 털끝 만치도 '사(私)' 라는 것이 있으리 만무하기 때문이다. 칼 바르트는 나에 대해 "학자가 되어 연구할 능력이 있으니 박사를 주어 어서 고국에 돌아가 활동하게 하라" 고 협조 발언을 해 주었다고 한다.

논문이 제대로 되기까지 5년도 그만, 10년도 그만인 것이 그의 태도이기 때문이다. 에큐메니칼연구원의 핸드릭 반 크레머 박사가 바젤에 있을 때 바르트 교수를 만나서 내 이야기를 한 적이 있었는데 그 때 바르트 교수는 학위에 관한 한 누구에게나 엄격히 다룰 것이라고 귀띔해 준적이 있었다고 한다.

내가 처음 바젤에 와서 바르트 교수를 방문한 적이 있었다. 그때 나는 바젤에서 학위를 얻기가 매우 어렵겠다고 실망조로 이야기한 적이 있었다. 그때 그는 나를 아래와 같이 위로해 주었다. 그는 나에게 우스

갯말을 섞어 가면서 하는 말이

> 네가 앞으로 한국에 들어가서 뒷날 훌륭한 교수가 되었다고 하자. 그때 후대에 역사가들은 너를 소개할 때에는 그가 일찍이 저 먼 스위스 바젤에 가서 칼 바르트 문하에서 공부했다는 사실을 반드시 기록할 것이 아니냐? 그러고 보면 학위보다도 몇 갑절 중요한 것은 네가 내 밑에서 공부했다는 사실이다

라고 말하여 피차 한바탕 웃게 되었고 나도 그렇겠다고 수긍을 한 적이 있었다. 이것이 단순히 우스갯소리가 아니고 사실인 것은 바르트 교수의 얼굴이라도 한번 보기 위해서 전 세계에서 수많은 신학자들이 스위스 바젤로 줄을 지어 찾아오고 있었던 것을 기억할 때 그의 제자인 나야말로 얼마나 큰 복이었는가를 실감하지 않을 수 없었다. 사실 바르트 교수의 사시는 집과 내가 있던 바젤선교부와의 사이에는 단지 정원 하나가 있을 뿐이었으니 말이다.

어떤 이는 내가 한국 유교, 특히 율곡 선생의 사상을 연구하는 것을 보고 어떻게 바르트의 제자로서 그런 외도를 할 수 있느냐고 생각할 수 있을지 모른다. 바르트가 타종교라고 덮어놓고 무시한다고 생각하는 것은 큰 오해이다. 그는 일찍이 《교회교의학》에서 일본의 유명한 신탄의 탄이초를 가리켜 마르틴 부버의 칭의 사상과 맞비긴 적도 있었다. 만일 내가 지금 정도나마 그때 한국 유교의 지식이 있었고 또 나의 '성(誠)의 신학' 에 대한 예비 지식만이라도 있었던들 나는 바르트 교수에게 나의 사상을 소개했을 것이요, 그렇게 되었을 때 그는 굉장히 신기하고 새롭게 이것을 받아들였을 것으로 믿는다.

내가 1960년도에 두 번째로 스위스 바젤을 방문했을 때에도 선생님에게 이와 같은 말을 하지 못하였다. 그것은 내가 한국학에 비로소 흥미를 가지게 된 것이 1960년도 이후에 속하기 때문이다. 지금은 바르트 선생님이 이 세상에 안 계시니 어떠한 말을 한들 무슨 소용이 있으랴! 오직 한스럽기만 하다.

그 당시는 미국에서 자유주의 신학이 대유행을 할 때였다. 그래서 너도나도 미국으로 건너가 신학을 하였는데, 나만이 스위스에서 신학 공부를 하게 되었다. 그래서 미국에서 박사학위를 받은 사람들은 닥터(Doctor)지만, 스위스에서 박사학위를 받은 나는 독토르(Doktor) 윤이었다. 그래서 그들이 학자로서의 권위, 오소리티를 가질 때, 나는 오조리티(독일식 발음)의 주인공이 되었다. 그러나 나는 독토르 윤이라는 말보다는 윤 목사, 선생님이라는 호칭으로 불리는 것이 더 좋았다. 나는 목사로 부름을 받은 자이고, 청년들에게 정경옥 교수처럼, 진정한 스승이 되고 싶었다.

이것은 바르트 교수로부터의 영향도 컸다. 그는 교회의 목사로서 바젤에서 강의하였다. 그는 신학이 교회를 위해서 있다고 말했으며 모든 것은 《교회교의학》으로 출발하여 모든 강의는 철학적이기보다 설교를 듣는 것 같았다.

박사학위를 받고 오니 연세대학에서 교수로 초빙을 받았다. 나는 부산에서 열악한 상태 때, 교수로 재직하면서 초기 감리교신학대학을 개척한 사람과도 같았는데 학위를 받고 오니 연세대학에서 더 좋은 조건으로 교수 초빙을 받은 것이었다. 나도 갈등을 느끼게 되었고, 어떻게 결정할까 망설이고 있을 때에, 감리교신학대학 학생들이 "교수님, 절대 가시면 안 된다"고 부탁하였고, 나도 신학대학에서 후학을 키우는 것이 마땅하다고 생각해서 감리교신학대학에 남게 되었고, 그 후로 꼭 35년간 교수생활을 하게 된다.

13. 내가 만난 목회자로서의 칼 바르트

칼 바르트는 목회자이기보다 신학자이다. 그의 교회는 별로 크거나 부흥하지 않았다. 그러나 바르트의 신학적 특성을 여러 가지로 말할 수 있겠지만 통틀어 한 마디로 말해서 교회 중심적이라고 말할 수 있다. 그는 목사의 가정에서 자라나서 신학에 들어갔고 그 다음에는 교회 목사로 봉사했으며, 마지막으로는 그의 생애 전부를 신학교육에 바친 것이다.[24)]

사실 인문주의(휴머니즘)와 종교개혁은 그 근본정신에 있어서 일치한다고 볼 수 있다. 왜냐하면 인문주의도 인간의 자유를 중요시하기 때문에 모든 외적 제약으로부터 벗어나서 신앙의 자유를 확보하려는 칭의 사상에 있어서는 에라스무스나 루터가 다를 바 없기 때문이다. 단지 다르다면 루터는 믿음의 정열을 가졌고 에라스무스는 그러한 정열을 소유하지 못했을 뿐 칭의 사상에는 대동소의하다고 볼 수 있다.

---

24) 이하 윤성범, 《칼 바르트》(서울: 대한기독교서회, 1968), 7-28.

이러한 종교개혁 정신과 휴머니즘의 대화 광장이 유럽에 있어서는 바젤이 중심지였던 것을 부인할 수 없다. 이러한 전통의 산물이 칼 바르트의 신학사상인 것이다. 칼 바르트는 이 두 가지 전통을 그대로 받아들인 전통적인 사상가이다. 역사적으로는 초기와 후기로 나눈다. 초기는 휴머니즘이 지배적이고 후기는 종교개혁주의가 지배적이다.

후기에 와서도 휴머니즘이 배제되었다 하더라도 그의 사상 밑창에는 휴머니즘이 깔려 있다고 보아야 된다. 즉 그의 사상의 상대적인 부분은 휴머니즘이 그리고 그의 사상의 절대적인 부분은 종교개혁 정신이 지배하고 있었다고 볼 수 있다.

단지 그는 철학적 체제(이러한 것을 칸트와 같이 그는 '건축학'이라고도 부른다)를 싫어했을 뿐이다. 그의 믿음의 유비(*analogia fidei*)도 그것이 유비인 이상에는 논리가 없다고 해서는 어폐가 있기 때문이다. 모든 사상이 논리적이다가도 궁극적인 하나님에 관한 문제에 가서는 모든 것을 괄호 안에 넣어버리고 마는 태도로 일이관지(一以貫之: 한 이치로서 모든 일을 꿰뚫다는 뜻)한다. 이것이 바르트의 성서해석학에도 그대로 적용됨은 물론이다.

나는 바르트에게서 많은 것을 배우게 되었다. 그는 신학만 연구한 것이 아니다. 특히 그가 열심히 연구한 것은 칸트의 철학이었다. 그의 동생 하인리히를 통해서 많은 것을 배우게 되었다(하인리히 교수는 바젤대학 철학부 교수였다). 바젤의 교수인 오버백의 사상이나 키에르케고르의 사상은 종교개혁 정신과 직결된다고 하겠다. 그러나 바젤의 호랑이와 같은 바르트 교수의 호령에도 불구하고, 바젤에는 칼 야스퍼스 교수의 자유주의 신학으로 반기를 들기 시작했다.

여기에 대표자가 바로 후리츠 부리 교수이다. 부리 교수는 모 신문에 바르트 신학을 '신(新)전통주의'라고 비난한 적이 있다. 이 사실을 안 바르트 교수는 우리가 듣고 있는 그의 강의 시간에 후리츠 부리 교수가 나를 신전통주의자라고 한다고 분개해서 말한 것을 들은 적이 있다.

바르트는 엄밀한 의미의 전통주의자가 될 수는 없었다. 이것은 루터가 그럴 수 없었던 것과 사정은 동일하다고 하겠다. 이것은 그의 양심이 허락할 수 없었기 때문이다. 루터도 그의 양심에서가 아니고는 어떠한 진리도 받아들일 수 없었으며 이러한 진리는 우상과 다를 것이 없었던 것과 사정은 동일하다고 하겠다. 하나님 말씀과 나의 양심과의 혼연일치를 '성령의 내적 증거'로 보았기 때문일 것이다.

바르트가 요한 웨슬리의 '만인 구원설'에 의혹을 가지는 이유는 그리스도의 중보자로서의 비중이 떨어지지 않을까 하는 노파심에서 그럴 뿐이요, 사실 요한 웨슬리도 '값싼 은혜'가 아닌 것을 주장한 것으로 본다면 서로 일맥상통한다고 보겠으며 웨슬리 신학은 바르트 신학의 아르케 타입(원형)이라고 나는 보고 싶다.

바르트 교수의 대부분의 책은 강의나 강연에서 유래된 것이다. 적어도 일 년에 《교회교의학》 한 권쯤은 나올 정도였으니까 말이다. 그리고 그 방대한 내용을 친필로 깨알같이 써서 그의 비서인 키르쉬바움에게 주면 그가 타이프를 쳐서 인쇄에 부치곤 하였다.

바르트 교수의 저술은 유고까지 합하면 70권쯤 될 것이라고 하는데, 작년 여름에 바젤을 오래간만에 방문하였는데 그의 주택은 '칼 바르트 아키브(도서실이라는 뜻)'라고 문패가 붙어 있었고 바르트 전집을 책임맡은 이는 내가 바젤에 있었을 때부터 바르트 교수 댁에서 거처하면서 공부하고 있던 스퇴르 베잔트 박사인 것을 만나서 알게 되었다. 그의 《전집》 제5권에 바르트 교수가 내게 보낸 편지가 들어 있는 것을 보여주었을 때 감개무량함은 이루 말할 수 없었다.

바르트 교수에게서 그의 신학을 알려면 먼저 그를 만나지 않고 책만 가지고는 그의 전체 모습을 파악하기는 힘들다. 그의 '유머'는 유명하고 점심시간 같은 때에는 유머로 시작해서 유머로 끝났다. 아마도 바르트 교수는 이 식사시간을 하늘나라에서의 '큰 잔치'(아갈리아시스)를 연상하고 있는지도 모른다(쿨만과 같이).

그는 인간이 다른 동물과 다른 점은 '웃는 것과 담배피우는 것'이라고 말한 적도 있다. 모차르트 음악을 좋아하였고, 하늘나라에 가서는 누구보다도 모차르트를 먼저 만나고 그 다음에는 역대의 신학자들을 차례로 만나겠다고 하였다.

나는 저 위대한 교사 바르트 선생님에게 가르침을 받았다는 것을 무한적 영광으로 여기고 살고 싶다. 마치 사도 바울이 예루살렘의 위대한 교사 가말리엘 선생을 자랑삼아 말했듯이… 그는 몇 해 전 임종 시에 모차르트의 음악을 들으면서 하늘나라로 올라가신 것이다(도나 노비스 파쳄!).[25)]

교수 생활에 있어서도 학생들을 단순한 학구적인 학생으로서가 아니요, 교회의 일원으로 대하려 하였다. 특히 그는 외국 유학생들에게 무엇보다도 먼저 학비 걱정을 묻게 된다. 어려운 형편에 있는 학생에게는 자기의 힘자라는 데까지 도와줄 심산으로서이다.

그는 유머의 사람이다. 어떤 부인이 바르트에게 와서 아래와 같이 물었다. 즉 "창세기에는 뱀이 말을 했다는 게 사실입니까?"라고 질문을 하니까 바르트는 "그렇지요. 지금 금방 말하지 않았습니까?"라며 되물어 어안이 벙벙하게 만들어 버렸다는 이야기도 있다. 그는 식사할 때는

---

25) 라틴어로 '우리에게 평화를 주소서'라는 뜻.

처음부터 끝까지 우스갯소리로 일관한다. 이것은 그의 인생철학이요, 언제나 희망과 용기를 북돋아 주려는 목회자로서의 성격에서 나오는 것이라 할 수 있다. 남을 기쁘게 해 주는 것이 목회자의 직책의 하나이기 때문이다. 독일이나 스위스에서는 식사 후, 나무 그늘 밑에서 30분간 걸으며 대화하는 것이 일상이다. 이렇게 걸으면서도 인생의 재미, 유머, 웃음을 제공해주는 목회자였다.

보통 세간에는 바르트가 신학자로 알려졌지 그가 모차르트 음악에 도취된 사람이라는 것을 아는 사람은 몇 안 되리라 생각한다. 독일의 주간지인 〈슈피겔〉은 모차르트야말로 바르트의 우상이라고까지 말한 것이 있다. 그는 모차르트의 고백이라는 글에서 "내가 만일 천당에 간다면 제일 먼저 모차르트를 찾아 갈 것이고 그 다음에 어거스틴, 토마스, 루터, 칼빈과 그리고 쉴라이어마허를 차례차례로 만나겠다" 고 말한 적이 있다.

그는 곰방대 담배를 연신 피어대었다. 유럽에는 담배 철학이 있다. 자유주의 신학자들은 궐련을 피우고, 정통주의자들을 잎담배를 그리고 신정통주의자들은 곰방 담뱃대를 사용한다. 바르트는 셋째 번에 속한다. 바르트는 강의 시간을 제하고는 대개 담배를 피우고 있다. 그러나 그는 때로 자기가 담배를 피움으로 건강에 지장이 있는지 없는지 항상 진단을 받곤 했다. 아마 그에게 있어서는 연구를 위한 정신적인 집중을 위해서도 담배는 필요한 물건으로 생각하고 있었는지도 모른다.

그 곰방 담뱃대 때문에 나는 이 후에 그 분을 한국에 초대하지 못했다. 평신도까지 담배를 엄격하게 구분하는 한국 보수주의 신학계에서 칼 바르트를 받아들일 수는 없는 것이었다. 그는 항상 말하기를 "하나님이 인간에게 주신 가장 큰 선물 가운데 하나는 웃는 것이고 담배를 피우는 것이다" 라고 말했다. 그런데 나는 한국에 돌아와서 호랑이가 담배 피는 옛날 풍습도를 발견하였다. 우리나라에서는 호랑이도 담배를 피우지 않는가? 그래서 나는 성의 해석학 표지로 그 그림을 선택하였다.

이러한 스승에게서 영향을 받는 것이 나의 신학교수 생활이었다. 나도 신학생들이 어려우면 지나치지 못했다. 예전에 신학대학 교수의 월급이 얼마나 작은지 아무도 모를 것이다. 그러나 나는 월급의 일정한 부분을 떼어 아버님 윤태현 목사 기념 장학금을 만들어서 어려운 신학생들을 도왔다. 그 당시 신학생들은 너무 어려웠다.

그리고 김장 특별 보너스가 나오는 것들도 모두 신학생을 돕는 것으로 돌아갔다. 그래서 우리 딸들은 불만이 많았다. 자기들은 등록금이 밀려서 재촉을 받고 있는데 아버지는 제자들만 생각한다고 불평을 했고, 아내 몰래 장학금으로 나간 재정이 얼마나 많은지 아무도 모른다.

어느 날, S군이 기숙사 비(費)를 못 내어 3개월 치 미납금 때문에 기숙사에서 퇴실당했다는 소식을 들었다. 학교를 들어오려면 올라오는 길이 있는 데 그 곳에서 힘없이 올라오는 S군을 만났다. 나는 그에서 3개월 치 기숙사 비를 손에 지어주며 말했다. "S군, 너무 힘들지, 이것으로 도움이 되면 좋겠는데…."[26]

또 한 학생은 너무 가난해서 데이트도 못한다고 해서 2만 원을 손에 쥐어주며 데이트하라고 한 적도 있다. 그런데 실상 그 여성하고는 결혼하지 못했지만 그 학생은 감리교 목회자가 되어 두고두고 감사하다는

26) S 목사는 나중에 미국 미연합감리교회의 목사가 되고나서 딸인 나를 부흥회로 초청한 적이 있었다. 그 분은 아버지에 대한 고마움의 보답으로 나를 초청했다고 말했다(편집자 주).

말을 전했다.

그 외에 장학금을 도와준 많은 신학생들, 그리고 옷을 벗어주고, 생활비를 대어주고, 뒤로 모르게 어려운 학생들을 도왔다. 이것도 아마 칼 바르트 선생에게서 배운 것 같다. 물론 바르트 선생뿐만 아니라 목회자이신 아버님으로부터 계속 보고 자라난 것이기도 하다. 고아와 과부와 나그네를 도우라는 주님의 말씀을 생활에서 실천하고 싶은 것이었다.

어느 때는 딸들이 학비가 밀린 줄을 모르고 C학생에게 월급으로 학비를 도와준 적이 있다. 그래서 딸들이 분개하여 "C학생 두고 보자" 고 마음을 먹었는데 딸 남옥이가 미국에 가니 C목사가 박사가 되어 두고두고 나로부터 받은 도움을 감사하며 딸을 각별하게 때마다 정신적으로나 행정적으로 도와주었다고 한다. 우리가 선행의 씨를 뿌리면 자손들이 그 열매를 먹는 것은 아주 성경적인 것이다.

또한 나는 유머를 좋아한다. 감리교신학대학 여학생 기숙사 안에는 식당이 있다. 거기서 교수들과 학생들이 점심을 먹는다. 그 때, 나는 웃길 수 있는 재료를 모아 한바탕 웃게 만든다. 그래서 점심을 먹고 나면 벌써 소화가 다 되었다고 말하고, 잘 웃지 않는 근엄한 홍현설 박사도 크게 호탕하게 웃는 모습을 보는 것은 그 점심식사 때 뿐이었다. 웃음 공동체, 이것은 하나님이 원하시는 종말론적인 식탁의 모습이다. 해마다 새롭게 재해석되기 때문에 같은 재료를 갖고 웃고 또 웃는다. 이런 모습이 계속 되었다면 좋았을 것을 차츰 이런 웃음 공동체, 하물며 밥을 함께 먹을 시간도 없는 신학대학이 되어 가는 것이 서글프다.

> 영국에서는 신사는 유머를 알고 유머를 말하고 그것을 들을 줄 알아야 한다는 말이 있다. 윤 박사는 주변에 있는 사람들, 누구나가 다 그를 유머의 사람이라고 알고 있다. 감리교신학대학이 냉천동에 있어서 '찬샘' 과 같은 인상을 받을지 모르지만 윤성범 박사가 있는 동

안에는 따듯한 온기가 감도는 봄 동산이었던 것이다. 감리교신학대학을 졸업한 수많은 동문들이 졸업한지 수십 년이 지났지만 윤 박사가 교수하던 그 시절이 그립다고, 그리고 그의 유머를 다시 듣고 싶다고 말한다. 그 당시는 학생이 150명, 교수가 10명 정도의 수가 냉천동 식구의 전부였다. 점심시간에는 여자 기숙사 식당에서 교수 모두가 식사를 하는데 거기서 언제나 윤 박사가 주동이 되어 분위기를 웃음바다로 만든다.[27]

윤성범 박사가 유머의 사람이었다는 일화 한두 가지 소개하고 싶다. 신학교에서 교수와 학생 모두가 강당에 모여 크리스마스 축제 예배를 드렸다. 김 교수가 설교를 했다. '여러분 동방박사 세 사람이 아기 예수를 축하하기 위하여 세 가지 예물을 갖고 와서 탄생하신 예수에게 드렸습니다. 그 세 가지는 유황과 몰약 … 여기까지는 쉽게 말이 나왔는데 그만 황금을 빼먹었다. 황금을 먼저 해야 그 다음에 유향과 몰약이 저절로 나오는데 김 교수는 아주 돌이킬 수 없는 실수를 하고 말았다. 당황한 김 교수는 "그 밖에 모든 좋은 것들을 드렸습니다"라고 설교하였다. 예배가 끝난 후, 윤 박사는 김 교수에서 다가가서 '김 목사, 사표를 내시오. 주일학교 어린이도 동방박사 세 사람이 무슨 예물을 갖고 왔는지 다 아는 황금과 유향과 몰약을 신학을 전공한 교수가 그 밖에 모든 좋은 것들을 드렸다고 말하면 이것은 비성서적인 것이 아니요? 두말 말고 사표를 쓰라' 고 하여 우리가 얼마나 웃었겠는가?[28]

그리고 칼 바르트로 인하여 모차르트 음악을 좋아하게 되었다. 모차르트 음악은 대부분 아주 경쾌하여서 어디에서 들어도 그의 음악인

27) 해천 윤성범 전집 발간을 축하하며, 박대선 총장, 1998년.

28) 해천 윤성범 전집 발간을 축하하며, 박대선 총장, 1998년.

것을 구분할 수 있을 정도가 되었다. 나는 딸들과 함께 헤드폰을 끼고 음악 감상을 많이 하였다. 그리고 음악을 들으면서 나는 즉각적으로 모차르트 음악인 것을 가려내었다. 나는 천당에 가면 모차르트를 만나고 싶을 정도로 모차르트 마니아는 아니다. 그러나 천당에 가면 예수님과 제자들, 그리고 칼 바르트 선생을 만나고 싶다.

바르트는 추상적인 이론가가 아니요, 언제나 구체적으로 생각하는 사람이었다. 그의 사고방식에는 두 가지 큰 양극이 있었다. 즉 하나는 실존, 인간의 현존재가 있는가 하면 다른 한 쪽에는 인간 쪽으로 오고 인간을 포착하고 그리고 인간 쪽에서 항상 배회하는 하나님의 말씀이 있다. 바르트가 매일 일과로서 성경과 일간신문을 탐독하게 된 것도 인간과 하나님과의 변증법적인 관계를 알기 위함이었다.

14. 내가 만난 세계적 석학들

나는 하나님의 은혜로 많은 신학적인 거성들과 철학자들을 만날 수 있었다. 그들의 배경은 철학적으로나 신학적으로나 달랐지만 나는 그들을 무분별하게 모든 신학사상을 받아들이는 것이 아니라 그들을 나의 신학 세계 안으로 끌고 들어와 분별하여 새로운 것으로 재창조해 나갔다. 내가 처음으로 만나서 열광한 것은 일어로 칸트의 《순수이성비판》을 읽을 때부터였다.

임마누엘 칸트

나의 신학세계, 그리고 신학하는 모든 철학적 틀은 임마누엘 칸트로부터 영향을 받은 것이다. 나는 광성고등보통학교를 졸업하기 전 폐결핵으로 고통당하며 요양하고 있을 때에도 배움에 대한 열정을 버리지 못하고 영어와 독일어를 자습하게 되었다. 그리고 한국에 나와 있는 독일 수도사들을 통하여 발음을 교정 받으며 독일어를 마스터하게 되었는데 이미 그 때에 칸트의 《순수이성비판》을 읽었으며, 후에는 이 책을 한국어로 번역하기도 했다. 스위스 바젤에서 일 년 반 만에 신학박사학위를 받게 된 배후에도 나의 신학적 사고 구조를 형성하고 있는 칸트 식 사고방식이 크게 작용하였던 것이다.

> 해천 선생님은 일찍부터 임마누엘 칸트에 대한 관심이 컸습니다. 그것은 단지 철학에 대한 호기심 때문이 아니라 칸트의 선험적 관념론이야말로 그 분의 사고에 무엇인가를 말해 주었기 때문이었습니다. 칸트에게서 무엇보다도 매력적인 것은 영국의 경험론과 독일의 관념론이 종합되었다는 것입니다. 해천은 비록 칸트처럼 말하지 않았으나 칸트가 해결하려고 애썼던 바로 그 문제를 전혀 다른 맥락에서 깊이 있게 다루어 보았습니다.[29)]

20세기 가말리엘 칼 바르트

이미 앞에서 말한 것처럼 나의 신학과 목회에 가장 큰 영향을 준 분은 칼 바르트라는 학자였다. 감리교신학대학의 교수로 강의를 하고 있을 때였다. 많은 교수들이 미주 지역에서 박사학위를 받고 돌아왔을 때 나는 유럽 쪽으로 돌렸으며, 500년 역사를 가진 바젤신학대학에 유학을 갔다.

내가 바젤에서 칼 바르트에게서 수학한 것은 나의 신학의 틀이 교회 중심적인 것을 벗어나지 않게 한 가장 큰 영향이었다. 칼 바르트는 목사의 아들로 바젤에서 태어났다. 바젤은 지리적으로도 3개국이 만나

29) 김광식: 고 해천 윤성범 박사 25주기 추모 세미나에서(편집자 주).

는 지역이지만 종교개혁자들의 숨이 깃들여 있는 곳이며 위대한 종교개혁자와 신학자들이 강의한 곳이다. 그리고 칼 바르트가 있어서 세계적으로 유명해진 곳인데 칼 바르트는 20세기의 가말리엘이라고 불릴 정도로 시대를 긋는 유명한 신(新)정통주의 신학자였다. 바르트 외에도 바젤대학에는 칼 야스퍼스, 오스카 쿨만, 아이히로트 등 위대한 석학들이 강의하고 있었다.

나는 칼 바르트의 신학을 '교회 중심적' 이라고 단정하고 있다. 곧 그것은 '그리스도 중심적' 이라고 볼 수 있다. 바르트에게 있어서 그리스도는 교회의 존재(Sein der Kirche)이기 때문이다. 바르트는 "교회 밖에는 구원이 없다" 고 말한 키프리아누스의 말을 되살린 사람이라고 볼 수 있는데 이 말은 곧 '그리스도 밖에는 구원이 없다' 라는 말과 통한다. 그는 목회자로서 사회주의운동에 정면 대립하였으며 학교에서도 학생들을 단순히 공부하는 학생이 아니라 교회의 일원으로 대하려고 하였고 신학교를 교회처럼 생각하였으며 신학의 사명은 말씀의 설교를 위한 것이라고 강조하였다.

나는 최초로 한국에서 바르티언으로 불리는 학자로 살면서 스승에 대한 은덕을 잊지 않았다. 바르트는 동양에서 온 학생에 대하여 여러 가지로 마음을 써주었고 격려해 주었다. 위대한 신학자이면서 겸비한 인격을 갖춘 소탈한 교수였던 바르트에게서 나는 신학의 영향을 받았다. 바르트 교수에게서 한 인간으로서, 목회자로서, 신학자로서의 삶의 태도와 인격을 배웠으며 항상 목자의 마음을 갖고 학생들에게 다가왔던 스승을 그리워하며 감사하였다. 바르트는 나에게 가장 큰 영향을 준 스승이었다. 이러한 스승으로부터 '교회를 위한 신학' 을 배웠다.

칼 야스퍼스

나에게 깊은 영향을 준 바젤의 또 한 분 교수로 칼 야스퍼스 선생을 들 수밖에 없다. 그는 독일 태생(1883. 2. 23)으로 의학으로 시작하여 정신병리학을 거쳐서 철학으로 옮겨온 세기적인 석학으로서 현대문명 비판가로서의 예지를 우리에게 남겨준 사상가이다.[30]

칼 야스퍼스 교수는 실존철학자로서 널리 알려지고 있다. 막스 베버, 키에르케고르 그리고 칸트 등의 사상적인 영향이 컸다고 볼 수 있으며 실존철학이라고 해도 그는 유신론적 입장을 견지해 오고 있어 우리의 주목을 끌고 있다. 그는 제2차 대전까지는 독일 하이델베르크 대학 철학교수였다가 그 후 바젤로 온 이후 종신토록 이곳을 떠나지 않은 분이다. 그는 하이데거와 함께 실존주의 철학의 쌍벽을 이루고 있는 것은 세상이 다 아는 사실이다.

내가 그를 만나 뵌 때는 1954년 봄부터였다. 그는 독일 하이델베르크대학 교수로 있었지만 부인이 유대인이라는 이유로 독일이 항복한 후에도 이것이 늘 그를 괴롭혔던 것이다. 이러한 정황에 있을 때 스위스

30) 이하《윤성범 전집 제4권, 신학적 인간학과 현대 신학자들》, 612-615.

바젤대학이 그를 초청하여 철학부 교수로 오게 된 것이다. 필자는 그의 강의를 2년간 들은 셈이다. 그의 강의에는 약 2백 50명, 어떤 때는 3백여 명의 청강생들이 모여들곤 하였다. 바젤대학 종합강의실 아래층에는 칼 야스퍼스가 강의하는 지정된 강의실이 있었다. 사상적인 대조를 이루고 있는 이 세기의 위대한 신학자와 철학자가 한 지붕 밑에서 강의를 하다니!

정말로 놀라운 대조를 이루고 있었다. 야스퍼스 교수의 유고도 전집을 내고 있는 중인데 그의 전집도 바르트와 같이 약 70권이 되리라는 것이다. 엄청난 다작이 아닐 수 없다. 그러나 다작일 경우에 허술함이 따르는 것이 예사이지만 그들의 글은 그렇지 않았다. 바르트의 교리적 설교 하나만 가지고 보더라도 그 짜임새 있는 내용은 정말로 조직신학적인 짜임새 그대로임을 알 수 있다. 그러나 그렇게도 어려운 신학과는 대조적으로 누구나 알기 쉽게 된 것이 특징이다.

야스퍼스 교수는 독일 하이델베르크대학에 있을 때에는 릿켈트 교수로부터 항상 무시당했다. 이유는 야스퍼스가 심리학을 응용한 철학을 수립하고 있었기 때문이다. 릿켈트는 심리학 같은 것은 철학이 될 수 없다고 생각하고 있었다. '순수철학' 만이 학(學)으로의 자격을 가질 수 있다는 것이다. 그런데 야스퍼스에게 더 큰 영향을 준 사람은 당시 하이델베르크의 막스 웨버였다. 그는 사회학을 응용하여 철학적인 문제를 해결하려고 하였다. 막스 웨버의 방법인 '응용사회학' 은 야스퍼스에게서는 심리학을 철학과 결부시켜 생각한 것과 같았다. '응용심리학' 을 철학과 다른 학문 분야를 결부시키는 것은 외도 중에도 그런 외도는 없다고 릿켈트는 생각하였기 때문이다.

이와 똑같은 실례는 칼 바르트와 아돌프 하르낙과의 관계에서도 들 수 있을 것이다. 왜냐하면 바르트의 교의학은 '학(學) 자체' 가 아니고 '교회교의학' 이기 때문이다. 응용교의학, 이것은 결국 철학이 철학의 참 모습을, 그리고 신학이 신학의 참 모습을 나타내려면 단순한 '학'으로서는 안 되고 그것이 인간의 궁극적인 문제에 해답을 주는 것이 철학이요, 신학이 아닐 수 없다는 점에서 야스퍼스와 바르트는 그 방법론적 노선을 같이 한다고 할 수 있다. 이 점은 마르틴 하이데거의 경우도 마찬가지다.

현대사상의 가장 특징적인 것이 이렇게 이 학문과 저 학문 사이에는 교통이 있을 수 있다는 것을 그들은 누구보다도 절실히 느꼈다고 볼 수 있다. 바르트는 순수신학을 지향했기 때문에 하르낙 교수와 결별하게 된 것이다. 적어도 교의학(조직신학)은 교회에 봉사하는 학문이라는 것을 전제한 것이다. 내가 야스퍼스에게서 배운 것은 내 나름대로 기독교와 타종교 간의 상호 이해를 촉진시킴으로 보다 높은 인간 이해를 도달할 수 있다는 신념을 얻었다는 점이다. 이것은 막스 웨버가 사회학과 종교학을 비교 연구하여 종교사회학을 수립한 것도 같은 방법이라고 볼 수 있다. 이렇게 함으로 보다 총체적인 인간이해를 알 수 있기 때문이다. 이러한 경향은 제2바티칸 공의회의 종교적 이해에 관한 항목에서 적극적으로 드러나고 있다. 이점에서는 가톨릭이 프로테스탄트보다 일보 앞섰다고 하겠다.

우리는 흔히 신학을 순수신학으로 고수하려고 한다. 이렇게 하면 할수록 신학은 고립화되고 부분화되어서 인간 이해를 전체적인 양상에서 파악할 수 없도록 만들고 말게 될 위험을 내포하게 된다. 물론 나는 바젤에서 돌아와서 비로소 이러한 방법에 대한 착상을 해보게 되었지만, 이러한 학문적인 가능성은 두 분에게서 배운 것이라고 생각하고 있다. 거점에 있어서는 하이데거나 야스퍼스는 철학의 외도를, 그리고 바르트는 신학의 외도를 걸어갔다고 하겠다. 그 당시의 외도였던 철학과 신학이 오늘에 와서는 정도가 되었다고 할 수 있다. 이러한 방법은 철학과 신학의 미래지향적인 새로운 시도라고 생각할 수 있다.

야스퍼스는 서양철학의 전통을 받아왔지만, 그도 막스 웨버와 같이 동양철학에 대한 깊은 이해를 가지고 있었다. 특히 그의 '대(大)철학자들' 속에 나타난 공자, 노자 등의 연구는 그가 동양학에도 일가견을 가지고 있음을 여실히 증명해주고도 남음이 있다. 그의 근본 철학적 진리는 '성실'에 있는 것이다. 독일어로 이 성실을 Redlichkeit라고 하는데 이러한 사상의 배후는 역시 동양사상에서 기인된 것이 그의 진술에서도 밝혀진다. 즉 '성(誠)'은 그의 철학적 신앙의 전제일 것이다. 물론 이 '성'은 야스퍼스의 선조들의 신앙이었던 것도 사실이지만 그는 不誠無物(불성무물)[31]을 철학적 신앙의 내용으로 삼고 있다고 하겠다.

야스퍼스 선생을 사사할 수 있었던 것은 나로서는 바르트 교수의 경우와 함께 철학적 각성을 일으켜 주신 분이기도 하다. 그는 마르틴 하이데거와는 대조적으로 나치 정권에 굴복하지 않고 마침내는 독일부터 축출 당하다시피 조국을 떠날 수밖에 없었지만 그의 마음에서 '성실'을 빼낼 수 없었던 것이다.

결국 뒤에 다시 언급되겠지만, 나는 칼 바르트와 칼 야스퍼스 두 선생님의 사상을 율곡 선생의 사상에서 발견하게 되었다. 이로 인해서 후일에 나의 신학적인 발견 곧 '성(誠)의 신학'(한국적 신학)을 전개시킬 수 있는 사상적 근거를 두 선생님의 사상에서 배울 수 있었다는 것을 여기서 고백할 수밖에 없다. 야스퍼스 교수에게서 받은 그의 책으로는 《쉘링 연구》와 《철학입문》이 있고, 후자의 것은 필자의 번역으로 을유문화사에서 출판되었다.[32] 그는 이미 가셨지만 그의 사상은 종교철학사상에 길이 빛날 것이다.

---

31) 정성이 없다든지 성실하지 않으면 아무것도 이룰 수 없다는 뜻(편집자 주).

32) 아버님이 돌아가시고 난 직후, 신학대학 교수님들은 이렇게 유명한 신학자로부터 직접 받은 책들, 혹은 귀한 칸트의 저서들을 자신에게 달라고 우리 집으로 달려오시기도 하였다. 그것은 아버님이 얼마나 교수님들께 자랑했었는지 보지 않고도 알게 만든 사건

오스카 쿨만

내가 바젤대학에서 공부하고 있을 때, 오스카 쿨만도 교수로 계셨다.[33] 나는 쿨만 교수로부터 구속사를 배웠고 시간에 대한 그리스도적인 이해를 하게 되었다. 오스카 쿨만은 1902년 2월 25일에 스트라스부르크에서 출생하였다. 그리고 엘자스에 있는 루터파교회에서 세례를 받았다. 1920년까지 인문고등학교를 졸업하고 1920년에서 1926년까지 스트라스부르크와 파리에서 신학과 고전문학을 연구하였다. 1938년 이후에 스위스 바젤대학에서 초대 교회사와 신약학의 교수가 되었는데 이 자리는 유명한 프란츠 오벌벡 교수의 후임 교수 자리였다.

바젤대학 신학부에서 출간되는 '신구약총서' 편집자이며 '신학 잡지' 의 편집위원이다. 그의 생활은 옛 교부들의 생활과도 같이 경건하며 신앙의 순결을 지키고 있는 보기 드문 신학자의 한 사람이다. 그는 히브리어, 희랍어, 라틴어에 정통하며, 현대어로는 영어, 독어, 불어는 물론 이탈리어까지 마스터하여 이탈리아에 초빙받아 갔을 때에는 이탈리아어로 강연하기도 한 훌륭한 언어학자이기도 하다.

쿨만 교수의 획기적인 신학적 업적은 아무래도 그의 주요 저서의 하나인《그리스도와 시간》에서 찾을 수 있다. 여기서 그는 모든 역사 이해를 그리스도 중심적으로 이해하려는, 다시 말하면 그의 역사이해는 구속사(Heilsgeschichte)로 전제하고 해석을 한다는 것이다. 이것은 바로 히브리적인 사상과 일맥상통하는 것으로 말하자면 희랍적인 시간 이해를 기독교 역사관에서 제거해 버리려는 취지를 찾아볼 수 있다. 기독교 신학 사상이 희랍적인 철학과 합류해서 기독교 본래의 진리가 왜곡되기 쉬웠던 것으로 미루어 보아 쿨만 교수의 역사이해의 새로운 제시

이었다(편집자 주).

33) 이하《윤성범 전집, 제4권 신학적 인간학과 현대 신학자들》, 590-595.

는 하나의 큰 공헌을 신학계에 끼쳤다고 할 수 있다. 쿨만 교수는 예수 그리스도는 시간의 중심이 되시고, 세계 역사가 주전과 주후로 갈리는 사실도 그렇거니와, 역사를 살리는 생명의 근원이 구속사와 다름없으며 이 구속사가 그리스도의 역사라는 것이다.

이율곡

나에게 한국인으로서 가장 큰 영향을 준 사람은 이율곡이다. 그리고 그 어머님 신사임당이다. 내가 한국사상에 관심을 두기 시작하면서 만난 학자가 바로 이율곡이다. 처음에는 그의 성리학에 관한 것이 현대 실존주의 사상과 일맥상통하는 사실을 알게 되었고, 그 다음 근본적인 사상은 율곡의 《성학집요》에서 찾아내게 되었다. 율곡과 퇴계 가운데 율곡을 선택한 것은 율곡은 그의 근본 사상을 성(誠)에 두고 있는데 반해서 퇴계는 경(敬)에 두었기 때문이다. 물론 이 두 개념은 상호연관을 가지고 있는 것으로 보면 별 차이가 없다고 하겠으나 성(誠)이 갖는 의미는 보다 더 계시론적인 의미를 내포하고 있으며 동시에 해석학적인 전개를 가능하게 하는 점에서 경(敬)보다 우월한 위치에 둘 수밖에 없다.

존 웨슬리

이러한 사상적 배경이 나에게서 감리교의 선조인 존 웨슬리의 성화사상으로 집결된다. 감리교인으로서 나는 웨슬리를 사랑하고 그의 선교적 사명이 한국에서도 불을 붙이기 원한다. 항상 설교에서도 “세계는 나의 교구다”라는 웨슬리의 표어가 나타나 있었고 선교를 강조한 나는 웨슬리의 부흥운동은 내가 추구한 선교적 모형이기도 하였다.

> "윤 박사는 바르트 신학의 삼위일체적 구성을 즐겨 말하였는데 즉 성부-성자-성령, 믿음-사랑-소망, 칭의-성화-소명이 그것이다. 윤 박사는 이 삼위일체적 구원론 구성에서 첫 번째와 세 번째를 연결하는 성화를 붙들었다. "그런즉 믿음-사랑-소망 이 세 가지는 항상 있을 것인데 그 중에 제일은 사랑이라"고 하는 사도 바울도 그의 말씀 가운데에서 첫 번째와 세 번째를 이어주는 사랑이 제일이라고 강조한 것과 같다.[34]

이런 면에서 나는 누구보다도 앞장 선 웨슬리안이라고 볼 수 있다. 다만 이러한 표현을 성(誠)이나 인(仁)으로 바꾸어 하였으며 이것의 실제 실천 표현인 효(孝)로 하였을 뿐이다. 성(誠), 효(孝), 성(性), 도(道)로 표현하여 조직신학을 완성하려고 한 것을 보면 얼마나 이것이 웨슬리의 성화 과정과 같은 것이며 기독교 영성의 핵심을 찌르고 있는 것인지 보게 된다.

誠=말씀이 이루어지는 화육적 영성, 孝=부모에게 효도하는 실천적 신앙, 性=이러한 것이 성품론으로 이어져서 그리스도를 닮아가는 거룩한 인격이 되는 것, 道=마지막으로 하나님의 말씀에 순종하여 거룩한 성도의 길을 걸어가며 생명을 누리는 것, 이것이 현재 우리가 강조하고 있는 기독교 영성과 같은 내용이 아니고 무엇인가? 또한 이것이 웨슬리가 주장하였던 중생, 성화(내적 성결, 외적 성결), 그리스도의 완전과 같은 것이며 또한 웨슬리가 주장하였던 나와의 관계, 이웃과의 관계, 사회와의 관계, 세계, 우주와의 관계의 영성과 연결되고 있는 것이다.

---

34) 김진두, 해천 윤성범 25주년 추모 세미나에서(편집자 주).

15. 단군신화와 이율곡에게 관심

바젤에 있을 때 나에게 베풀어 준 수많은 후의와 친절에 대해서는 여기에서 모두 말할 수 없다. 특히 교회사가인 슈테헬린 교수, 기독교윤리학자 헨드린 반 오엔 교수, 두 분은 정말로 고마운 분이였다. 그리고 바젤에 있을 때, 내 집 드나들듯이 다닌 집이 있다. 그는 스토크 마이어 박사 부부로서 이 분은 한국동란 때에 중립국 위원단의 스위스 대표로 판문점에서 오랫동안 활동한 분으로 한국 사람을 그렇게 사랑할 수 없었다. 외국에 나가서 가정의 분위기를 맛볼 수 있다는 것은 정말로 큰 특혜가 아닐 수 없었다. 스토크 마이어 박사는 내가 귀국한 뒤에도 15년간 계속하여 바젤대학 신학부의 기관지인 '신학잡지' 를 보내주신 분이다. 이 연구지는 두 달에 한 번씩 나오는 이름 있는 연구지였다.

나는 1955년 12월 말에 귀국하였고 봉직하고 있던 감리교신학대학에 다시 와서 일하게 되었다. 그런데 나는 이 때 학문적인 새로운 분야를 알게 되었다. 그것은 1960년에 독일 마르부르크대학에서 열리는 제

10회 '국제종교사학회'에 참여할 수 있던 때부터 시작이 된다. 기독교 밖에 있는 여러 종교의 연구에 관심을 가질 수 있는 절호의 기회가 나에게는 주어지게 되었다.

그때에 약 5백 명 정도의 각국 대표가 모여서 자기들의 연구 분야를 발표하는 기회를 갖게 되었다. 나는 그때 10일 실행위원회 한사람으로 뽑히게 되어 마르부르크 성(城)의 조그마한 회의실에서 제10회 국제종교사학회 실행위원회에 참석하였다. 이 회의실은 저 유명한 독일의 마르틴 루터와 스위스의 울리히 츠빙글리가 성만찬에 관한 논쟁을 벌였던 방임을 그 때 비로소 알고 감개무량한 느낌을 갖기도 하였다.

그런데 이 국제종교사학회의 대부분의 멤버들이 기독교 신학자들임을 알고 놀라게 되었다. 역사적으로는 멀리 슐라이마허를 비롯하여 루돌프 오토 그밖에 스웨덴의 나탄 죄덜불롬 등 모두 신학교 교수들임을 알게 되었고 마르부르크에서 적어도 90퍼센트가 신학자들임을 기억하고 있다.

그리고 이것을 계기로 나는 1965년에는 미국 클레아몬트대학에서 열린 제11회 국제종교사학회, 그리고 1975년 영국 랑카스터대학에서 열린 제13회 국제종교사학회에도 참석할 수 있었다. 그리고 한국종교사학회를 1970년도에 발족하고 각 종파의 연구자들의 연구 보고를 교류할 수 있는 기회를 갖게 된 것이다. 이것은 나에게 정말로 좋은 기회가 되었다.

16. 第11회 국제종교사학회 보고[35)]

국제종교사학회는 제2차 세계대전 뒤에 많은 국제적인 회합과 보조를 같이하여 이루어진 것이다. 이 학회는 1950년에 발족하여 이미 15년이라는 긴 세월이 흘렀다. 최근의 다섯 회의는 더욱이 이채로웠던 것이라고 생각한다. 곧 암스테르담(네덜란드), 로마(이탈리아), 도쿄(일본), 마르부르크(서독) 그리고 클레아몬트(북미) 등이었다. 1958년 도쿄대회에서 비로소 한국이 회원 국가로 승인되어 가입되었으며 도쿄는 아시아 지역에서 처음 대회를 모인 곳이요, 북미는 미국 대륙에서 처음 모인 곳이다. 그리고 마르부르크(서독)은 크리스천 볼프와 같은 종교철학자와 루돌프 오토와 같은 종교학자가 있어 국제종교사학회의 터전을 마련해 놓은 것이다. 현재로는 프리드리히 하일러와 같은 종교학자와 루돌프 불트만 같은 신학자들도 멤버로 되어 있다.

금번 클레아몬트 대회[36)]에는 마르부르크에서 모였던 500여 명의 회

35) 《윤성범 전집 제6권, 한국사회와 한국교회의 과제》, 146 이하.

원의 절반도 안 되는 230여 명이 모였다. 이러한 큰 이유의 하나는 유럽에서 회원들이 많이 올 수 없었다는 점, 그리고 클레아몬트가 미국 서해안에 있어 일반이 잘 알지 못했다는 점, 그리고 미국인들은 이러한 종류의 종교회의에 그리 큰 관심이 없었다는 점 등을 들 수 있다. 클레아몬트는 대학 타운으로 유명한 곳이다. 특히 클레아몬트신학대학원은 유명한 곳이다. 이곳에 헐버트 슈나이더 교수가 계신 곳이기도 해서 아마 이곳으로 택했던 것 같다.

이번 대회에서 유감인 점은 그것만이 아니라, 많은 유럽의 유명한 종교학자들이 노쇠한 육체로 여행할 수 없었다는 점이다. 특히 하일러 교수 같은 서독의 대표적인 인물들이 참여하지 못했다. 그러나 영국 케임브리지대학의 부케 교수, 프랑스 파리 소르본느의 앙리 끌라비에 교수 같은 이가 참여했으며 클레아몬트의 슈나이더 교수 같은 분은 이번 대회에 직접 실무자로 활약하였다.

국제종교사학회는 두 가지 목적이 있다. 하나는 이 회합을 통해서 가장 학문적인 발표를 교환함으로 여러 종교의 본질과 그 특이성을 알아보자는 것이요, 다른 하나는 이러한 이질적인 종교 대표자들이 한 자리에 모임으로 개인적인 접촉과 친교를 통해서 서로 이해할 수 있는 사이를 만들어 보자는 것이다.

금번 대회는 두 가지 큰 테마를 걸고 토의하였다. 하나는 죄과와 정결의식(Guilt and Rites of Purification)이요, 다른 하나는 여러 종교 간

---

36) 1965년에 클레아몬트에서 국제종교사학회가 열렸는데 이곳은 1982년 딸인 내가 클레아몬트 신학대학원에 입학하면서 30년간 살았던 마을이다. 클레아몬트 대학 타운은 다섯 개의 독립된 대학으로 이루어져 있는데 비교종교학으로도 뛰어난 곳이며 이 대학의 하나가 신학대학원이다. 이곳에서 아버님은 교제를 시작한 존 캅 교수와는 계속하여 비교종교에 대한 신학적 의견들을 교류하셨다. 나중에 내가 클레아몬트신학대학원에 입학했을 때, 존 캅 교수는 전액 장학금을 받고 공부할 수 있도록 적극적으로 도와주셨다(편집자 주).

에 어떻게 해야 보다 더 깊은 이해에 도달할 수 있는가의 큰 문제를 매번 전체 집회에 내어놓게 되었다.

기독교로 본다면 이러한 주제는 세례와 밀접하게 관련되어서 문제가 되겠지만 다른 종교, 특히 불교나 도교에 있어서는 다른 이해에 도달되는 것이 사실이다. 옛날 초대 기독교의 노스틱주의의 경우와 비슷한 것을 우리는 이상의 종교에서 찾아낼 수 있을 것이다. 그리고 예컨대 샤머니즘을 말할 때에 한국의 그것은 독특한 특이성이 있다고 해야 좋을 것이다. 또 어떤 종교에서는 금식과 같은 것을 통해서 정결 상태에 도달해 보려는 단순한 금욕주의적인 색채도 엿볼 수 있다.

서로 다른 종교 간의 이해와 접근에 대한 문제는 이번 대회의 가장 뜻 깊은 과제의 하나였다. 왜냐하면 이번에 토의된 것은 단순한 종교의 사적 고찰에서 본 토론이 아니라 현실적으로 우리가 당면한 문제들이 산적해 있었기 때문이다. 그 중에 가장 긴급했던 것은 인도와 파키스탄의 종교분쟁이었다.

마지막으로 이번 대회에서 특히 주의할 것은 동양의 종교에 대한 깊은 관심이었다고 생각한다. 이러한 깊은 관심에 대하여 우리 동양 사람들이 그들에게 무엇을 줄 수 있어야 되겠는데 이 점이 앞으로 우리가 타개해 나가야 될 과업의 하나라고 생각한다. 특히 언어적인 핸디캡 때문에 동양을 알리려 해도 알리지 못하는 것이 너무 아쉽다. 언어 습득도 중요하지만 생각을 서구의 사상체제, 그들이 이해할 수 있는 말로 표현하는 것 등 이중적인 어려움이 있다.

클레아몬트신학대학원에서 만난 존 캅 교수도 인상적이었다. 그는 무척 동양적이고 겸비해 보였다. 그 분은 과정신학(process theology)으로 세계적인 학자였는데 나는 문득 나의 딸이 이곳에 와서 공부를 하면 어떨까 하는 생각을 하였고 며칠 동안의 만남에서 내 딸이 공부를 하게 되면 잘 부탁한다고 미리 말해 놓았다. 그리고 안심이 안 되어 딸이

1977년 미국에 이민 간 후에, 존 캅 교수에게 미리 추천서를 써 보내어서 사위와 딸이 공부하러 올지 모르니 잘 보아달라고 부탁했고, 교수 자격으로 딸에 대한 추천서를 클레아몬트신학대학원에 제출하였다.

그리고 나는 한국기독교학회 회장으로 재임하면서 1978년 존 캅 교수를 초청하여 기독교사회관 대강당에서 '서구신학의 최근 동향' 이란 강연을 듣기도 하였다. 그는 4월 21일부터 26일까지 한국에 체류하면서 한국의 신학교육 기관들을 방문하고 강연회 등을 가졌다.

17. 평화통일론

우리가 활동하던 시대는 박정희 정부 아래에서 가장 오래 있었던 것 같다. 북한과 남한이 평화통일을 해야 한다는 나의 짤막한 설교 하나가 큰 파장을 일으키게 되었다. 그 당시나 지금에도 북한은 평화통일을 말하고 있기 때문이다. 어느 날 갑자기 정보부 사람들이 들이닥쳐 내 서재를 뒤지고 책들을 수거해가는 일이 벌어졌다. 북한을 찬양하는 불온한 서적이 있는지 살펴보기 위함이다. 내 사상을 의심하였는가 보다. 우리 식구들은 갑자기 들이닥친 이 사람들도 인하여 불안과 공포를 느끼게 되었다. 딸들과 아내, 그리고 신학대학에서는 날벼락을 맞은 것 같은 사건이었다. 그 당시 강원도에서 목회하고 있는 방순창 목사는 자기 일처럼 한 숨에 달려와서 우리의 안위를 묻고 위로해 주었다. 나중에 방 목사는 심방을 가다가 급류에 휩쓸려 그만 일찍 세상을 떠나게 되었다. 이것도 아주 슬픈 소식이었다.

나는 정보부에 끌려가서 밤새도록 취조를 받았다. 신학대학 교수가 이게 웬말인가? 사실 그 당시 북한을 옹호하고 우리나라 정치체계에 불만을 품은 많은 목회자들도 있었다. 물론 신부들도 이 일에 앞장 서고 있었지만 우리가 잘 알고 있는 K교회 목사는 이런 일에 제 일선에 서 있었다. 그러한 운동권적인 목회자는 항상 정부의 요주의 인물로 지적받고 기회를 보아서 그런 목회자들의 입을 막으려는 일이 자행되고 있었다.

나는 이런 목회자들과 전혀 다른 의도로 설교를 하였는데 그것을 정부가 문제 삼은 것이었다. 이런 일로 정부는 홍현설 학장에게 나를 해임하라는 압박도 넣고 있었다. 그러나 학교에서는 말도 안 되는 것이라고 생각해서 든든하게 나를 후원해 주었다. 나도 아무 일이 없던 것처럼 학생들을 가르치는 일에 매진하였다. 그러나 나의 문제는 법정으로 가게 되었고 계속 나를 재판에 넘겨 괴롭혔다.

정기적으로 나를 법 앞에 서게 하고 청문회처럼 하는 것은 어느 것보다 마음을 졸이고 신경 쓰이게 하는 것이었다. 특별히 내가 해외에 나가면 그것을 눈감아 주고 나중에 변론하게 하여야 하는데 변론 날짜를 변경시켜 외국에 나갔던 나에게 소환장을 보내어 일을 끝내지 못하고 돌아오게 하였었다.

1976년 여름에 나의 회갑기념으로 큰 딸 원옥과 둘째딸 명옥 가정의 초청을 받아 나는 미국으로 여행을 갔다. 둘째 딸 명옥의 집에서 머물면서 디즈니랜드 등 여러 곳을 구경할 수 있었다. 내 동생 성훈이의 아내도 함께 여행길에 나서 주었다. 서부지역의 디즈니랜드, 알버커키, 후버댐, 그랜드 캐년, 라스베이거스 등을 다녔다. 그리고 신학교 제자 박화세도 만났는데 그 가정이 미국 동부지역의 여러 도시들을 여행시켜 주었다. 박화세는 아주 씩씩하게 남편 목회를 돕고 있었는데 딸처럼 나의 여행길을 도와 주었다. 그리고 많은 제자들도 만나게 되었다.

이번 여행 때, 중요한 기회는 바로 나의 저작인 《효(孝)》를 영어로 번역할 사람을 만난 것이다. 나는 한국어 출판에 만족하지 않고 동양학에 관심 있는 미국인에게도 널리 알려야 한다는 강한 사명의식을 갖고 어려운 과정과 노고를 거쳐 드디어 영역판을 내놓을 수 있었다. 이 일에 가장 심혈을 기울여 준 숨은 봉사자가 있었는데 그 분은 바로 마이클 캘튼[37]이라는 분으로 예일대학 교수로 있었다.

그는 일찍이 하버드대학에서 동양학 연구로 박사학위를 받았고 최근에는 한국의 성균관대학교에서 유교학으로 박사학위를 받은 바 있다. 그는 중국어와 한국어를 완전히 마스터했으며 특별히 한국학에 사랑과 정열을 가지고 임하였다. 번역이라는 작업이 힘든 일임에도 불구하고 그는 원서의 뜻을 완벽하게 살리면서도 평이한 영어로 번역하는데 성공하였다.

그 제목은 *Ethics: East and West*였다. 《효(孝)》는 성의 실천적인 부분으로 나의 회갑기념으로 출판한 책이었다. 내가 한 장, 한 장 설명해주면 그는 이 책을 영어로 번역해 주었다. 그리고 나서 내가 다시 영어를 읽고 오케이 하면서 《효(孝)》라는 영어 책이 세상에 빛을 보게 되었다.

그런데 이러한 여행길에서도 한국에서 또 법원에 출두하라는 편지를 받게 되자, 나는 부랴부랴 한국으로 다시 돌아왔다. 그랬더니 다시 연기되었다고 말해 너무 황당한 적도 있었다. 오래 간만에 미국에 가서 제대로 여행을 끝내지 못하고 한국에 조사 받으러 달려왔던 것이다. 이런 식으로 거의 10년 동안 뒷조사를 하며 나의 목덜미를 붙잡고 있었다. 그러다가 어떤 근거도 발견하지 못하니 흐지부지 중단되고 말았다. 이것은 박정희 정권의 유신체제 속에 있었을 때였다.

---

37) 마이클 C. 캘튼 교수는 아무 보수도 받지 않고 이 책을 번역해 주었다. 그래서 가족이 나중에 감사하다고 조그만 액수로 감사 표시를 하였다. 지금은 타코마에 있는 와싱톤 대학에서 교수로 재직하고 있다. 6년 전에 내가 전화로 그의 육성을 직접 들었는데 그도 윤 박사는 탁월한 교수였다고 회고하였다(편집자 주).

18. 나의 건강관리

죽음의 계곡을 넘었던 관계로 나는 특별히 건강에 관심이 많았다. 일본 사람이 소개하고 있는 서식요법을 만나고 나는 그것을 삶에서 실천하였다. 이것은 일본의 니시 가츠조라는 분이 75,000권의 동서양 의학서적을 섭렵하고 만드신 의학요법이다. 그리고 가장 중요한 요법이 냉온탕이다.

이와 비슷한 것을 나는 독일 하이델베르크에서 한 번 가 본 적이 있다. 먼저 더운 데에 들어가서 땀을 쭉 빼고 나와서는 이어 찬물로 들어간다. 그 다음에는 찬물에서 나와서 샤워도 하고 안마도 원하면 해주고 푹 쉬다가 나오게 된다. 이것은 영업적이라기보다는 국가 예산에서 경영하는 것 같았다. 웬만한 도시에 하나쯤은 있고, 번갈아 하루는 남자만, 하루는 여자만 사용하는 곳도 있었다. 그 당시 한번 가 보았는데 너무 가격이 비싸 다시는 가지 못하였다.[38)]

---

38) 《윤성범 전집, 제7권 생활신앙과 생명사상》, 37-38.

요사이 한국에는 좋은 목욕탕들이 많이 생겼다. 이 냉온탕은 니시가츠조가 창안한 것이라고 해서 니시식 용법(서식요법)의 하나로 간주하고 있다. 잠깐 설명을 하자면 이런 현대식 목욕탕은 대개 찬물탕과 온수탕이 있다. 먼저 찬물탕에 들어가 일분 동안 앉아 있다가 일분 후에는 바로 온수탕에 들어가곤 한다. 이렇게 왔다 갔다 하기를 많이 할수록 좋다. 20번이고 30번이고 좋다. 이렇게 번갈아 하더라도 마지막에는 반드시 찬물에서 나와야 한다. 그러므로 찬물에 한 번 더 들어가는 셈이 되는 것이다. 다른 사람들도 다 알 정도로 나는 냉온탕 목욕을 즐겼다. 가까운 목욕탕에서 한 달 회원권을 끊어 매일 아침에는 목욕탕에 가서 냉온탕을 즐길 정도였다.

이 냉온탕은 피 순환을 원활하게 해주기 때문에 모든 병을 제거할 수 있다. 여자들의 부인병, 혈압 관계, 소화, 술중독자 또 요사이 암에도 특효가 있다고 한다. 이 요법은 우리의 생명체를 다시 소생하게 하는 중요한 효과가 있다. 일본에서 냉온탕을 하고 60세의 할머니가 어린 아이를 낳았다는 사례가 있다. 많은 돈을 들여서 인삼이나 녹용 같은 것을 사 먹느니 이런 적은 경비를 들여서 건강을 회복하는 것이 현명한 일이 아니겠는가 생각한다.[39]

그러나 이 냉온탕이 모두에게 안전하고 좋은 것은 아니었다. 1979년 5월에 남옥이가 미국으로 이민 간 후 2년 만에, 처음으로 한국을 방문하였다. 손녀 선경이와 함께 나오게 되었다. 나는 이 기회에 딸에게 여행을 시켜주어야 하겠다고 생각해서 온양온천으로 갔다. 그리고 그날 밤, 잠을 자기 전, 나는 냉온탕을 하였다. 딸 남옥이와 손녀 선경이는 이미 자고 있었는데 나는 냉온탕을 하면서 갑자기 가슴의 통증을 느끼며 숨을 쉴 수 없었다. 헉헉 거리면서 숨을 쉬지 못하고 있는데 남옥이

39) 1966.7. 11.《오늘을 보람 있게》.

가 깨어서 걱정 어린 눈빛으로 보고 있었다.

그 당시 나는 고혈압으로 고생하고 있었는데 의사의 처방으로 혈압약을 먹지 않고 자연요법으로 혈압을 치료해 보려고 노력하던 중이었다. 그래서 약국에 가서 심장에 관한 건강식품들을 먹었다. 한국에 딸 남옥이가 왔을 때, "아버님, 장수하시겠어요? 그렇게 음식을 조심하고 운동으로 관리하시니" 하면서 칭찬 아닌 칭찬을 하였지만 나는 이렇게 대답했다. "그래도 나이는 못 속이는 것 같다. 이곳저곳 나도 아픈 곳이 많고 허약해진 곳이 많다." 그 때에 나는 속으로 혈압을 걱정하며 말한 것이었다. 밖으로는 보이지 않지만 사실 나는 극심한 스트레스 가운데 혈압이 계속 오르고 있었다. 이럴 때에, 냉온탕은 정말 위험한 것이었는데 나는 한 가지만 생각하고 다른 점은 간과하였던 것 같다.

또한 나는 서식요법에서 중요하게 생각하는 생식요법도 아내에게 많이 요구하였다. 뒷마당을 파서 케일 묘목을 사다 심고 그 케일로 매일 아침 즙을 짜서 먹었다. 그 외에도 서식요법에서 좋다는 것들을 우리 일상 식탁에서 적용하였다. 그러나 건강에 대하여 모든 사람들이 그렇게 관심이 있는 것은 아니었다. 너무 별나게 몸 관리를 한다고 비난하는 사람들도 많았고, 일일이 즙을 절구에 쪄서 짜는 것이 아내에게는 여간 힘든 일이 아니었다. 초기에는 녹즙기가 나오지 않은 터라 우리는 절구에 쪄서 즙을 짜 먹었다. 이렇게 하는 이유는 내가 건강을 잃어서 죽을 뻔한 경험이 있었기 때문이다. 태어날 때부터 건강한 사람은 나의 행동이 별나 보였을 것이고 전혀 이해가 되지 않았을 것이다.

이와 동시에 운동도 열심히 하였다. 그 운동 중에는 나의 특기인 탁구가 있었다. 스위스 가서도 유학생들 가운데 시합을 하여 우승한 적이 있고 서울에서 신인 탁구대회에서 3등을 한 적도 있었다. 탁구는 그렇게 많은 공간을 차지하지 않고도 땀을 흠뻑 흘릴 수 있는 전신운동이다.

감리교신학대학 3층에는 탁구실이 있다. 교수들이 틈만 나면 탁구를 친다. 그런데 어느 때는 운동복이 없어 내의 바람으로 탁구를 칠 때도 있었다. 땀이 막 흐르면 옷이 젖어 보기가 민망할 정도였다. 그래서 우리는 그 탁구실 앞에 '금녀의 방' 이라는 메모를 붙여놓고 누가 들어올까봐 조심하였다. 어느 날은 너무 열심히 치느라고 기독교방송에서 생방송을 하는 시간에 가지 못한 적도 있었다. 딸 남옥이가 뛰어 올라와 내가 설교하는 생방송에서 방송이 못나가고 찬송가만 흘러나온다고 말해주어 당황하며 뛰어나간 적도 있었다.

> 그리고 혹 교수들 가운데는 속내의 색깔이 다양하였다. 그래서 윤 박사는 나를 놀리기 시작했다. '교수님은 혹시 아내의 빨간 하의를 빌려 입고 온 것이 아니냐?'[40]

처음에는 탁구를 치다가 나중에는 정구를 쳤다. 감리교신학대학을 들어오다 보면 왼쪽으로 큰 운동장이 있는데 이곳에서 교수들과 학생들이 어울려 정구를 쳤다. 그리고 둘째 사위는 미식축구에 조예가 깊었다. 나는 잘 알지 못하고 흥미도 없었지만 둘째 딸 명옥이네 집에 가면 친교의 목적으로 열심히 둘째 사위가 설명해주는 미식축구에 관심을 보이기도 하였다.

---

40) 2016년 5월 24일 해천 윤성범 박사 100주년 탄신 학술제에서 유동식 교수님 증언(편집자 주).

19. 한국적인 것이 세계적이다

한국인은 재미있는 민족이다. 그리고 매우 특이하고 이해하기 어려운 신비로움까지 있다. 한국인은 '유대인의 부지런함을 게으름으로 만든 유일한 민족' 이다. 조기 영어교육을 시켜도 영어 회화 한마디 하지 못하면서 미국 대학을 일등으로 졸업하는 수많은 학생들이 소위 한국인들이다.

서로 자신이 식사비를 내겠다고 목소리를 높이는 나라이며, 줄을 잘 서지 못하고 급하게 남보다 먼저 버스에 타야 하는 사람들이지만 큰 일을 만나면 수 년간, 아니 수십 년도 인내할 수 있는 참으로 끈기 있는 민족이다. 국회가 만든 법은 잘 지키지 않으면서 공동체 안에서 스스로 만들어 낸 '법 아닌 법' 에 대하여는 철저하게 지키는 순교자적인 정신을 가진 나라이다.

그런데 우리나라가 지양해야 될 것이 있다. 그것은 사대주의이고, 외국의 것을 무엇보다도 더 좋은 것으로 생각하는 경향들이다. 딸 남옥이가 친구 집에 갔다 왔다. 아마 그 친구는 우리나라에 꽤 알려진 재벌 집이었는가 보다. 갔다 오더니 자랑이 대단했다. "아버지, 그 친구의 집은 식기류가 다 유럽제예요. 차들도 자식마다 다 있는데 벤즈나 폭스바겐이구요. 가구들도 다 외제예요." 그래서 나는 딸에게 대답했다. "우리나라 자기(瓷器)들이 얼마나 훌륭한데 외국 자기들을 보고 그렇게 마음이 빼앗기면 어떡하니? 우리나라의 것을 사용하지 않는 집들은 부자여서가 아니라 애국심이 없어서다. 우리 한국 제품들, 특히 우리 조상들이 만들은 도자기들이 세계적이다. 우리의 것을 잃어버리지 않는 것이 얼마나 중요한 일인지 너는 알게 될 것이다."

사실 외국 사람들이 한국에 와서 한국적인 것을 찾아서 자기네 나라에 가서 선물하려고 하면 진정 한국적인 것이 없다고 불평한다. 연필이나 볼펜들도 한국적인 것은 없고 모두 외국의 상품을 모방한 것들뿐이다. 그래서 한국적인 것을 찾으려는 사람들에게는 매우 실망이 되는 것이 사실이다.

요사이 외국문화가 갑자기 한국에 몰려 들어와서 한국의 고유한 것들이 점점 자취를 감추기 시작하는 경향이 현저히 나타나고 있다. 이것은 정말로 슬픈 사실이 아닐 수 없으며 이렇게 나가다가는 자기의 얼(정신)마저 빼내어 버릴 정도까지 이를지 모르겠다. 또 얼이 빠진 인간이 진정한 인간인지 의심하게도 된다.

고아원의 이야기인데 미국에서 양부모들이 와서 7, 8세 되는 아이들과 하룻밤만 같이 지나면 깜쪽 같이 미국 아이를 만들어 놓을 수 있다고 한다. 양부모들이 목욕시켜주고 옷을 갈아 입히고, 과자를 주고 키스를 해주고 나면 그 이튿날은 자신이 한국 아이가 아니라는 것을 적극적으로 나타내려고 한다는 것이다. 요사이 재즈 같은 것도 그것이 미국 것이면 덮어 놓고 좋아하는 경향이 있지만 재즈 몇 배의 좋은 노래 가락이 한국에 얼마나 많이 있는가? 음악이라면 그저 외국 것이라야 되는 것같이 생각하지만 우리는 가급적 우리의 가요를 잘 다듬어서 깨끗한 노래를 불러 보았으면 한다. 묵화와 서도(書圖), 얼마나 단순하고 소박한가?[41)]

감신대 학장을 역임하신 고(故) 윤성범 박사의 일화로, 직접 들은 이야기다. 윤 박사님이 독일서 유학할 때 성탄절이 되었다. 각국 유학생들이 모여 자기네 나라 성탄 찬송을 부르는데, 윤 박사는 고요한 밤을 우리말로 불렀다. 그러자 오스트리아 학생이 "그건 우리나라 사람인 그루버가 작곡한건데" 하고 말하는 바람에 얼떨결에 '기쁘다 구주 오셨네' 를 불렀더니, 이번에는 영국 사람이 "그건 우리나라의 헨델이 작곡한 건데" 하고 나섰다. 당황하여 어쩔 줄을 모르는데 미국 학생이 "당신네 나라는 5,000년의 역사를 자랑한다며 성탄 노래하나 없는가?" 라고 비꼬는 것이었다. 윤 박사는 "없기는 왜 없어? 너무 많아서 어떤 것을 불러야 할지 선곡을 해야 하니까 다른 사람이 먼저 부르시오." 하고는 아리랑 곡조에다 찬송가 가사를 맞춰 보았다. 아리랑은 우리나라 가락이 분명하고, 가사야 우리말을 아는 사람이 없으니까 그렇게 하기로 한 것이다. 그런데 하나님께서 도우셨는가! 딱 맞는 가사가 있었다. 윤 박사는 목소리를 가다듬고 아리랑 곡조에 맞춰 노래를 하기 시작하였다. (가사에 맞추어 불러 보라)

괴로운 인생길 가는 몸이 평안히 쉬일 곳 아주 없네
걱정과 근심이 어디는 없으리 돌아갈 내 고향 하늘나라.

눈을 지그시 감고 구성지게 불렀더니 모두들 "아멘! 아멘!" 하고 화답하는 것이었다. 요란한 박수와 함께 2절을 부르라는 것이었다. 1

---

41) 1966. 7. 25. 《오늘을 보람 있게》.

절 부르기도 국제적인 사기극이라 양심의 가책을 받았는데, 2절씩이나? 사양을 해도 막무가내다. 윤 박사는 눈물이 났다. 선교 100년이 다가오는데(당시는 1950년대) 한국인이 작사 작곡한 성탄 찬송 하나 없어서 이런 사기를 치게 되었으니 눈물이 났고 화도 났다. 눈물을 머금으며 2절을 불렀다.

광야에 찬바람 불더라도 앞으로 남은 길 멀지 않네
산 너머 눈보라 재우쳐 불어도 돌아갈 내 고향 하늘나라.

눈물을 줄줄 흘리면서 찬송을 부르자, 모두들 큰 은혜 받았다고 아우성이더라는 것이다. 이 얘기를 들려주며 윤 박사님은 내 손을 잡고 이렇게 부탁하는 것이었다. "오소운 씨도 작곡을 하는 줄을 알고 있는데, 우리 된장찌개, 김치 냄새가 나는 곡조로 작곡을 해 주시오. 한국인의 작사 작곡에서 버터 냄새가 나서야 되겠소? 그래서 나 같은 국제적인 사기를 치는 사람이 다시는 없게 해 주시오." 그런 말씀 없더라도 나는 민속조(民俗調)로 작곡을 해 왔는데, 그 말씀을 듣고 나서는 더욱 한국 풍으로 작곡할 것을 다짐했다.
그런데 미국 장로교 찬송가인 *The Presbyterian Hymnal*(1990) 346장에는 아리랑 곡조로 된 찬송이 실려 있는데, Tune Name은 ARIRANG으로 표기되어 있다. 그 1절만 소개한다.

Christ, You are the Fullness of God, First born of everything. For by You all things were made; You hold them up. You are head of the Church, Which is Your body. First born from the dead, You in all things are supreme.[42]

42) 오소운 목사 증언 http://blog.daum.net/osowny(편집자 주).

이러한 나라에 복음이 들어왔다. 그리고 복음과 함께 그것을 감싸고 있는 문화와 함께 들어왔다. 외국의 것을 너무 좋아하는 사대주의적 경향이 있는 한국 사람들이 무분별하게 문화와 복음을 구분하지 못하고 다 같이 받아드렸다. 복음은 생명이다. 어디에 가서도 변질될 수 없는 것이다. 그러나 문화는 상대적인 것이고 영원한 복음과 같이 절대적인 것이 아니다.

20. 마지막으로 인간학을 쓰고 싶다

나의 업적이라는 것은 미미하기 짝이 없다. 지금까지 내가 쓴 저서가 11권 그리고 대부분 독일어를 번역한 것이 11권, 모두 합치면 22권 정도의 책을 내놓았다. 그러나 앞으로 쓰는 경우는 나의 독자적인 연구서를 내어 놓을 작정이다. 나는 많은 책을 쓸 생각은 없다. 아주 중요한 책을 쓰고 싶은 것이다. 사실 이러한 종류의 책을 쓴다는 것은 쉬운 일이 아니고, 또 모든 것을 나 혼자 할 수도 없는 노릇이다. 남은 것은 다 후진들이 더 훌륭히 해내리라고 믿고 싶다. 결국 나로서는 내가 찾아낸 몇 가지 진리를 보다 널리 알리는 것이 나의 과업이 아닌가 생각한다.

다행히도 우리 감리교신학대학을 졸업한 학생들 가운데 '한국학'에 깊은 관심을 기울이고 있는 노장학자들이 많이 있다. 이들이 앞으로 자기 전공분야에서 각기 발전시킬 것을 기대하고 싶다. 이들을 대략 소개한다면 한국 토속종교를 연구하는 유동식 박사(보스턴대, 학습원대), 한국사의 사상을 연구하는 정경식 박사(하버드대, 보스톤대), 한국사회

윤리를 전공하는 박봉배 박사(보스톤대, 밴더빌트대), 한국문화사상을 연구하는 김광식 박사(바젤대), 한국 불교사상을 연구하는 변선환 박사(드류대, 바젤대) 한국미(美)를 추구하는 이신 박사(밴더빌트대), 한국 사회운동사를 연구하는 송길섭 박사(보스턴대) 등을 들 수 있다. 이들은 모두 자기 전공분야에서 신학으로 박사학위를 받고 한국학에 관심을 기울이고 있기 때문에 분명히 이들의 앞날의 업적이 클 것을 빌어마지 않는다.

나는 앞으로 나의 신학을 완성할 단계에 이르렀다. 즉 성(誠)의 신학은 이론적인 것이어도 효(孝)는 실제적 윤리적인 것이었다. 그런데 나의 마지막 관심은 숙원인 인간학, 즉 성론을 완결하는 것이다. 이것은 아마도 가장 어렵고 또 중요한 부분이라고 생각한다. 이것이 끝나면 이때까지 쓴 나의 신학체계, 즉 성(誠)론, 효(孝)론, 성(性)론이 끝나게 되고 이것을 총망라하는 프로레고메나(prolegomena: 총론),[43] 즉 도(道)론을 쓸 작정이다. 이 도론은 성, 효, 성론에 모두 관련되는 것임은 물론이다.

그리고 이러한 작업이 끝나면 나는 다시 성서로 돌아가서 형식적으로 수립된 신학적인 것에 내용적인 것을 넣을 수 있는 글을 쓰고 싶다. 즉 나는 신학적인 조직에 내용적인 성서를 가미함으로 명실 공히 신학적인 작업으로서의 구실을 할 수 있도록 힘써 보고 싶은 것이다. 말하자면 교회에 덕이 되는 글을 쓰고 싶다는 말이며, 목회자로서의 글을 써보고 싶은 것이다. 결국 교의학이란 바르트가 말한 대로 교회교의학이 되지 않을 수 없다는 말이다. 교의학이 제시하고 있는 무수한 소(小) 항목의 문제들을 성서에 근거하여 세론할 필요가 있다고 생각한다. 이것은 설교가 되고, 또는 계몽적인 글도 될 수 있는 것이다.

---

43) 앞에 쓰인 말을 뜻하는 헬라어로서, 조직신학 책에 그 저자가 신학을 전개하기 전에 다루어야 할 줄 생각하는 것을 논의한 부분을 가리킨다.

그러나 이러한 논술이 조직적이 아니어서는 혼란을 가져오기 때문에 전체가 상호 연관되는 해석이 필요하게 되는 것이다. 이것을 믿음의 유비(*analogia fidei*)라고 부르고 싶다. 책임적인 설교, 사람을 중생(거듭남)에로 이르게 하는 능력의 설교와 글이 무엇보다도 바람직한 것이 아니겠는가? 그러기 위해서는 성서에 대한 깊은 연구와 기도의 생활을 통해서 얻어지지 않을 수 없는 것이다.

하나님의 말씀을 겸비하게 연구하는 마음의 자세가 무엇보다 중요하다. 지식의 교만, 신앙의 교만을 송두리째 뽑아버리지 않아서는 안 된다. 이러한 교만이 나의 마음속에 있는 한 하나님의 말씀은 내 안에서 역사할 수 없는 것이다. 잘못하면 내 자신이 하나님의 역사하심을 가로막을 수도 있기 때문이다.

이런 점에서 나는 투루나이젠 선생님을 잊을 수 없다. 이 분은 칼 바르트의 둘도 없는 친구로서 함께 교회를 맡아 일할 때부터 막역한 관계를 끝까지 지속한 분이다. 내가 그에게서 얻은 것은 그가 바르트 못지않게 훌륭한 신학자이면서도 언제나 교회를 봉사하는 것을 주목적으로 삼고 인생을 마쳤다는 점이다. 그래서 그는 바젤대학 신학부의 정교수가 되지 않았다. 교회의 목사로서 단지 강의를 맡고 있었을 뿐이다. 그는 바젤의 퀸스터교회의 목사로 일생을 마쳤다.

그의 《목회학》은 유명하고 바르트와 같이 낸 '설교집' 도 유명하며 또 그의 《토스토예프스키 연구》도 유명하다. 교회를 올바로 봉사할 수 있다는 것은 쉬운 일이 아니다. 정말로 양심적으로 성실하게 봉사할 수 있기란 용이하지 않은 것이다. 적어도 내 교회가 아니고 '하나님의 교회' 로 받들어 섬기기란 아무나 할 수 있는 것이 아니다. 그런 의미에서 바르트는 교회가 독버섯처럼 확장되는 것은 문제라고 보았다. 거기에는 필연코 다른 요소가 개입해 있기 때문이라는 것이다. 그것은 참다운 생명의 성장일 수는 없고 말하자면 암과 같은 존재로 바르트는 보고 있다.

끝으로 나는 전 세계를 향하여 하나님의 말씀을 올바로 전파할 수 있는 새로운 선교의 내용을 갖추지 않아서는 안 되리라고 믿으며, 이를 위해서 공동적인 보조를 취할 단계에 이르렀다고 생각한다.

21. 감리교신학대학 학장으로 선임되다

나와 같이 행정에 밝지 않는 자가 1977년 감리교신학대학 제2대 학장으로 선임되었다. 대부분 미국 신학대학원에서는 교수가 학장이 되지 않는다. 학장은 행정만을 할 수 있는 사람을 선택한다. 그런데 한국에서는 교수들이 하니까 행정에 약할 수도 있다. 나는 홍 학장님이 계속하실 줄 알았는데 그 분도 은퇴하시고 내가 대학원장으로 몇 년 재임하다가 학장으로 선임되었다. 나는 행정은 잘 모른다. 그리고 정치도 잘 모른다. 나만이 유일하게 어떤 파(派)에도 속하지 않았던 사람이었다. 오로지 학문만을 사랑하며 여기까지 달려왔는데 학장이 되었던 것이다.

나는 학생들에게 좋은 커리큘럼을 제공하기 위하여 마음을 썼다. 무엇보다도 신학생들은 언어라는 무기가 있어야 하기 때문에 독일어를 배울 수 있는 기회를 늘렸다. 나의 머릿속에는 "항상 더 좋은 교육을 학생들에게 시켜줄 수 없을까?"라는 생각만으로 가득 차 있었다. 나는 알

게 모르게 완벽주의자이다. 적당히 무엇을 얼버무리지 않는다. 그래서 학생들에게도 교직원에게도 좋은 학장이 되려고 마음을 놓지 않았다.

그러나 점점 나의 마음을 무겁게 하는 것은 바로 경제적인 부담이었다. 홍 학장님이 떠나시면서 미국의 해외선교금이 중단이 되어 우리 학교는 정말 경제적으로 너무 어려웠다. 그것은 우리 스스로 자립을 해야 한다는 것인데 200명의 학생들 등록금으로는 도저히 필요한 비용을 감당할 수 없었다. 그리고 그 당시 교회로부터 후원받는다는 것을 생각도 해보지 못했고,[44] 그럴만한 교회도 없다고 생각하였다. 그만큼 교세들도 약한 때였다.

그러나 모든 사람들은 그 사정을 모른 채, 내가 학장일 때에 많은 기여를 했다고 다시 재(再)선임해 주었다. 그래서 다시 2년 임기를 더 채워야 하는 막중한 책임을 지게 되었다. 그런데 1979년 경제 상황은 최악

44) 교회로부터 후원을 받는다는 생각은 윤성범 박사님 후임으로 학장이 되신 김용옥 학장님으로부터 시작되었다. 그 분은 교회로부터 많은 후원을 받았고, 학교 건물도 증축하였다(편집자 주).

이었다. 년말이 다가왔지만 교직원 월급을 한 달 반이나 못 주는 상태가 되었다. 나는 극심한 경제적인 스트레스에 시달리기 시작했다.

사회적으로도 나의 이름이 알려져 많은 크리스천 신문사나 잡지사에서는 원고를 부탁하였다. 나는 시간에 쫓기는 신세가 되었고, 아침 학교에 출근할 때, 문지방에 걸터 앉아서 원고를 채우곤 하였다. 그런 바쁜 생활 가운데 나의 건강은 점점 나빠지게 되었고, 나의 건강을 살펴주어야 하는 아내는 심한 당뇨에 걸려서 음식의 짠맛, 단맛을 구분하지 못할 정도로 미각을 잃어가고 있었다. 집에 오면 음식이 맛이 없어지고, 극심한 스트레스에 빠져있게 된 나는 내가 이런 행정직에 앉지 않았다면 내가 생각하는 인간론, 기독론 등 조직신학의 완성을 보았으리라는 후회도 마음에 오곤 하였다.

22. 마지막 생일 잔치

어느 날, 이러다간 무슨 일이 있으면 어떻게 하나, 내가 아프면 어떻게 될까? 라는 위기도 느껴보았다. 그래서 우선 학장실을 정리하고 잊혔던 사람들에게 편지를 쓰게 되었다. 미국에 있는 동생 성훈이의 딸들의 안부도 알고 싶었다.

64회 생일 잔치를 하고 돌아오면서 나는 식구들에게 이렇게 말했다. "이제 생일잔치 같은 것은 절대로 하지 말아 달라." 그리고 차풍로 목사가 미국으로 다시 들어간다고 해서 임신한 딸 남옥에게, 그리고 가까이 사는 원옥에게 선물과 편지를 준비해주어 보내기로 하였다. 그 때, 남옥이는 미국 오렌지카운티에 있는 교회에서 전도사 사모로 있었는데 마침 차풍로 목사가 그 교회에서 성가대를 인도하고 있었다. 그래서 미국 가는 길에 딸들에게 선물을 보내고 편지를 썼다. 그러면서 잊히고 있었던 모든 사람들에게도 안부를 전해달라고 부탁하였다. 큰 딸 원옥이에게는 1월 18일에 편지를 썼다.

윤성범 박사의 마지막 64회 생일 잔치

사랑하는 원옥이 받아 보아라

"하느님의 은혜가운데 온 가족이 평안하기를 바란다. 유봉이 통해서 소식은 들었다. 차 목사가 귀국했다가 나성으로 가는 길에 김과 그 밖에 것을 남옥이 집으로 보냈다. 나누어 먹도록 하라. 그리고 남옥이 한약 한재도 함께 보냈다. 나는 1월13일 날 교직원내외 40명을 초대하여 생일날을 하이아트 호텔에서 잘 보냈다. 명옥이네로부터 칼라 TV 한 대를 선사받아서 AFKN을 많이 보고 있다. 엄마도 더 기분이 달라지고 있다.

순옥이네는 새 아파트(35평)를 아주 순옥이네 이름으로 불하를 받았는데 회사 측에서 알선한 것으로 오랜 기간 동안 조금씩 물어나가면 자기 소유가 된다고 한다. 그리고 순옥이 남편은 그 회사의 부장이 되어서 회사전체를 관할하게 되었단다. 명옥이네는 서서히 공장이 되어가는 것 같고 2, 3월경이나 되어야 시작할 것 같다. 현대 아파트(50평)에서 잘 살고 있다. 명옥이와는 가끔 만나게 되고 왔다갔다 하면서 심심치 않단다. 귀남이는 보이 프렌드가 몇 있는데 한

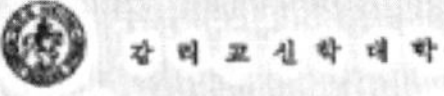

감리교신학대학

사람을 고르는 중에 있다. 아마 결정적인 단계에 도달한 것 같다. 서울 공대출신과 보스턴 M. I. T. 졸업반에 있는 사람도 있는데 그 사람은 귀남이가 싫다고 한다. 좌우간 잘 되리라 믿는다.

내가 금년 7월 초는 캐나다에서 열리는 국제종교사학회에 갈려고 하는데 물론 초청장이 그곳에서도 오겠지마는 너희도 초청하는 것으로 보내주면 좋겠다. 여비는 책임지지 않아도 된다. 요사이는 스폰서가 필요하지 않으니까 말이다. 먼저 유럽을 갔다가 앵커리지로 와서 그곳에서 집으로 오는 길도 생각해보고 있다.

초청장 편지 하나 보내고, clergy fair card도 하나 만들어 보내주어라. 그곳에서 초청장을 떠나기 몇 주일 전에 보내오기 때문에 그것 가지고는 늦어지기가 쉬워서 그런다.

조찬선 목사의 편지도 잘 받았고 매년 천 불의 장학금도 보내겠다고 하니 감사하다고 전하여라. 다시 소식 전하기로 하고 오늘은 이만할 게. 1980년 1월 18일 아빠로부터."[45]

---

45) 이 편지는 생애 마지막 쓰는 편지가 되었고, 이 편지를 보내고 원옥언니가 미국에서 받기도 전에 아버님은 22일 본향으로 가셨다. 나는 1월 14일에 아버님으로부터 편지를 받았는데 원옥 언니가 자신의 것이 더 나중인 것 같다고 원본을 간직했다가 나에게 건네준 것이다. 아버님의 필체가 들어 있어서 이 편지와 나에게 마지막 보낸 편지는 소중하게 간직하고 있다(편집자 주).

제2부
나의 신학

윤성범 박사님의 신학은 윤 박사님의 저서로부터 부분적으로 발췌하였습니다. 고인이 되신 윤 박사님께 질문할 수 없고, 혹시 우리가 오해하여 그 분의 신학을 본인의 뜻과는 다르게 소개한다면 윤 박사님에게 너무 누를 끼칠 것 같았습니다. 응답해 주실 수 없으시다면 우리는 그 분이 쓴 글을 그대로 가감 없이 소개하는 것이 더 정확하며 고인에 대하여 올바른 태도라고 생각하였습니다. 그래서 윤 박사님이 쓰신 글 들 가운데 좀 더 평이한 글들을 모아 보았습니다. 토착화에 대한 글, 성의 신학에 대한 글들, 그리고 효에 대한 글들을 모았습니다.

감리교신학대학교 사택이었던 북아현동 집에서

제1장

1. 한국적 신학에 관심

나의 생애에서 말씀을 드린 것처럼 종교사학회에 참여함으로 종교간의 대화가 무엇을 의미하느냐를 비로소 피부로 느낄 수 있게 되었다. 이러한 시대에 나는 한국학에 주의를 기울일 수 있는 기회가 오게 되었다. 그것이 '단군신화'와 '율곡사상' 연구인 것이다. 나는 한국역사에 단군신화를 이야기하면 그것이 허무맹랑한 이야기로만 생각했던 것이다. 모든 신화가 그렇듯이 근거 없는 것으로 코웃음 쳐버린 때가 있었다. 그런데 나는 이 단군신화에 굉장한 진리가 간직되어 있음을 점차 알게 된 것이다.

나는 김재원 씨의 단군신화의 새 연구라는 자그마한 책자를 얻어서 여기서 흥미를 느끼기 시작했다. 단군신화로 말하자면 육당 최남선 선생을 들게 됨을 물론이요, 또 그의

필생의 연구도 단군신화 연구였던 것을 알고 있다. 그러나 그는 종교사학가가 아니었기 때문에 많은 자료는 가지고 있었는지 모르지만 올바른 결론을 내리지 못하고 이 세상을 떠난 것이다. 그는 만년에 〈사상계〉 지에 단군신화에 대한 총결산을 짓는 논문을 발표하면서 자신으로는 더 이상의 발전을 못하고 말게 되었다면서 훗날 후학들이 이것을 더 발전시켜서 결정적인 결론을 내려줄 것을 부탁하는 글이 들어 있었던 것을 지금도 기억하고 있다.

김재원 씨의 연구 논문지에는 중국 산동성 무시 사당에 있는 벽화를 사진으로 찍어서 소개하고 이것을 단군신화의 근거로 삼음으로 단군신화가 중국으로부터 어원된 것을 증명하려는 내용이었다. 양자는 비슷하면서도 그 내용이 전혀 다른 것을 나는 그 벽화에서 찾아낼 수 있었던 것이다.

이렇게 해서 나는 1964년엔가 〈사상계〉지에 "환인, 환웅, 환검은 곧 하나님이다"라는 논문을 발표한 적이 있었다. 이에 대한 반응은 굉장했고, 근 일 년 동안 각계 각층에서 찬반 양론이 계속되었던 것이다. 여기에 신학계에서는 박봉랑 교수가 논평해 온 것이다. 〈사상계〉지에는 네 번 가량 논쟁이 오고 가고 했으며, 최근에는 손세일 씨 편으로 된 《한국 논쟁사》 5권 가운데 제1권에 다시 수록되었다.[1)]

나는 단군신화가 중국 당나라 때 페르시아로부터 온 네스토리우스의 경교에서 유래된 삼위일체론에 근거한 것이 아닌지 가정하고 연구하였다. 여기에 대하여 박봉랑 교수는 기독교 신관과 이교의 신관과의 혼합으로 보았던 것이다. 여기에 양자 사이의 논쟁이 서로 타겟트(목표)를 달리하고 있었다는 사실이 밝혀지고 있다. 그러나 나는 그 뒤에 경교가 들어오기 이전에도 하도낙서(河圖洛書)나 주역 사상에서 천지인 삼

---

1) 손세일, 《한국 논쟁사》(서울: 청정문화사, 1976), 390-408.
《윤성범 전집 제1권, 한국종교와 한국적 기독교》 제5부, 346 이하.

자가 양괘(陽卦)라는데 관심을 가져보게도 되었고 중국의 음양 일변도의 사상과 다른 한국 고유의 사상이기도 한 것을 알게 되었다.

삼위일체 신론은 주후 3세기 경에 형성된 것이다. 그러니까 지금으로부터 1천 7백 년 전에 교리적으로 굳혀진 것이요, 그 이전에는 교리로는 나타나지 않은 것이다. 사도신경은 바로 삼위일체 신론을 토대로 한 그리스도의 신앙고백이다. 칼 바르트 교수는 이 사도신경에 근거해서 그의 신학을 전개한 것이다. 그의 교의학의 구성은 사도신경의 3대 신앙 기조인 삼위일체 신론의 해석학에 다름 없다고 해도 과언이 아니다.

그의 《교회교의학》 제1권 제1부는 교의학 전체에 대한 서론으로서 말하자면 성부, 성자, 성신의 신앙 원리를 잘 해석해 놓은 것으로 바르트 신학의 특색이 되어 있으며 종교개혁 신학의 칭의론에 첨가하여 성화론, 그리스도의 구원론 이렇게 세 부분으로 전개하여 교의학의 완성을 꾀한 것으로 그의 거대한 작품의 청사진 구실을 하고 있는 것이다.

단군신화의 내용이 바로 바르트의 삼위일체론의 주장과 일치되는 것은 성부, 성자, 성신이 다 남성이요, 성모 마리아만이 여성이라는 사실과, 단군신화의 환인, 환웅, 환검이 모두 남성이요, 웅녀만이 여성이라는데 우선 착안하게 된 것이다. 웅녀는 신녀의 표음어이요, 곰 토템이 아니다. 감 - 검 - 곰은 신을 표현하는 우리말이다. 그러므로 웅녀는 바로 신녀이다. 사실 시베리아의 샤머니즘에는 곰 토템은 없다.

육당 선생은 '밝 사상' 에 근거하여 한국의 신관념을 광명신으로 해석하고 그것은 태양신이요, 태양신은 여신이요, 여신은 다신론이라는 결론을 내린 것이다. 이 엄청난 학설에는 아연실색 할 밖에 다른 도리가 없는 것이다. 좌우간 기독교 신관과 한국 고신도의 신관만이 이러한 특이한 구조를 가지고 있다는 것은 주목할 사실이다. 중국에도 없고, 다른 종교에서도 찾아볼 수 없다. 이것은 앞으로 좀 더 연구할 과제이요, 여기에 대한 자세한 논술은 최동(崔棟) 박사[2]의 《조선상고민족사》에 잘 소개되어 있다.

지금 돌아가시고 안 계시니 아무 할 말이 없지만 만일 바르트 선생님이 이러한 특이한 설화를 들으셨다면 굉장히 깊은 관심을 가지고 연구하셨을 것으로 믿으며 아마도 그가 좀 더 젊으셨다면 나머지 그의 교의학에서 마치 일본의 신경을 소개한 것과 마찬가지로 단군설화를 삽입해 넣었을 것으로 믿는다. 그리고 그가 좀 더 젊었더라면 이 때문에도 한국을 방문할 수 있었으리라 믿는다. 그리고 나로서도 선생님을 한국에 오시게 하고야 말았을 것이다.

한국의 신관은 세계적으로 유명하다. 즉 이스라엘 민족의 신관과 한국의 그것만이 유일신의 본래적 의미를 가지고 내려왔는데 반해서 다른 나라말들은 다 신본적인 관념을 빌려다 쓰고 있는 형편이니 말이다. 영어, 독일어, 불어, 일본어 등이 다 그렇다.

어떤 민족을 똑바로 이해하려면 그 민족이 어떠한 신 관념을 가지고 있느냐에 따라서 좌우된다고 해도 과언이 아니다. 우리 민족이 어떠한 연유로인지는 모르겠으나 이러한 신 관념을 전승해 왔다는 것은 이상한 일이 아닐 수 없다.

그리고 이러한 나의 연구가 세칭 토착화신학의 한 실례라고 보는 것은 많이는 오해에 기인된 것으로 볼 수 있다. 왜냐하면 기독교 신관의 삼위일체론과 비슷한 신 관념이 한국에도 있다는 말이 어떻게 나쁜 의미의 토착화라고 할 수 있겠는가? 어떻게 기독교 신관과 한국 신관의 혼합이라고 하겠는가 말이다.

나는 그래서 혼합주의를 포괄주의로 정의하는 것이 좋으리라고 본다. 신크레티즘은 이것과 저것과를 연결시켜 생각한다는 뜻이다. 이 토

---

2) 본래 의학도였지만 비주류 역사학자로서도 활동했다. 그는 오랜 집필 작업 끝에 은퇴 후인 1966년에 《조선상고민족사》를 탈고했고, 이 업적으로 1968년 연세대학교에서 명예문학박사 학위를 받았다.

착화라는 말은 본래 나쁜 의미로부터 시작된 것이다. 소위 독일어의 토착적(einheimisch)이라는 말이 있는데, 이것은 본래적인 복음을 어떤 다른 이방세계에 가서는 아주 왜곡된 형태로 이해된 경우에 이 독일어의 토착적이라는 말이 사용되게 된 것이다.

그러나 좋은 의미의 토착화는 기독교의 진리가 그대로 다른 이방세계에 가서도 올바로 이해되게 노력하는 방법을 의미하게 된다. 그것은 희랍어 성경을 우리말로 번역하기 위해서는 우리말도 아주 계통적으로 잘 연구하지 않고는 성경을 법대로 번역할 수 없는 것과 사정은 같은 것이라고 하겠다.

이러한 학문적인 태도에 있어서는 순수 기독교 신학이라는 것은 있을 수 없고 무엇인가 다른 요소가 가담되지 않고는 불가능하다는 사실에 입각한 것이다. 신학이 아무리 귀한 학문이라 하더라도 한국 사람에 유용한 것이 아니어서는 안 되겠다는 말이다. 물론 신학이 유니버설하기를 바라야만 되겠지만 그 유니버설한 것일수록 한국 사람에게 보다 더 잘 적용 혹은 응용이 되지 않고는 아무짝에 소용이 없는 것이 되고 말겠기 때문이다. 이것이 현대 학문의 ABC가 된다고 하겠다.

야스퍼스나 하이데거나 바르트가 다 같이 느끼는 새로운 학문론이라고 볼 수 있다. 하나님이 초월하시되 동시에 내재하시듯이 신학적 학문도 보편적이며 동시에 개체적이어야 된다는 사실을 전제하고 있는 것이다. 토착화를 단도직입적으로 개체화로만 보려는 것은 잘못된 태도가 아닐 수 없는 것이다. 신학적 학문도 언제나 변증법적 긴장 속에서만 그 생명을 유지할 수 있기 때문이다.

나는 한국사상에 관심을 두기 시작하면서 율곡 사상에 흥미를 가지게 되었다. 처음에는 그의 성리학에 관한 것이 현대 실존주의 사상과 일맥상통하는 사실을 알게 되었고, 그 다음 근본적인 사상은 율곡의 《성학집요》에서 찾아내게 되었다. 율곡과 퇴계와의 사상적 다름이 있다면 바로 율곡은 그의 근본사상을 성(誠)에 두고 있는데 반해서, 퇴계는 경(敬)에 두었다는 사실이다. 물론 이 두 개념은 상호연관을 가지고 있는 것으로 보면 별 차이가 없다고 하겠으나 '성'이 가지는 의미는 보다 더 계시론적인 의미를 내포하고 있으며 동시에 해석학적인 전개를 가능케 하는 점에서 '경'보다 우월한 위치에 둘 수밖에 없는 것이다.

즉 성은 바로 하나님의 말씀인 것이다. 왜냐하면《중용》에는 '성자천지도'(성은 하늘의 도, 또는 하나님의 말씀)이기 때문이다. 성을 글자 풀이를 해본다면 '말씀이 이루어짐'을 나타내고 있다. 다분히 요한복음의 로고스, 그리스도론을 방불케 하는 내용이었음을 알 수 있다. 요한복음 1장에도 태초에 말씀이 있으니, 혹은 "말씀이 하나님과 같이 계셨으니, 말씀은 곧 하나님이시라"고 기록되어 있다.《중용》을 줄여 놓은 것이 성이다. '중'은 하나님의 말씀에 해당하고, 그 말씀이 육신이 된 것이 '용'인 것이다. 그러므로 말씀 없이는 아무 것도 질서가 잡힐 수 없는 것이다(불성무물, 不誠無物). 율곡은 이것을 세 가지로 나누어서 설명하고 있다.

나는 여기서 바르트의 교의학을 일관하는 '하나님의 말씀'을 우리말의 성(誠)과 바꾸어 놓아 보았고 그가 하나님의 말씀을 셋으로 구분하여 성부, 성자, 성신의 각기의 직능에 적용시킨 것과 같이 나는 성을 셋으로 구분하여 성부, 성자, 성신에 적용시키고 이것에 대한 문헌적인 고증을 시도해 본 것이다. 이것이 나의 성의 신학의 전체인 것이다. 이것이 나로서는 교의학의 이론 부분이라고 말할 수 있다. 그러나 성(誠)은 단순히 이론적인 터 닦음으로 끝나버릴 성질의 것이 아니라 성(誠)은 무엇보다도 실천적인 성격을 띠고 있는 것이다. 그래서 바르트의 교의학이 이론과 실천을 합한 것으로 이루어진 것과 같이 성도 이론과 실천으로 나누어 생각할 수밖에 없다.

그래서 성의 윤리로서 나는 효(孝)를 내세우게 된 것이다. 성은 오륜을 일이관지(一以貫之)[3]하는 근본 원리인 것이다. 성의 역사 없이 오륜이 이루어질 수 없음은 하나님의 말씀 없이는 인간의 모든 행위도 선할 수 없음과 마찬가지인 것이다. 이렇게 해서 서구의 그리스도교 윤리가 빠지기 쉬운 개인윤리의 과오로부터 건져 내어 공동체 윤리 혹은 가정윤리에로의 탈바꿈을 효에서 시도해 본 것이다. 본래 기독교 윤리는 가정윤리요, 유대민족은 오직 가정이 있을 뿐이요, 국가 개념은 없고 이 가정이 국가를 대신하는 관념이 되어 있기 때문이다.

동양, 특히 유교 윤리는 가정윤리요, 효가 가정윤리의 근본이 되어 있다. 오륜가운데 부자유친은 유교윤리의 근본이 된다고 하겠다. 이것은 성경에서도 하늘 아버지와 그의 독생자 예수 그리스도의 부자 관계가 성서의 핵심을 이루고 있음을 우리는 잘 알고 있다.

이러한 성서적인 패턴이 우리의 육신의 부자 관계도 제약하고 있다고 바르트 교수는 말하고 있다. 그래서 그는 "설사 우리 육신의 부조(父祖)가 하나님은 아니라 할지라도 적어도 하나님의 대표자들임에는 틀림없다" 고 그의 교의학에서 말하고 있는 것이다.

그리고 성은 바로 겸(謙, 겸비)인 것을 알 수 있다. 성과 겸은 일치되는 개념이다. 바르트 교수는 하나님의 말씀을 그리스도로 보고, 그리스도를 겸비(Demut)로 특징짓고 있다. 그래서 옛 기독론의 하나인 '겸비, 그리스도론' 을 재현한 것이다. 겸은 "거짓으로 겸손한 척하는 것" 도 아니요, "위험에 못 이겨 겸손한 것" 도 아니다. 말하자면 성이 바로 겸인 것이다. 이러한 겸비를 바르트 교수는 그리스도에게서 찾아내었다. 불의하고 죄인된 인간은 겸에 대하여 교만한 것을 특징으로 하고 있다. 따라서 윤리적 종교로서의 그리스도교를 효로 특징짓는 것은 지당한 것으로 볼 수밖에 없다. 그러므로 예수는 바로 효자인 것을 알 수 있다.

3) 일이관지 : 하나의 이치로 모든 것을 꿰뚫어 본다는 뜻.

예수를 효자로 보았을 때에만 성서의 진리를 제대로 풀어나갈 수 있는 것이다. 효자로서의 예수를 잊어버릴 때에는 성서해석은 그 근본 진리부터 이탈되기 쉬운 것이다.

> 내가 온 것은 내가 아버지를 사랑하는 것과 내가 아버지의 뜻을 순종하는 것을 세상으로 하여금 알게 하려 함이라(요 14:31).

서구 신학자들은 단독자로서의 예수를 숭배하였고 종교적 천재로 만들어 버렸으며, 이로서 개인적 완성의 패턴으로 만들었다. 그러나 그는 아버지와의 밀접한 인격적인 따스한 부자유친의 관계에서만 존재 가능하였던 것이다. 이 순종의 아들을 하나님은 높이 들어서 만민의 구주로 삼으신 것이다. 이 사실을 떠나서 나는 예수의 존재의식을 생각할 수 없다.

2. 참 한국인으로 오신 예수 그리스도

바르티언(Bartian)으로서 감리교신학대학 조직신학 교수로 봉직하였던 나는 새로운 신학적 접근에 대한 눈을 뜨게 되었다. 그것이 바로 한국적 신학에 대한 것이다. 1960년 서독 마르부르크대학에서 열린 제10회 국제종교사학회에 참석하면서 토착화신학, 한국적 신학에 대한 새로운 눈을 뜨게 되었다. 이때부터 토착화 신학의 서설이 시작된다. 감론, 솜씨론, 멋론이 전개되기 시작한 것이다.

나는 한국적 신학의 과제에서 서구의 기독교 전통을 잘 소화하는 노력과 한국 고유의 전통을 이해하는 노력이 가장 필요함을 느꼈다. 곧 복음(씨)과 복음을 받아드리는 현장(토양)에 대한 이해를 바로 하는 것이 한국 신학이 건강하게 꽃을 피우는 길이라는 것을 깨달았다. 이러한 한국적 신학에 대해 눈을 뜨면서 토착화신학의 기초를 이루는 한국적 신학, 성의 해석학 등의 책을 쓰게 되었고 이러한 신학은 한국 교계를 전무후무한 논쟁의 장으로 만들어 갔다. 〈크리스천 신문〉과 〈사상계〉

등을 통하여 1964년 뜨거운 신학 논쟁이 일어났다. 한철하, 전경련, 박봉랑, 이광순 교수 등은 토착화신학에 대한 위험성, 그리고 나의 신학적 요지에 대한 반박, 그리고 이것에 대한 나의 답변이 목회자와 신학자, 평신도들에게까지 큰 관심이 되었다. 그 당시 논쟁의 내용이 실린 월간지들이 나오면, 나오는 날 절품이 되는 이변이 일어나 늦게 가서는 사지도 못하였다.

그렇다면 한국적 신학의 핵심은 무엇인가? 그것은 참 한국인으로 오신 그리스도를 만나자는 것이다. 예수 그리스도께서 성육신하셨다면 그 분은 분명히 한국인으로 성육신하셔서 우리를 찾아오셨을 것이다. '복음' 을 만나자는 것이다. '복음' 을 변질시키겠다는 것이 아니라 '복음' 이 제대로 뿌려지고 열매 맺게 하자는데 있다. 단순히 양복과 한복에 대한 관심이 아니다. 예배를 드릴 때 한국적 음악을 사용하고 빵 대신 떡을 사용하자는데 있지 않다. 그것은 복음을 입고 있는 옷에 불과하다. 내가 관심을 갖고 있는 것은 '생명' 이다. '복음' 과 '예수 그리스도' 의 케리그마이다.

기독교 영성에서 가장 중요한 것은 '화육' 이라고 앞에서 언급하였다. 누가복음에서 강력하게 주장하고 있는 것은 '사람' 으로 오신 그리스도이시다. 인간으로 오셨다는 것, 말씀이 육신이 된 사건처럼 복음의 중요한 핵심은 없다. 그 분이 육신이 되지 않으셨다면 우리에게는 '용서, 화목, 구원' 의 사건이 있을 수 없다. 이렇게 '육신' 이 되신 예수님이 한국에서는 어떻게 '육신' 을 입고 오셨을까? 여기에 대한 관심이 한국적 신학에 문을 여는 중요한 관심이었다. 한국에 한국인으로 찾아오신 그리스도, 한국교회에 한국인으로 오신 그리스도, 이것을 잃어버린다면 우리는 복음도 전할 수 없을 것이다.

이러한 신학적 접근과 관심은 단군신화의 논쟁에서 잘 나타난다. 무엇인가 우리나라에 이미 존재하고 있는 선험적 신에 대한 접근이 단군신화 논쟁에 잘 나타나고 있다. 나는 단군신화와 삼위일체의 계시와 유일하신 인격적 하나님을 동일시하면서 심각한 신학적 논쟁의 주인공이 되었다.

또한 박봉랑 교수는 단군신화의 연구는 이미 신학적 타당성의 한계를 벗어난 것이라고 지적하였고, 전경련 박사는 단군신화는 신화가 아니라 설화로서 취급되어야 하며 나는 시대 역행적인 시도를 하고 있다고 평하였다. 여기에 대하여 나는 그들이 토착화 문제와 단군신화의 문제를 서로 혼합하여 제대로 이해하지 못하고 있다고 답변하면서 논쟁은 계속되어 나갔다.

해방신학자들은 예수 그리스도를 해방자로 보고 신학을 발전시킨다. 내적 치유자들은 예수 그리스도를 치유신학자의 관점에서 접근한다. 여성신학자들은 예수 그리스도를 여성을 해방시키는 자로 본다. 예수 그리스도는 아무 말도 하지 않고 있지만 그를 연구하려는 사람들의 모임은 다양하며 어떤 해석에 대하여도 예수님은 '아니다' 라고 말씀하지 않으시고 '그렇다' 고 말씀하시지도 않는다.

하지만 예수 그리스도의 복음이 자의적(自意的)으로 해석되고 있을 때 혹은 변질되려는 위기상황에 적절하게 깃발을 든 제자들이 있다. 그들이 바로 사복음서의 저자들이다. 시대가 지나가면서 잘못 예수 그리스도가 전해지고 있을 때, 복음의 본질이 빗나갈 때 제자들은 '예수 그리스도의 신분과 사역에 대한 진실' 을 밝히고 있다.

3. 기독교와 토착화[4)]

기독교가 한국에 들어온 지 어언간 80년이나 된다. 이러한 기나긴 세월을 통해서 한국의 기독교는 아직 한국의 풍토에 맞는 그리스도 교회가 되지 못하고 그저 서양 것을 직접 이식해 놓은 감이 들 뿐이다. 초창기 선교사들 가운데는 한국을 바로 알아보려고 많은 애를 쓴 이들이 많이 있었다. 그 중에 게일 박사 같은 분을 대표적으로 들 수 있을 것이다. 그는 한문 공부를 많이 하여 한국의 문화를 언어를 통하여 직접 찾아보려 한 사람이었다. 또한 한국 미술에 홍미를 가지고 몇 십년간 미술을 연구하여 《한국의 미술》이라는 방대한 책을 쓴 독일의 에갈트 박사 같은 분도 있다. 앞서 말한 게일 박사는 한영사전 같은 어려운 편찬도 하신 분이다. 그들이 얼마나 한국 문화를 이해했는지는 그만두고라도 그들이 한국을 알려는 열의만큼은 우리 머리를 숙이게 한다.

복음의 진리는 결코 하늘 공중에 떠돌아다니는 어떠한 관념이나 공

4) 윤성범, "기독교와 토착화", 〈대한일보〉, 1966. 5. 24.

론이 아니고 구체적으로 우리의 생에 관계하여 우리의 생을 변화시켜 주는 역사적 사실이라는 것을 잊어서는 안 된다.

우선 토착이라는 말부터 생각해 보자. 기독교의 영원한 진리가 역사 속에서 구체화되는 일체의 과정을 모두 토착이라는 말로 일괄 표현할 수 있다. 여기서 물론 지역적인 차로 인한 많은 상이성과 다양성 같은 것이 이로 좇아 파생될 것은 분명한 사실이 아닐 수 없다. 그렇다면 토착화란 바로 다원화, 상대화라는 결과를 초래할 것도 분명한 사실이 아닐 수 없다는 말이 된다. '상대화, 다원화, 절충화' 라는 과정을 두려워 하여 이 과정을 경원한다면, 영영 좋은 진리의 열매는 거두기 어려울 것이다(〈복된 말씀〉, 1972년).

토착화한 외국의 문화, 사상, 종교 같은 것이 한국이란 풍토에서 어떻게 나타났는지를 반성, 검토해 보려는 데서 나온 말이다. 단순한 외래 문화의 한국에의 이식이 아니고 기독교이면 기독교가 한국이란 문화적, 정신적, 토양에서 어떠한 열매를 맺게 되었느냐에 따라서 한국에서 맺어진 열매가 과연 다른 나라에서 맺어진 열매와 비슷한 열매를 맺었는지 그렇지 않으면 그보다 못한 열매를 맺게 되었는지를 반성해 보려는 것이 토착화의 과정이라고 생각한다.

그러므로 토착화는 우리 한국인이 가지고 내려온 전통 문화를 외래의 문화나 종교의 도래에 즈음하여 자기를 반성하며 따라서 자기 주체성을 확보하므로 올바른 한국인의 자세를 가지고 맞아드리자는 것이다. 그러므로 외국인이 우리 한국에 와서 볼 때에 많은 교회가 적어도 몇 평방 킬로미터에 하나씩은 있을 정도의 많은 교회당이 있는 것을 보고 놀라게 되는 것이 사실이다.

그러나 그들의 인상에 뜨이는 것은 서양의 기독교를 한국에 그대로 이식했다는 인상이 강하게 떠오르리라고 믿는다. 한국의 모든 건축 양식과는 달리 고딕식의 예배당을 볼 때 어쩐지 물 위에 뜬 기름과도 같은 어색한 모습을 발견하게 됨이 보통인 것이다. 이것은 비단 건축물에 관한 얘기는 아니다. 모든 교회 제도, 교회 의식, 사고방식, 그 밖의 많은 표현 양식에 이르기까지 우리의 특유한 모습은 별로 찾아볼 수 없게 된 것이 한국 기독교의 일반적 경향이라고 볼 수 있다.

우리가 재빨리 이러한 토착화운동을 재촉했더라면 이러한 이상한 모습은 나타나지 않았을 것이다. 우리 교회의 지도자나 신학교 교육에 있어서 우리의 고유한 정신적 유산을 잘 연구하고 터득하였더라면 우리 교회는 정상적인 교회의 발전을 거두었을 것이다. 이것을 채 몰랐기 때문에 우리 교회는 왜곡된 토착화를 초래하게 된 것이다.

앞서 말한 정상적인 토착화는 우리가 전래의 정신문화를 잘 이해하므로 좋은 토양을 마련하여 복음의 씨를 옥토에다 심음으로써 정상적인 열매를 맺는 것을 의미하는 반면에 비정상적인 토착화란 우리 민족 문화의 자의식 없이 덮어놓고 외래 종교를 받아 놓음으로서 생기게 된 것이다. 정상적인 토착화를 '의식적 토착화' 라고 한다면 비정상적인 토착화는 '무의식적 토착화' 라고 말할 수도 있을 것이다. 이 무의식적 토착화란 기독교의 복음의 열매라고 하지만 실상 그 열매의 내용으로 본다면 유교 아니면 불교, 불교 아니면 무격 사상의 열매를 맺을 수밖에 없게 되었다는 것이다

오늘에 와서 이러한 경향은 점점 본래적인 모습에서 벗어나서 혼합종교의 모습을 띠게 된 것으로 보인다. 근자에 일어나는 소위 기독교의 간판을 붙이고 있는 신흥 종교의 경향을 막기 위하여 우리는 지난 80년간 무의식적으로 받아들인 기독교를 다시금 우리의 문화적, 정신적, 자의식을 가지고 소화시키지 않을 수 없는 단계에 이르게 된 것이다.

그러므로 우리는 기독교 신앙을 강조하는 나머지, 타종교나 재래종교에 대한 등한시는 금물임을 알 수 있다. 왜냐하면 기독교 진리가 정말로 올바르게 우리 겨레에게 전해지기 위해서는 우리가 이미 가지고 내

려온 종교적인 유산에 깊은 주의를 기울일 필요가 있다는 말이다.

우선 우리는 기독교와 타종교 사이의 차이점, 유사점 등을 엄밀히 판별할 수 있는 종차를 가져야만 될 것이다. 이러한 종차를 갖지 못했기 때문에 우리는 혼합 종교의 운명을 벗어날 수 없게 된 것이라고 말할 수 있다.

끝으로 우리는 기독교가 한국에 있어서의 존재 의의를 밝히는 일이 역시 토착화 과업이라고 말할 수 있다. 기독교는 세계적인 종교이다. 세계적 종교일지라도 그 종교의 위대성은 그것이 가 닿는 특수 지역의 문제성을 언제나 염두에 두고 그 해결책을 시사해주는 능력을 가지고 있는데 있다 할 것이다. 다시 말하면 진정한 토착화의 과정이 없다면 기독교의 존재 이유는 없어지고 만다는 말이다. 기독교는 가장 구체적인 문제를 파고 들어가는 종교이다.

왜냐하면 기독교는 생명의 종교이기 때문이다. 그러므로 이러한 한국에서만 문제되는 특수 과제를 찾아내고 이에 대한 대답을 기독교로부터 말하도록 하는 것도 토착화의 과업의 하나가 아닐 수 없다.

한국의 고유한 문화 종교 등등은 기독교를 이해하는 전이해라고도 할 수 있다. 이 전이해가 잘된 것인지, 못된 것인지가 문제가 아니라 우리가 이러한 전이해를 어느 정도 의식하고 있는지가 문제인 것이다. 잘된 것이든 못된 것이든 간에 우리의 문화를 일반 종교와 기독교의 전이해로 보고 이에 대한 깊은 통찰이 있어야 될 것을 새삼스럽게 느끼게 한다. 이 전이해는 한국 민족 특히 나 개개인의 깊은 이해요, 자기 반성이기 때문이다.

4. 해석학이란 무엇인가?[5)]

앞서 말한 토착화 과정을 구체적으로 전개시키면 해석학이 된다. 어찌하여 그런가? 해석학이란 영원한 진리의 특수화, 개별화의 공작을 말하고 있다. 달리 말하면 어떠한 원문(text) 번역도 해석학의 작업이 아닐 수 없다. 외국어를 우리말로 번역할 때에는 반드시 해석학의 과정을 통해야만 된다. 원문과 번역문과는 아주 생소한 관계에 있기 때문이다. 번역자는 이 중간에서 해석자 역할을 맡게 된다. 여기에는 알맞게 해석하느냐 그렇지 않으면 흐리멍덩하고 잘 알 수 없는 것으로 해석하느냐는 번역자의 책임이 아닐 수 없다.

번역자가 어떠한 원문을 어떻게 이해하느냐도 크게 중요하지만, 또 어떠한 용어를 원문에 대치하느냐도 크게 중요한 것이다. 아무리 정확한 직역이라 할지라도 그것이 가지고 있는 뉘앙스에 달려서 그 번역이

5) 《윤성범 전집 제2권, 한국유교와 한국적신학》, 312-313.

엉뚱한 개념으로 바꾸어질 위험성도 있으니 말이다. 그러므로 번역자야 말로 지극히 중요한 작업을 맡고 있다 하겠다. 이것이 신학자의 과업이다. 신학자가 진리를 수호하는 책임도 가지고 있지만 이러한 해석의 작업은 무엇보다도 더 중요한 것이다. 물론 이 번역이 잘되고 못된 것은 그 결실의 결과에서 보아야 됨은 물론이다.

번역이 아무리 잘 되었다 하더라도 이것을 읽고 이 말씀을 진리로 받아들여서 맺어진 열매를 보아 평가할 수밖에 없다는 말이다. 그러므로 해석학은 단순한 신학적인 지식이 아니라 신학과 다른 세속적인 또는 낯선 언어나 종교현상과의 비교 연구라고 볼 수 있다. 왜냐하면 그렇게 하지 않고는 하나의 텍스트를 다른 말로 번역할 수 없기 때문이다. 이것을 아무리 정확히 번역하더라도 우리가 재래에 가지고 있던 관념에다 대고 하지 않으면 이중, 삼중으로 난해한 것이 되고 말 것이다. 이것은 나쁜 의미의 절충주의가 아닐 수 없다. 해석학을 하려면 절충주의를 무서워해서는 안 되고, 텍스트만을 고집하는 것으로 자기의 사명을 삼은 사람에게는 해석학은 필요 없게 된다.

이것은 예수의 비유 가운데 은전 한 닢을 주인에게서 받아가지고 그것을 땅에 깊이 묻어두었다가 주인이 온 뒤에 그 한 닢을 가져다가 내놓은 게으른 종과 같다 하겠다. 왜냐하면 이 게으른 종은 땅에 심지도 않고 물을 주지도 않고 그대로 땅에 깊이 묻어두었기 때문이다. 그래서 30배, 60배, 100배를 거두는 진리를 깨닫지 못했던 것이다.

5. 토착화 서설: 감과 솜씨와 멋[6]

나는 복음을 '하나님의 감' 이라고 풀었다. 이것은 말씀, 곧 생명의 씨이다. 그러나 복음이 씨라고 한다면 뿌려져야 하는 현장이 필요하다. 그 나라에 복음이 들어가기 위하여 아무리 좋은 하나님의 감이 있다고 하더라도 건강한 땅과 자리가 없으면 심어서 실한 열매를 맺을 수 없다. 그 땅에 대한 이해가 바로 자리에 대한 이해이며 그 나라의 문화적 a priori(선험적, 선 이해)에 대한 이해이다. 이러한 문화적 a priori가 불교나 유교와 같이 우리나라에 있는 종교는 아니다. 과거, 현재, 미래를 꿰뚫는 a priori한 무엇이 문화 형태인 것이다.

감론: 창조론[7]

복음은 신학의 중심 과제이다. 복음을 떠나서는 신학이 성립되지

---

6) 《윤성범, 기독교와 한국사상》(서울, 대한기독교서회, 1964), 11 이하.

않는다. 왜냐하면 신학은 하나님의 말씀의 학문이기 때문이다. 신학은 하나님의 감으로서 이것의 내용이 복음인 것이다. 말씀은 신학의 핵심과 마찬가지이다.

그러나 이 핵심은 곡식의 씨와 마찬가지로 자리(場)를 필요로 하는 것이다. 이 자리의 문제를 우리는 많이 논하지 못한 것이 사실이다. 독일의 루돌프 불트만 교수는 이것을 전이해라고 보았으며 폴 틸리히는 정황(situation)이라고 보았는데, 나는 고유의 정체성, 자기 이해로 보았다. 복음과 따로 떼어서 전이해니 정황이니 또는 내가 말하려는 자리이니 하는 문제로 복음의 진리를 제한하는 것을 못마땅하게 여기는 스위스의 신학자 칼 바르트 교수가 있다. 바르트는 하나님의 말씀이면 모든 것이 가능한 것으로 믿고 있는 것이다. 구태여 바탕을 문제 삼자면 바르트는 교회를 들고 나올 것이다. 이것이 하나님 중심의 신학의 특징인 것이다.

그러나 복음의 문제는 그것이 아무리 중요하다 할지라도 그 시대의 철학이나 사회사상이나 이교적 바탕에서는 손쉽게 처리가 되지 않는 것도 사실이다. 독일에 있어서 실존 철학의 대두는 신학이 이것을 무시하고는 성립될 수 없으리만큼 사상적인 필연성을 입증하고 있으며 미국에 있어서의 사회 사상의 조류 역시 이것 없이는 신학의 문제가 힘을 발휘할 수 없으리만큼 중요한 역사적 현실임을 반증하고 있는 것이다. 이와는 사정이 다르지만 한국에 있어서는 특이한 이교적 바탕을 무시하고서는 건전한 신학이 수립될 수 없는 것을 잊어서는 안 될 것이다.

한국에 있어서 이교 사상이 복음 이해에 중요하다는 말은 결국은 한국이란 자아의 자각이요 주체 의식의 발견임에 틀림없는 것이다. 다시 말하면 나를 발견하지 않고는 믿음은 성립될 수 없으며 믿음이 성립

---

7) 《윤성범 전집 제1권, 한국종교문화와 한국적 기독교》, 15-29.

되지 않는 한, 신학은 수립할 수 없는 것이다. 우리가 얼마나 나를 잊었었던가는 한국에 신학이 없었다는 것으로 충분히 이해되고도 남음이 있는 것이다. 한국의 신학이란 결국 미국이나 유럽 신학을 옮겨다 놓은 것이 아니고 무엇이겠는가?

비단 신학만이 아니다. 교회도 마찬가지이다. 교회가 정말로 주체의식을 가지고 있었느냐 하면 반드시 그렇다고 말할 수 없을 것이다. 결국 무리를 해서라도 주체의식을 발견해 내자면 민족운동과 같은 객관적 정세에서 일어났는지는 모르지만 결코 신학적인 자각에서가 아니었음을 우리는 잘 알고 있는 것이다. 예수께서는 정체성 없는 인간을 개나 돼지로 비유한 바 있다. 곧, "거룩한 것을 개에게 주지 말며 너희 진주를 돼지 앞에 던지지 말라 저희가 그것을 발로 밟고 돌이켜 너희를 찢을까 염려하라"(마 7:6).

하나님께서는 자아 의식이 없는 자에게 은혜를 주시지 않는다. 왜냐하면 내가 나의 가장 귀한 보물을 미친 사람에게 던져주었다면 사람들이 나를 보고 돌았다고 할 것이기 때문이다. 하나님께서는 자기의 아들을 인격적인 주체자인 온전한 사람에게 보내신 것이지, 이(李)가도 아니요 김(金)가도 아닌 두루뭉수리에다가 보내신 것이 아니다.

만일 한국인이 '내가 누구인지 모르면서' 복음을 받아들인다면 마치 이와 같을 것이다. 한국교회의 혼란은 정체성이 없는 개나 돼지에게 진주를 내어 맡긴 것과 사정은 매일반인 것을 알 수 있는 것이다.

한국교회는 지금 바야흐로 이 물고 뜯고 하는 개나 돼지 꼴을 나타내고 있지 않는가? 복음이 우리의 마음속에 들어가면 온전하고 얌전한 사람이 되는 것이 원칙일텐데 이와는 달리 복음을 받았다는 인간이 도리어 정신 나간 일을 하고 있으니 예수께서 말씀하신 것이 한국의 오늘의 형편을 두고 하신 것과 같이 생각된다. 복음이 참으로 들어가게 되면 그 사람의 형편은 보다 정상적인 인간이 되어야만 하는 법이다.

이것은 다 같이 주체 의식의 결여, 다시 말하면 한국이라는 나의 자각이 없는 상태에서 복음을 받은 탓이라고 볼 수밖에 없는 것이다. 이것은 마치 곡식의 씨만 가지고는 자라나서 열매를 맺을 수 없는 것과 매한가지인 것이다. 그 씨는 좋은 땅에 심어지지 않으면 안 되기 때문이다. 한국교회는 한국에 대하여 얼마나 알려고 노력해 보았는가?

감은 단순한 소재만을 의미하는 것은 아니다. 그것은 소재와 형상을 전제하고 있다고 해야 좋을 것이다. 소재와 형상이 전제되었다고 그것이 벌써 솜씨가 가담된 것은 아니다. 옷감에도 소재도 있고 널따란 형태도 있는 것이다. 그러나 이것이 솜씨에 의해서 좁다랗게도 되고 곡선도 이루고 모도 나게 마련이다. 그러한 소재와 형상의 관계는 공동 관계만은 아니다. 아주 내면적인 관계에 놓여 있음을 알 수 있는 것이다.

어떤 사람은 이것을 잘못 이해해서 한국이 그리스도교를 잘 받아드리려면 불교, 유교, 무당교 같은 것과 잘 타협해야만 된다고 생각할지도 모른다. 그러나 불교나 유교가 반드시 한국의 문화적 아프리오리는 아닌 것이다. 한국의 문화적 a priori는 벌써 불교나 유교가 들어오기 전에도 있었다고 해야 좋을 것이다. 다시 말하면 우리 한국 문화는 중국의 것의 연장에 지나지 않는다고 하는 견해와 같은 경우이다. 한국이 중국의 연장이라고 보아서 한국의 주체성에 대해 아예 생각하지도 않는 사람이 많다.

모든 문화가 다 성숙한 것이라고는 볼 수 없다. 문화는 유치한 것도 있으며 미성숙한 것도 있다. 그렇다면 한국의 문화는 과연 어떤 것이 한국의 문화라고 볼 수 있는가? 우리 민족은 계속되는 외적의 침입과 압제에서도 우리의 문화적인 전통을 잘 살려 내려왔다고 믿고 싶은 것이다. 우리는 미술 공예품에서 우리 민족의 고유한 창작성을 인식할 수 있으며 따라서 이런 표현 속에는 종교와 도덕 윤리가 서로 혼연일체가 되어 있는 것도 흥미 있는 일이 아닐 수 없다. 또한 음악이나 언어의 특이성, 시문학의 특이성 등을 통해서도 우리가 천재적 관찰력을 가지고 이러한 문화 현상들을 직관하게 될 때는 모든 것이 밝히 드러나게 되리라고 생각한다. 그러므로 나는 한국에는 고유한 문화적인 특이성이 있다는 가정에서 출발하고 싶다.

미술 공예를 통한 문화적 a priori의 적출은 한국에 실정에 맞는 방법이라고 생각된다. 이것은 직접 우리의 생활 이념을 드러내고 있기 때문에 여기서 문화적 a priori를 찾아보려는 것은 무모한 태도는 아니라고 생각한다. 새 술은 새 부대에 넣어야 하는 법인데 이 새 가죽부대야말로 한국 민족의 고유한 문화적 a priori에 해당된다고 볼 수 있는 것이다. 여기서 새 것이라는 말은 반드시 하늘에서 공중 떨어진 도깨비 방망이 같은 것이 아니라 우리 민족의 긴 역사적 전통 속에서 그 본래적인 이념이 새롭게 의식되는 것을 뜻함인 것이다. 과거, 현재, 미래를 꿰뚫는 a priori한 무엇이 문화 형태인 것이다. 이러한 문화적 a priori에서만 복음을 담길 수 있는 것이다.

이것은 기존의 타종교와의 타협을 하면서 '씨' 의 본질을 잃어버리자는 의미가 아니라 그 씨가 뿌려져야 할 척박한 땅에 대한 관심과 이해에 있다. 복음이 뿌려지는 땅은 여러 모양이고 여러 토양일지 모르지만 '씨' 는 결코 변할 수 없기 때문이다.

한국적인 신학에 있어서 감의 문제는 대단히 큰 것이라고 할 것이다. 곧 복음과 자리의 문제인 것이다. 감은 이 내용과 형식의 소재적 상태를 두고 말하는 것이다. 그러나 문제는 우리가 단순히 감을 내용과 형식으로 분석했다고 해서 양자의 관계가 유기적으로 형성된 것은 아닌 것이다. 복음의 자리가 유기적으로 결합되기 위해서는 양자는 분리될 것일 수 없는 것이다. 다시 말하면 복음이 내용적이라고 한다면 자리 곧 문화적 선험성(a priori)은 형식적인 것이 아닐 수 없고 문화적 선험성이 내용이라면 복음은 형식이 될 수밖에 없는 것이다.

양자가 동시에 내용과 형식이 될 수는 없는 것임을 말하고 있는 것이다. 이것은 마치 시간과 공간의 관계가 그러하듯이 하나의 필연적인 연관 가운데 있다 할 것이다. 만일 시간이 내용이라면 공간은 형식이다. 만일 공간이 내용(소재 같은 것)이라면 시간은 형식(규정 사유 등)이 될 수 있다는 뜻이다. 이러한 관계에 놓여 있는 것이 감의 상태인 것이다. 신학적인 감의 문제도 인식론적인 해명이 필요하다. 그러므로 이것의 분석도 큰 과업의 하나임은 두말할 것도 없다.

복음과 자리, 이 두 가지는 한국 신학을 수립하기 위한 전제가 아닐 수 없다. 왜냐하면 복음만 가지고는 한국 신학을 수립할 필요성을 느끼지 않기 때문이다. 한국적인 것이 있어야만 되겠기에 한국의 신학을 문제 삼는 것이지 그렇지 않다면 하필 한국신학을 수립하려고 애쓸 것이 없이 우리는 세련된 유럽이나 미국 철학에 만족하면 그만이 아닌가?

복음과 자리의 문제에서는 한국의 재래 종교도 복음에 해당한 것으로 보지 않고 자리의 성격으로 보려고 한다. 말하자면 한국의 문화 선험성에는 재래의 종교의 모든 특이성이 함축되게 된다. 왜냐하면 우리는 복음과 재래 종교와를 동일시 할 수는 없다. 물론 재래 종교의 성격이 양식화될 때 그것이 구속사적인 표현으로 나타난다 치더라도 그 표현 양식이 생명적일 수는 없기 때문이다. 그것은 결국 한국의 미술 공예의 표현 양식이 이상에서 말해온 구속사적인 성격을 띠었다고 해서 그것이 곧 생명적이라고는 말할 수 없는 것과 같다. 양식은 어디까지나 자리이고 바탕이지 그것이 종교적 본질은 될 수 없는 것이다.

그러나 재래 종교의 양식이 바탕으로서의 타당성을 가질 수 있다는 것은 반드시 무익한 것이라고만 볼 수 없는 것이다. 이러한 재래 종교의 양식에서 어떠한 종교적 선험성을 적출해 냄으로서 이것이 복음과의 유기적 관계를 맺을 수 있다면 이것은 새로운 신학적인 소재의 하나로서 극히 중요한 문제로 취급될 수 있는 것이다.

솜씨론: 속죄론[8)]

위에서 우리는 복음과 자리의 문제로서의 관계를 대강 말해 보았다. 그런데 이러한 소재(내용과 형식)로서의 관계만으로 신학의 모든 문제가 해결된 것은 아니다. 그것은 하나의 출발점에 지나지 않는 것이다. 형식과 내용의 문제는 다시금 솜씨의 문제로 발전해 나가야만 될 것이다. 여기에 솜씨란 말하자면 위의 두 계기를 어떻게 손질을 해야 양자의 관계가 유기적으로 결합이 될 수 있으며 따라서 단순한 존재적 성격에서 솜씨에 의한 세련된 형태로 발견할 수 있는 것일까? 말하자면 앞의 것이 창조론에 해당한다면 뒤에 것은 속죄론에 해당한다고 말할 수 있을 것이다.

속죄란 자연적인 어떠한 관계가 이율배반의 모순에 빠져 헤어 나오지 못하게 된 것을 제삼자가 나타나서 이러한 모순을 지양하는 그 과정이라고 본다면 이것을 우리는 솜씨라는 말로 표현할 수 있을 것이다. 솜씨는 그러므로 기교로서 신학에 있어서는 핵심부에 해당한다고 볼 수 있다. 그것은 마치 속죄론의 위치가 중요한 것과 매일반인 것이다.

쉬운 실례를 들자면 우리가 김치를 담그는 데도 솜씨가 필요하다. 솜씨 없는 사람이 담근 김치는 풀냄새가 나는 맛이었다. 그러나 솜씨 있는 사람이 담그면 맛이 나는 법이다. 이와 같이 솜씨는 음식에서 중요한 역할을 하고 있다. 그러나 이러한 중요한 역할을 대개는 등한시하고 있음이 사실이다. 많은 사람들은 감만을 생각하지 솜씨에 대해서는 그리 중요하지 않은 것을 보는 것이 보통이다. 그러나 솜씨가 어떠한 사실을 하나의 유일한 사실로 이해하는 데 얼마나 중요한 역할을 하는 것인가를 위의 김치의 경우에서 보아도 확실한 것이다.

---

8) 《윤성범 전집, 제1권 한국종교문화와 한국적 기독교》, 29-35.

솜씨는 그러므로 단순히 양자를 종합하는 역할만을 하는 것이 아니다. 솜씨는 그 전에 있는 감으로서의 위치를 전부 거부해 버릴 뿐만 아니라 이것을 되살리는 역할을 하게 되는 것이다. 이것을 우리는 신학적인 표현으로는 칭의론이라 말하고 있는 것이다. 이것은 재래의 소재는 없는 것과 같이 부인된다. 그것은 십자가의 죽음과 같은 것이다. 이러한 죽음과 동시에 부활이 야기된다. 이러한 부정과 긍정의 사실이 속죄론의 내용이 되어 있다.

만일 우리가 솜씨를 이 비근한 예로서 설명한다면 우리가 소재로서의 어떠한 돌덩이를 갖다 놓았다고 할 수 있다. 이 돌덩이는 적어도 시간과 공간의 제약을 받고 있음을 알 수 있다. 이러한 제약은 벌써 이 소재가 내용과 형식의 제약을 받고 있다는 것과 다름이 없다. 그것은 이 소재가 공간 가운데 있다든지 시간 안에 있다든지 어느 것을 내용으로 하고 어느 다른 것을 형식으로 하든지 간에, 만일 시간적인 것을 사고하고 한다면 우리는 벌써 내가 가지고 있는 아이디어는 시간의 제약을 받고 있는 것과 동일한 것이며, 그리고 공간을 사고라고 한다면 나는 내 머리 속에서 벌써 어떠한 아이디어를 형상으로 생각할 수 있는 것으로 공간의 제약을 받고 있음이 밝혀지게 된다.

그러므로 어떠한 대립되는 계기를 손질한다는 것은 단순한 소재나 단순한 형상이 아님이 확실히 드러난다. 대개는 형상적인 것을 아이디어라 생각하고 소재를 규정하려고 드는데 이것은 우리 한국신학에서는 허용될 수 없는 일이라고 보아진다. 솜씨는 양자를 손질하는 제 삼자인 것이다. 이 제 삼자로서의 솜씨는 단순한 직관 혹은 감성도 아니요, 단순한 사유도 아닌 것이다. 양자를 관계하며 양자를 손질하는 제삼자여야만 한다. 솜씨는 소재와 아이디어의 중간에서 이리 저리 양자 사이를 동요하며 양자를 조종하고 손질하는 것이다. 이것을 우리는 신학에서 중보자라고 부르기도 한다. 이 솜씨의 연고로 신학에서는 그리스도의 신성과 인성을 동시에 전제하고 있는 것이다. 참 하나님이요 참 사람은 이러한 중보자의 성격을 말하고 있는 것이다.

한국문화를 단적으로 표현한다면 그것이 굉장한 소재라든지 웅장한 관념의 구성으로 될 것이라기보다는 감으로서는 지극히 적은 것이지만 이것을 맵사하게 다스린 솜씨에 그 특이성을 부여하고 싶은 것이다. 우리의 고전적인 건축양식을 비롯하여 그림, 조각, 음악, 언어, 생활양식 전반에 걸쳐서 뿐만 아니라 우리의 사고 양식까지도 그리고 음식까지도 이러한 특이성을 나타내고 있는 것이다.

한국의 문화 a priori는 솜씨를 빼어 버린다면 이것은 정말로 보잘 것 없는 것이 되고 만다. 이 중요한 솜씨를 기억하고 한국문화를 볼 때에는 하나의 절대에 가까운 진리의 일면을 가지고 있다고 할 것이다. 이 절대에 가까운 면이 곧 복음을 받아들일 수 있는 자리가 된다는 말이다.

복음을 받아들이는 자리는 아무래도 좋다는 사람은 진주를 개나 돼지에게 던지는 격이 되고 말 것이다. 하나님의 말씀이 한국적인 문화 a priori 인 이 솜씨에 담겨질 때에 비로소 말씀은 빛을 발하게 될 수 있는 것이다. 이 진주가 흙탕 속에 떨어진다면 돌 값도 되지 않을 것이 분명하다. 현재에 한국에 일어나는 교회 현상은 마치 진주를 개나 돼지에게 던진 경우와 비슷한 것을 말해 주고 있다. 왜 그러냐 하면 그들은 한국적인 솜씨를 이해하고 있지 못하기 때문이다. 그들이 솜씨를 가진 자들이라면 그러한 광태를 부리지 않았을 것이다,

재래의 변증법은 개념과 개념의 발전이었던 것이 특징이라면 솜씨는 개념과 실재가 구분되며 종합을 꾀하는 것이 되기 때문에 방법론적으로는 직관적이라고 말할 수 있을 것이다. 슐라이어마허나 키에르케고르 변증법을 우리는 객관적이라고 본다면 개념과 실재와의 구별이 개념상으로는 될 수 있을지 모르나 그 양자가 다른 소재여야 된다는 점에는 명석하게 판명하지 못한 것을 알 수 있는 것이다.

여기는 벌써 우주론적 개념 분석에서부터 출발하여 인간론적인 문제에 이르기까지 새로운 규정을 가하지 아니하면 안 될 것이다. 헤겔적인 정립과 반정립, 키에르케고르 절대자와 인간과의 변증법적 두 계기는 개념상으로는 규정되어 있으나 직관상으로 또는 상징적으로는 명확한 규정을 입지 못하고 있는 것이 사실이다. 그렇기 때문에 두 계기의 종합은 논리적으로는 가능케 되든가 신앙적으로는 가능하게 될지는 모르나 실존적으로 또는 형이상학적으로 가능케는 될 수 없는 것이다. 다시 말하면 형식과 내용, 개념과 실재의 관계에서 두 가지 계기가 단순한 개념 규정으로 구획되는 것이 아니라 하나는 다른 하나에 대하여 명확한 대립관계를 표시할 수 있는 직관적 도해적 설명을 필요로 하고 있는 것이다.

이러한 구체적인 도표에 의한 두 계기의 대립을 설명하지 못하는 한 소위 직관적 변증법은 성립될 수 없을 것이다. 이것이 유럽에 있어서의 변증법의 발전이 좌절된 이유의 하나가 아닌가 생각된다. 그들의 변증법에는 명석 판명한 점이 결여되어 있다고 말할 수 있다. 따라서 그들의 변증법적 종합은 항상 애매한 괴변적 표현으로 그치고 말게 된다. 솜씨란 우선 이러한 변증법적 계기에 대한 기초적 손질을 의미하고 있지마는 이것으로 솜씨의 역할이 그치고 마는 것이 아니다.

한 걸음 더 나아가서 이러한 형상적인 폭은 좁혀지지 않으면 안 될 것이다. 솜씨는 여기에서 비로소 그 기능을 다한다고 말할 수 있을 것이다. 중보자의 역할도 이것에 다름없다 할 것이다. 이것이 신학적으로 얼마나 중요한 의미를 가지고 있는지는 여기서 이루 다 말할 수 없다. 이러한 방법에서만 신학적인 논의가 비로소 발전할 여지를 갖게 된다. 서양의 변증법은 막다른 골목에 이르고 말았다. 그들은 이 직관적 방법을 아직 찾아내지 못하고 있기 때문인 것이다. 솜씨란 그러므로 형식과 소재의 원초적인 폭을 무한히 가늘게 좁히는 기교에 다름없는 것이다. 그러나 여기에는 솜씨의 제약성을 말하지 않을 수 없다.

다시 말하면 솜씨에 의한 폭의 좁힘은 곧 신비적 합일은 아니라는 점이다. 여기까지 발전된 것이라면 그것은 솜씨를 초월하고 만 것이기 때문이다. 솜씨는 결코 이렇게 극단으로 나가 버리는 것이 아니고 가능한 한의 공간적 폭의 좁힘이라는 점이다. 신비적 합일에서는 현재는 찾아볼 수 없는 사실이기 때문이다. 우리는 율곡 선생의 사상에서 이 비슷한 철학적 계기를 발견할 수 있지 않을까 생각을 해보고 있다. 만일 그가 독일 관념론을 거쳐 현재에 이른 철학적인 과정을 밟았다고 한다면 그의 방법은 어떠했을까 상상을 해보기도 한다. 나는 그러한 의미에서 그의 사상이 한국의 특유한 사고 양식의 하나가 될 것을 바라고 있다.

솜씨는 말하자면 조화의 기술이다. 이 조화는 신학적으로 화목 또는 화해에 해당한다고 말할 수 있을 것이다. 우리 한국 사람이 이러한 조화의 미를 소유하고 있음을 잘 알 수 있는 사실이며 동시에 조화의 덕을 가지고 있는 유일의 민족임을 잘 알고 있다. 그런데 이 조화의 덕이 초월성을 잃어버릴 때에는 기회주의자가 되기 쉽고 사대주의에 떨어지기도 쉬운 것이다. 만일 우리가 이 조화의 덕을 유지할 수 있는 단 하나의 방법은 우리가 우리의 주체 의식을 가지고 있을 때 만인 것이다. 한국민족이 많은 위기를 극복해 나온 사실을 종합해 본다면 반드시 이 민족이 비굴한 민족만이 아님을 알 수 있게 되는 것이다.

한국 미술의 특징을 조화미에 두려는 것도 이유 없는 것은 아니다. 조화는 형식과 내용이 손질을 통해서 좁혀진 것을 말하고 있는 것이다. 이러한 솜씨가 한국 고유한 것이라고 해서 이것이 주관적인 것이라고 볼 수는 없는 것이다. 이것은 어느 의미에서는 초월적이요 신적인 것이 아니어서는 안 된다. 왜냐하면 이러한 솜씨는 우리 인간이 흉내 낼 수 있을지 모르나 흉내 낸 것은 어디까지나 모조품에 지나지 않기 때문이다.

생명 있는 다시 말하면 생동성 있는 솜씨란 신적인 것이 아니면 안 될 것이다. 이렇게 본다면 한국적인 솜씨란 결국 한국의 문화적 선험성에 다름없으며 이러한 문화적 선험성으로써의 솜씨는 하나의 표현 양식은 될지 모르나 생명적인 내용이 될 수 없음이 분명하다. 그러므로 이러한 문화적 선험성에 말씀이 담겨질 때에 비로소 한국의 문화적 선험성은 말씀이 자라날 수 있는 자리로 나타나게 된다는 말이다. 만일 이 문화적 선험성을 형식이라고 한다면 말씀은 내용이 될 수밖에 없는 것이다. 진정한 의미의 솜씨장이는 예수 그리스도이시다. 그 분만이 말씀과 자리를 포괄하고 손질해서 생명적으로 할 수 있는 것이다.

> 좁은 문으로 들어가라 멸망으로 인도하는 문은 크고 그 길이 넓어 그리로 들어가는 자가 많고 생명으로 인도하는 문은 좁고 길이 협착하여 찾는 이가 적음이니라(마 7:13, 14).

하나님과 인간과의 관계는 다시금 말씀과 자리와의 관계와 대비된다. 솜씨는 신학에 있어서 가장 중요한 위치에 있다 할 것이다. 솜씨는 기독론에 있어서도 중요하고 인간론에 있어서도 중요한 방편이 되어 있다. 그리고 성서해석학에 있어서는 필요불가결한 방법이 되어 있다 할 것이다. 변증법적 신학이 더욱 세련된 것이 되려면 이러한 솜씨에 의한 신학적 성서적 재검토를 필요로 한다. 앞으로의 신학의 향상은 이 솜씨가 있고 없음에 좌우된다고 볼 수 있는 것이다.

멋론: 구속론[9]

멋이란 솜씨로 일어나는 하나의 아쉬메뜨리(asymmetrie/불균형)

의 미적 표현을 이름한다. 이러한 요건이 신학에 있어서 어떻게 방법론적으로 타당성을 확보할 수 있겠는가 생각해 보기로 하자.

신학은 본래 단순한 분석 원리만은 아니다. 과거에 많은 신학은 이러한 분석적 지식으로 만족하지 않으면 안 되었던 시대로 남아 있었다. 그런데 이것은 신학을 너무 피상적으로 보는 견해가 아닐 수 없다. 사실 신학은 분석보다도 도리어 종합에 있다고 보는 편이 더 진리일 것은 물론이지만 그러나 신학은 덮어놓고 무리한 종합을 꾀하는 것은 아닌 것을 알아야만 될 것이다. 왜냐하면 신학은 솜씨 없이 덮어놓고 종합해서는 이것은 정말로 신학을 말살시키는 것이 되기 때문이다.

솜씨 없는 멋이란 생각할 수 없는 것이다. 이것은 하나님과 인간과의 관계가 바로 수립되기 위해서는 그리스도의 중보자적 역할이 필요했고, 따라서 이러한 속죄하는 솜씨를 통해서만 구원의 확실성과 현실성이 보장될 수 있음과 동일한 것이다. 보통으로는 신학은 하나님과 인간과의 관계, 인간학적인 부면에 있어서의 영혼과 육체의 문제, 성경해석학에 있어서의 정통주의와 합리주의와의 관계 등등을 참작해 보는 것으로 그쳐버리는 경향이 많이 있다.

그러나 이러한 단순한 피상적인 관계만으로 멋은 형성될 수 없는 것이다. 변증법적 신학이 역리적 합일을 자기의 방법론으로 삼은 것은 불가피한 일이었다. 이것은 종교 개혁자들의 방법이기도 하였다. 이러한 소위 믿음의 긴장은 발전을 생각할 수 없는 것이다. 발전 없이는 멋은 일어날 수 없는 것이다.

멋이란 솜씨로 이루어진 어떠한 상태가 유동하는 그 표현 양식에서 비로소 느낄 수 있는 것이기 때문이다. 이것을 비근한 예로 설명한다면 경기장에서 경기자는 그가 같이 뛰는 옆의 사람이나 혹은 거치는 돌 같

---

9) 《윤성범 전집 제1권, 한국종교문화와 한국적 기독교》, 35-39 .

은 것을 문제 삼고 있는 한, 승리란 있을 수 없는 것과 마찬가지이다. 이렇게 남과 뛰는 순간에 말다툼을 한다든지 돌이 막혀있는 것을 파내 던진다든지 할 때에 벌써 다른 사람은 앞서 멀리 나가 버리기 때문이다.

이것을 다시 신학적인 문제로 생각한다면 쉬울지 모른다. 곧 우리가 죄와 더불어 싸우는 한에 있어서는 발전이란 있을 수 없다는 말이다. 우선 죄와 더불어 싸워 이겨 놓고 서야만 앞으로 달음질 칠 수 있기 때문이다. 우리가 병과 싸우고 있는 한에 있어서는 건강은 유지되기는커녕 퇴보되기 쉬운 것이다. 만일 투쟁만이 신학의 방법이라면 이것은 병을 몸에 지닌 채 그래도 병과 싸우면서 그날 그날을 보내는 것과 무엇이 다르겠는가? 이것은 솜씨 없이 멋을 부려보자는 것과 같은 태도이다. 솜씨를 통해서만 멋은 일어나는 법이다. 멋은 생명의 약동이다. 이 약동은 그러므로 솜씨로부터 좇아 나오는 자유스러운 굴곡인 것이다. 내용과 형식, 말씀과 자리는 솜씨를 통해서만 그 폭이 좁혀지는 법이다.

이 좁혀진 상태가 아니고는 자유스러운 굴곡은 일어날 수 없는 것이다. 한국의 신학의 단순히 형식과 내용의 문제, 곧 하나님의 말씀과 한국 민족의 문화 아프리오리와의 관계만을 가지고 만족할 수는 없는 것이다. 이러한 감을 손질해야 되고 이 손질을 통해서 아름다운 조화미의 과정을 엿볼 수 있어야만 될 것이다.

여기서 구속사의 전모가 나타나게 되는 법이다. 구속사는 벌써 투쟁의 소박한 상태가 아니고 손질을 통해서 발전하는, 쿨만의 말을 빌린다면 무한히 가는 것이라고 말할 수 있을 것이다. 그러나 쿨만은 이 구속사를 일직선으로 생각하였으나 우리는 이것을 극적으로 표시하려고 한다. 이것을 다시 비유로 한다면 아래와 같다. 곧 역사라는 것을 우리는 어떻게 이해하고 있는가 생각해 볼 필요가 있다. 나는 역사를 자유라는 개념으로 특징하고 싶다.

자유란 그러면 무엇인가? 보통으로는 자유는 자연과 대립되는 개념으로 생각하기 쉽다. 그러나 자유는 자연의 반대 개념은 아닌 것이다. 우리는 자연의 반대가 자유라고 생각하는 우리의 자유는 자연과 유리되어서는 성립될 수 없는 것이다.

나는 자연의 반대 개념으로는 숙명을 들고 싶다. 만일 자연을 우연적인 것이라고 하면, 숙명은 필연적인 것이라고 말할 수 있을 것이다. 이와는 반대로 숙명이 우연적이라고 하면 자연은 필연적인 것이라고 볼 수 있는 것이다. 말하자면 자유는 자연이 아니요, 숙명이 아니요, 그렇다고 종합한 것도 아니요, 이 자연과 숙명이 솜씨에 의하여 결합되고 그 폭이 좁혀져서 발전해나가는 데서 역사를 알아 볼 수 있는 것이고 이러한 역사의 굴곡 속에서 멋을 찾아낼 수 있는 것이라고 생각한다.

자유는 곧 멋이다. 멋은 단순히 자연으로부터 독립된 것은 아니다. 자연과 숙명이 좁혀진 선으로 표현한다면 이러한 선이 긋고 나간 그 곡선에서 우리는 자유를 비로소 찾아내게 된다는 말이다. 우리는 자유를 현실을 초월한 데서, 곧 자연을 초월한데서 찾아낼 수는 없는 것이다. 우리는 자연과 숙명의 폭이 솜씨에 의하여 좁혀지는 이로 인하여 아쉬메뜨리가 이루어진 곳에서 자유의 형태를 발견하게 된다는 말이다.

쉴러(Schiller)의 미의 해설도 여기서 수긍해야만 되리라고 생각한다. 역사는 자연도 아니요, 숙명도 아니요, 양자의 사이에서 솜씨에 의하여 좁혀진 가느다란 곡선에 비할 수 있다. 그러므로 역사는 생명선이라고 할 수 있는 것이다. 이렇게 놓고 볼 때, 문화라는 것도 생명선은 아니다. 문화는 문명보다는 생명선에 가까우니 그렇다고 생명선 자체는 될 수 없는 것이다. 문화는 그 a priori한 것에서 생명선의 한 계기는 될 수 있는 것이나 그 자체는 될 수 없는 것이다. 말씀과 문화 a priori는 단순히 종합되는 구속사 곧 생명선이 될 수 없는 것이다. 왜냐하면 단순한 말씀이 그리스도 자체는 아니기 때문이다.

말씀과 문화 a priori는 솜씨에 의하여, 곧 그리스도에 의하여 좁히

어짐으로 생명적이 될 수 있으며, 이러한 생명적인 것이 비로소 약동할 수 있게 됨은 당연한 사실이 아닐 수 없는 것이다. 이러한 생명적인 약동이 멋에 해당하는 부분이다. 이것은 구원의 현실이요, 구원의 장래를 내증하고 있는 것이다.

솜씨를 전제하지 않은 말씀(logos)은 정통주의자들이 보는 관점이요, 솜씨를 전제하지 않은 문화 a priori는 합리주의자들이 보는 입장인 것이다. 믿음의 긴장은 이 양자를 초월한 데서 일어나는 법이다. 이러한 솜씨가 인간의 것이라고 본다면 이것이야말로 언어도단이다. 물론 인간은 이러한 솜씨를 흉내낼 수는 있으나 실현할 수 없는 것이다. 그리스도는 길이요, 진리요, 생명이다. 그를 말미암지 않고는 결단코 구원의 상태에, 곧 멋 있는 상태에 들어갈 수는 없는 것이다. 이것은 다시 무엇을 의미하고 있는가? 멋은 사실 그리스도의 영역은 아닌 것이다. 이것은 성령의 활동 영역인 것이다. 성령의 역사 없이는 성서해석도 무효로 돌아갈 수밖에 없다. 불트만의 전이해도 성서 이해의 한 계기에 지나지 않는다. 이러한 전이해가 곧 직통으로 이해로 상승될 리가 만무한 것이다.

또 이 전이해로 인해서 말씀의 본래적인 뜻이 이해되어진다고 말할 수 없는 것이다. 이러한 견해는 모두 솜씨를 전제하지 않고 말씀과 문화를 종합해보려는 태도인 것을 알 수 있다. 이것은 진주를 돼지에게 던지는 꼴이 될 수밖에 없는 것이다. 이것은 한국의 경우에 있어서도 그대로 해당된다. 곧, 한국 문화 a priori는 신학 이해의 한 계시는 될 수 있으나, 그것이 신학의 이해의 전제가 될 수 없다는 것이다. 진정한 말씀의 이해는 단순한 말씀만으로도 안 되고, 그것이 문화의 a priori에 담겨지고 따라서 솜씨에 의하며, 곧 그리스도의 구속의 작용으로 생명화 되고, 다시금 멋에 의하며, 곧 성령에 의하여 약동화 되는 데서 가능한 것임을 알게 된다.

만일 성서이해가 볼트만의 이해와 같이 단순한 것이라면 그리스도교 신학은 그 존재 의미를 찾아볼 수 없게 되고 말 것이다. 성령의 역사는 우리를 죄악으로부터 해방시켜 자유로운 몸이 되게 한다. 멋은 곧 성령의 역사에 의하여 우리가 하나님의 자유로운 자녀가 된 상태인 것을 의미한다. 이것은 동시에 구원도 된다. 구원은 자유로운 하나님의 자녀된 상태에 틀림없기 때문이다.

멋은 그러므로 교의학에 있어서는 구원론에 해당하는 부분이다. 재래의 많은 교의학의 진술은 너무나도 변론적이어서 논리의 모순과 혼동이 많았던 것을 기억하고 있다. 이러한 혼돈된 표현으로부터 빠져나오기 위해서는 우리는 명석 판명한 직관적 방법을 구사하여 보다 명쾌하고 조리에 맞는 신학이해에 도달해 보려는 것이다. 신학적 사고 양식의 코페르니쿠스적 전환을 필요로 하는 이유가 여기에 있는 것이다.

제2장

1. 단군신화의 해석학적 고찰[10)]

단군신화의 가장 충실한 재료인《삼국유사》의〈기이편〉(奇異篇) 내용을 이홍식 교수 편인《국사대사전》의 우리말로 번역된 것을 소개해 보려 한다.

> 옛 말에 환인의 서자 환웅이 항상 뜻을 인간 세상에 두거늘, 아버지가 아들의 뜻을 알고 천부인 세 개를 주어 세상에 내려 보내서 세상 사람을 다스리게 하였다. 환웅이 무리 3천을 데리고 태백산 꼭대기의 신단수 밑에 내려와서 여기를 신시(神市)라 이르니, 이 이가 환웅천황이란 이론이다. 그는 풍백(風伯), 우사(雨師), 운사(雲師)를 거느리고 살(殺), 명(命), 병(病), 형(刑), 선(善), 악(惡) 등 무릇 인간 360여 가지 일을 맡아서 세상을 다스리고 교화하였다. 그 때에 곰 한 마리와 범 한 마리가 있어 같은 굴속에 살며 항상 환웅에게 빌되 '원컨대 사

10)《윤성범 전집 제1권, 한국종교문화와 한국적 기독교》, 56-63.

람이 되어지이다' 하거늘 한 번은 신이 신령스러운 쑥 한 자루와 마늘 20톨을 주고 말하되 '너희들이 이것을 먹고, 100일 동안 햇빛을 보지 아니하면 곧 사람이 되리라' 하였다. 곰과 범이 이것을 받아서 먹고 근신하기 37일 만에 곰은 여자의 몸이 되고, 범은 삼가지 못하여 사람이 못 되었다. 웅녀는 그와 혼인해주는 이가 없음으로 또 신단 아래서 축원하기를 '아기를 배어지이다' 하였다. 환웅이 이에 잠깐 변하여 결혼해서 아들을 낳으니 단군 왕검이라 하였다.

여기서 우리는 단군신화의 중요한 몇 가지 사실을 기독교의 삼위일체신론과 비교해 봄으로서 단군신화가 지닌 종교적 의미를 음미해 보려는 것이다.

첫째는 단군신화에는 삼신이 등장하게 된다. 곧 환인, 환웅, 환검이 세 분인 것이다. 이 삼(三) 자는 다 같이 남성적인 것으로 표현되는 것이 주목되는 점이다. 기독교 삼위일체론에서도 아버지 되시는 하나님, 아들 되시는 하나님, 성령 되시는 하나님, 이렇게 해서 부, 자, 영도 다 같이 남성으로 표시한다.

그런데 김재원 박사는 중국 산동성 가상현 동남 삼십리 무작산하에 있는 화상석에서 단군신화의 연원을 찾아보려고 하고 있다. 이 화상석, 특히 후석실 제 2석[11]에는 천상에 1남 1녀가 있다. 이것은 단군신화가 알지 못하는 사실이다. 삼신(환인, 환웅, 환검)은 다 같이 남성이다.

그러나 이상한 것은 상술한 화상석의 이신(1남 1녀)의 곁에는 오(五) 천사(혹시 五帝가 아닌지 모름)가 있는 점인데 이것도 단군신화는 모르는 사실이다. 이렇게 남성으로 삼신이 표현되는 것은 기독교의 삼위의 신이 다 같이 남성인 것과 흡사한 점이다. 이러한 성격을 기독교 신학에서는 삼위가 다같이 남성이라는 표현 곧 "alius-alius-alius"로

11) 김재원, 《단군신화의 신연구》(서울: 정음사, 1947) 참조.

특징되며 동시에 절대로 중성적인 성격으로 곧 "aliud-aliud-aliud"로 표시될 수는 없는 것이다.[12] 중국의 그것은 신화적인 요소로 차 있음은 그것이 우리의 일상적 것의(곧 1남 1녀) 무시간적인 추상화에 다름없음을 의미하는 것이다. 헐버트의 한국사에서는 환웅은 the Spirit King (성령님에 해당)으로 해석하고 웅녀와의 관계를 다음과 같이 표현하고 있다.

> the first wish of her heart was maternity and she cried, 'Give me a son'. Whang-ung the Spirit King, passing on the wind, beheld her sitting there beside the stream. He circled round her, breathed upon her, and her cry was answered. She cradled her babe in moss beneath that same pak-tal tree and it was there that in after years the wild people of the country found him sitting and made him their King. This was the Tang-gun. The Lord of the Pak-tal Tree. He is also, but less widely, known as Wang-gum.[13]

헐버트 박사의 단군신화의 해석은 하나의 기독교적인 이해라고 볼 수 있는 것이다. 영신(靈神)이 웅녀로 하여금 잉태하게 하였다는 기사와 비슷한 것은 신약성서 누가복음 제1장 34절 이하에도 나타나 있다.

> 마리아가 천사에게 말하되 나는 사나이를 알지 못하니 어찌 이 일이 있으리이까. 천사가 대답하여 가라사대 성령이 내게 말하시고 지극히 높으신 이의 능력이 너를 덮으시리니 이러므로 나실 바 거룩한 자는 하나님의 아들이라 일컬으리라.

---

12) 칼 바르트, 《교회교의학 I》 1, 384 참고.

13) *Herbert's History of Korea*, edit., by C. N. Weems, I, 1ff.

헐버트 씨가 단군 기사를 쓸 때 이러한 성구를 기억하고 썼으리라고 짐작된다. 이러한 출생의 기사와 관련시키고 화상석의 내용을 본다면 단군신화는 실제로 창조설화의 하나로 보기 쉬울 것이다. 그러나 단군기사에서 보는 출생 사실은 인간의 출생이 아니고 하나님과 인간 세계와의 중보자로서의, 말하자면 기독교에서 말하는 구세주의 출생인 것이다. 이것이 무(巫)자의 근본 의미인 것이다.[14] 단군이 샤만(巫堂)인 이유도 여기에 있다할 것이다. 화성석에 나타난, 더 정확히는 후석실 제3석에 나타난 출생 신화도 신화일 수는 있으나 설화는 될 수 없는 것이다. 왜냐하면 단군이 출생될 때에 사람이 없었던 것이 아니며 헐버트 씨는 야인(wild people)이라고 했지만 이러한 점을 기독교적으로 본다면 죄인들이라고 볼 수 있는 사람들이 얼마든지 있었기 때문이다.

다음으로 문제되는 것은 웅녀의 인내심과 순종이다. 여기서 웅녀는 무가치한 존재로 나타난다. 그것은 마치 죄인이 하나님 앞에서 무가치한 것과 같은 형편이다. 범은 곰에 비하여 아주 참을성이 적은 것으로 기록되어 있으니 이것은 불신앙적인 태도를 반증하는 사실로 봄이 더 적절할지 모른다. 우리는 여기서 잠시 마리아의 찬가를 들어보기로 하자.

> 마리아가 이르되 내 영혼이 주를 찬양하며 내 마음이 하나님 내 구주를 기뻐하였음은 그의 여종의 비천함을 돌보셨음이라 보라 이제 후로는 만세에 나를 복이 있다 일컬으리로다 능하신 이가 큰일을 내게 행하셨으니 그 이름이 거룩하시며 긍휼하심이 두려워하는 자에게 대대로 이르는도다 그의 팔로 힘을 보이사 마음의 생각이 교만한 자들을 흩으셨고 권세 있는 자를 그 위에서 내리치셨으며 비천한 자를 높이셨고 주리는 자를 좋은 것으로 배불리셨으며 부자는 빈손으로 보내셨도다 종 이스라엘을 도우사 긍휼히 여기시고 기억하시되

14) 무(巫)자는 하늘과 땅을 연결하는 사람을 뜻함.

우리 조상에게 말씀하신 것과 같이 아브라함과 그 자손에게 영원히 하시리로다 하니라(눅 1:46-55).

웅녀가 웅녀 됨이 아들을 낳은 점에 있는 것이 아니라, 웅녀가 신의 명령대로 순종한 신앙심에 중요한 요점이 있다 할 것이다. "마리아가 이르되 주의 여종이오니 말씀대로 내게 이루어지이다 하매 천사가 떠나가니라"(눅 1:38). 마리아에게서 신앙을 빼버리면 그는 아무 것도 아닌 비천한 여자에 지나지 않는 것이다. 근자에 와서 특히 천주교 교리에 있어서 '마리아론'이 삼위일체론과 대등하게 대두하려는 경향은 경계해야 될 문제인 것이다(사위일체론?). 웅녀나 마리아는 다 같이 하나님의 능력으로 지음을 받은 단순한 피조물에 불과한 것이다. 양자에게 중요한 가치를 부여하는 것은 프로테스탄트 신학에서는 용인되지 않는 사상이다.

여기 웅녀라고 함은 곰이라는 하나의 비천한 피조물을 상징하는 것이라고 보아도 좋을 것이다. 곰을 웅녀로 변체 한 것도 역시 신의 능력이고 보면 웅녀의 존재 가치가 전무한 것을 입증하고 있다. 존재 가치가 있다면, 그가 신의 명령을 받게 된 수용성, 곧 신앙 밖에는 다른 것은 생각할 수 없는 것이다. 이러한 관점에서 본다면 중국의 신화는 종교적으로는 고려해 볼 가치조차 없음이 판명된다.

셋째로 문제가 되는 것은 이 단군신화가 만일에 기독교 신관으로부터 유래된 것이라면 동방교회로부터 온 것인가? 그렇지 않으면 서방교회(로마 천주교)로부터 온 것인가인데 이러한 문제도 생각해 봄이 무익한 것은 아니라고 본다. 내가 보기는 이 단군신화는 동방교회 전통을 받아들인 것으로 보인다.

기독교 교회사를 보면 최초 대분열이 일어난 것은 동방교회와 서방교회와의 대립이었다고 볼 수 있다. 여기에는 여러 원인이 있겠지만 교리적으로는 갈라질 수밖에 없게 된 중요한 문제의 하나는 필리오케의 교리이다. 이것은 성령이 누구로부터 나왔느냐의 문제인데 381년에 제정된 니케아, 콘스탄틴 신경에서는 성령은 아버지께로부터 나왔다는 것이다. 성령이 아버지께로부터 나왔다는 교리에다 하나를 더 첨가하여서 "성령이 아버지와 아들로부터 나왔다"는 교리를 제정한 교부가 어거스틴이라고 볼 수 있다. 그는 이 교리를 사변적으로 형성하게 되었으며, 벌써 제 5세기경에는 이 교리가 널리 퍼지게 되었다.

589년에 레카레데 왕은 니케아, 콘스탄틴 신경에다 아들로부터를 첨가하게 되었다. 이것이 스페인으로부터 프랑스지방으로 오게 되었다. 이러한 어거스틴적 또는 암부로시우스적인 삼위일체적인 신조의 전적인 모습은 '아타나시우스 신경', 혹은 ' 쿠이쿰쿠에 신경' (Symbolum Quicumque)에 나타나게 된 것이다.[15] 이것을 라틴어로 고친 것이 서방교회의 신조가 된 것이다(Credo…in spiritum sanctum…qui ex patre filioque procedit). 물론 이 필리오케의 교리는 주후 4, 5세기에 비로소 대두한 것으로 초대교회나 동방교회가 의식하지 못했던 사실이다. 후세에 된 교리라고 해서 과소평가할 수 없는 이유는 그 신조가 단순히 이론적 근거에서 된 것이 아니고 성경에 근거되어 있기 때문이다.

그러므로 현재의 형편으로는 이러한 교리의 가부를 논의할 수는 없는 것이다. 성경, 특히 신약성서에는 이 두 신조의 어느 것에도 해당될 수 있는 요소가 있기 때문이다. 단군신화에도 이러한 문제가 나타나 있다. 환인, 환웅, 환검, 이 세 분의 질서의 문제이다. 삼신일체의 교리로 본다면 '환' 은 '한' 의 표음이라면 이 삼자는 '한' 으로 통일 된 셈이다. 다시 말하면 세 분은 하나님이라는 말이다. 기독교교리에서는 부, 자,

---

15) F. Loofs, *Leitfadem zum Studium der Dogmengeschichte*, 2. Teil, 293 이하.

영의 관계는 질서정연한 바 있다. 아들은 아버지 앞에서는 후퇴하고, 성령은 아들 앞에서는 후퇴하는 관계를 놓고 본다면 단군신화에서 보는 질서하고는 다른 것 같이 생각되지만, 앞의 부, 자, 영의 질서 관계는 서방교회 교리라고 할지, 서방교회 교리를 그대로 답습하고 있는 프로테스탄트의 교리라고 할지, 좌우간 이것은 초대교회나 동방교회의 것은 아니라고 볼 수 있다.

복음서만을 염두에 두고 생각한다면 동방교회의 지론이 그럴듯한 이유는 아들이 나기 전에 성령의 역사가 있는 것으로도 성령이 아버지께로 나왔다는 교리가 성립될 수 있으며, 마리아에게 잉태하게 한 것도 성령의 능력으로 된 것으로 기록되어 있기 때문이다. 누가복음 제1장 35절에는 "성령이 네게 임하시고 지극히 높으신 이의 능력이 너를 덮으시리니"라고 기록된 것으로도 입증된다. 이것으로서 단군신화의 기독교적 근원을 문제 삼는다면 초대교회나 동방교회로부터 연관되었다고 추론코자 하는 바이다.

넷째로 문제되는 것은 '천부인' 세 개에 대한 문제이다. 육당 선생은 이것을 천주의 성덕을 표상하는 것으로, 광명의 표상인 거울과 또 그 위력의 표상인 칼과 또 그 은덕의 표상인 곡종으로 설명하고 있다(고대의 군주와 천부, 육당 연구, 367면 참조). 만일 이것을 삼신에다 적용시켜 본다면 거울은 환인에게, 칼은 환웅에게, 곡종은 한검에게 각기 귀속시킬 수 있을 것이다. 만일 이것을 기독교의 하나님에게 적용시켜 볼 때에는 거울에 해당되는 것은 믿음이다. 믿음은 아버지 되시는 하나님과의 관계이다. 다음으로 은덕의 표상인 곡종에 해당되는 것이 사랑이다. 사랑은 아들 되시는 하나님과의 관계이다. 마지막으로 칼에 해당되는 것은 소망이다. 이 소망은 성령 되시는 하나님과의 관계이다. 아니 믿음, 사랑, 소망이 세 가지는 하나님의 성덕에 해당되는 것으로 우리에게 은사로 주신 것이다(고전 13:13).

다섯째로 문제되는 것은 단군신화가 어느 때 쯤 형성된 것인가의 문제이다. 기독교의 교리적 입장에서는 단군신화는 최대로 허용한 대도 2000년을 넘지 못했으리라는 것이다. 기독교는 제 3, 4세기경에 서역 지방으로 전해지고, 제 6, 7세기경에는 이교(nestorious파)가 중국에 비로소 들어오게 된 것이다. 기독교가 이 지역에 들어오기 전에는 만몽제 민족 사이에는 벌써 종교적인 터 닦음으로 자연숭배나, 이것으로부터 진화된 살만교가 있었다. 이러한 종교가 기독교를 받았을 때에 반드시 반발적이었다고만 생각할 수는 없을 것이다. 이러한 여러 가지 관계로 보아 단군신화는 제4세기를 전후하여 기독교 사상의 영향 아래서 이루어진 설화라고 추론할 수 있을 것이다.[16)]

결론

우리는 단군신화가 지니고 있는 종교적 의의에 대하여 그리스도교 신관과 관련시켜 논해 보았고, 물론 이러한 발견이라고 할지, 대조라고 할지의 진술을 통해서 우리가 잃어버렸던 보물을 찾은 감도 나며, 또는 우리의 조상들의 족보를 찾은 감도 있고 해서 감개무량 할 바도 없지 않아 있다.

물론 이러한 상상력을 구사해서 추론해 놓은 가정과 가설이 얼마만큼 그 객관적 타당성을 지닐 수 있느냐에 대해서는 독자 제현의 비판에 맡기기로 하고, 기독자로서의 한마디 추언이 없을 수 없는 것이다. 한국민족은 언어상으로나 종교상으로 독특한 위치에 있다고 볼 수 있다. 한국민족의 풍속 가운데에서는 이스라엘 민족과 유사한 것을 수 없이 찾아낼 수 있는 점도 이상한 인연이 아니라고 생각된다. 우연의 일치인지

16) 최남선, 《삼국유사 해제 문제》, 455 이하 참조.

는 몰라도 히브리어의 아버지와 어머니는 우리말과 동일한 어간을 가지고 있다. 곧 아버지는 '압(ab)' 이요, 호칭의 접칭의 접미사가 붙게 되면 '아비' 가 된다. 어머니는 '엠(em)' 인데, 호칭의 접미사가 붙어서 '에미' 가 된다. 우리도 아버지 어머니를 애비, 애미로 부를 때도 있다. 그 밖의 헤아릴 수 없이 많은 풍속과 습관과 족보 타령이 신통하게도 같은 것이 많이 있다.

나는 여기서 단군설화가 내포하고 있는 종교적 의미가 기독교의 빛 아래서 분명하게 드러나게 될 때에만 우리 민족은 정신적으로 소생할 수 있지 않겠는가 생각해 본다. 진정한 의미에서 우리 민족이 종교적인 대각성이 일어나야만 살 수 있다고 믿는다. 여기에 대한 자세한 내용에 관하여는 이 좁은 지면에 다 말할 수 없는 것으로, 우선 우리가 잃어버렸던 부모를 찾은 것만이라도 만족할 수밖에 없는 것이다.

끝으로 이러한 종교적인 유산을 도로 찾았다고 해서 그것으로 다 된 것은 아니다. 그것은 어디까지나 하나의 잔해에 불과한 것이다. 어느 의미에서는 그것은 어디까지나 형식이요, 내용을 받아들일 수 있는 수용성에 불과한 것이다. 복음의 진리가 이러한 형식에 담길 때에는 종교적인 올바른 이해에 도달할 수 있을 것이라고 생각한다. 올바른 신관은 올바른 개인의 발견이 결과적으로 따라온다. 참된 개인의 발견만이 한국을 구원해 낼 수 있을 것이다.

그러므로 앞으로의 문제는 환인, 환웅, 환검의 삼신에 대한 우리말의 어원학적인 구명을 필요로 하게 된다. 우리가 바라는 것은 환의 우리말 발음이 한이었으면 하는 것이다. 훈민정음 이후의 하늘의 개념만 가지고는 삼국시대나 그 이전의 우리말의 어원으로 간주하는 것은 반드시 정확한 소이라고만은 볼 수 없는 것이다. 거기에는 1천년 내지 1천 5백년의 간격이 있지 아니한가? 따라서 이러한 삼신(三神)일체론적인 신관의 성립과정이라고 할지 전래 과정이라고 할지의 중대한 연구 대상도 상당한 상상력을 구사하지 않고는 지난(至難)한 문제 중의 하나이라고 생각한다. 삼신론에 대하여는 정인보 선생의 조선사연구에도, 특히 전고갑중(典故甲中)에 언급되어 있으나 만족한 해결은 찾아볼 수 없는 것이다.

좌우간 하나님 개념이 어떠한 유래에서 왔던 간에 한국 개신교에서는 하나님을 성경의 하나님으로 받아들였고, 또 이 개념은 유일신 하나님으로 모신 것은 하나의 획기적인 공헌이 아닐 수 없다. 중국에서 하나님을 천주라고 한 것은 '천(天)' 개념에서보다는 다신론적인 개념인 'deus'의 음역이라는 데는 놀라지 않을 수 없다. 앞으로 신 관념에 대한 교리학적인 모색이 절실히 요청되는 바이다.

2. 전경련 박사에게 답함

단군신화는 Vestigium Trinitatis이다[17)]

〈사상계〉 5월 호의 나의 논문 "환인, 환웅, 환검은 곧 하나님이다"에 대한 전경련 박사의 논평이 〈기독교사상〉 8, 9월호 합병호에 나와 있다.[18)] 먼저 나의 변변치 못한 글에 그 같이 큰 관심을 가지고 논평해 준 데 대하여 감사하는 바이다.

그런데 전 박사의 글의 내용은 지난 〈사상계〉 7월호의 박봉랑 박사의 나의 글에 대한 논평과 의논이나 한 듯이 두 가지 요소가 한 군데 혼합되어 있는데 먼저 놀랄 수밖에 없다. 곧 그것은 그 두 분의 글과 내용이 서로 연관성 없는 기독교 토착화의 문제와 단군신화를 한꺼번에 혼합해 놓았다는 사실이다.

기독교 토착화에 대한 문제는 직접적으로는 나의 단군신화론과는 관계 없는 것이다. 있다면 간접적으로만 관련이 된다. 그런데 전 박사의

17) 《윤성범 전집, 제1권》 5부, 417-420.

18) 〈기독교사상〉, 1963년.

토착화 이해는 전연 루돌프 불트만의 본의를 곡해하는 있는 것 같다. 그는 하나님의 주체성에 대하여 인간적인 혹은 한국인으로서의 주체성을 대결시키고자 내가 전 이해를 강조한 것으로 알고 있다. 이것은 완전히 그의 오해에 기인된 생각이라고 볼 수밖에 없다. 하나님이 주체성을 가지고 있을 것이면, 그의 계시를 받는 수용자로서의 인간의 주체성을 무시하고서야 어떻게 계시인들 받을 수 있겠는가 말이다.

우리가 신앙고백을 할 경우에도 내가 나의 주체적인 결단의 행위를 무시해 버리고 어떻게 하나님의 계시를 받을 수 있겠는가? 오직 다른 것이 있다면 하나님은 선수를 쓰시고, 우리는 그 뒤에 받게 된다는 시간의 전후 관계가 있을 뿐이다. 나는 전 박사에게 묻고 싶다. 전 박사는 하나님의 계시를 받을 때에 전 박사 자신의 의식은 사라지고 황홀상태에서 받게 된다는 말인가?

다메섹 도상에서 사울이 그리스도와 만났을 때에 주님께서는 '사울아' 부르지 않으셨는가? 아주 상식적으로 풀어 말하자면 우리의 주체성이란 이러한 정도의 나 자신의 의식이라고 알아두면 그만일 것이다(전이해). 전 박사의 전이해는 전연 이해되어 있지 않는 감이 있음은 유감천만이다. 나의 주체성은 성 관념이나 선의식을 합리화하고 정당화하려는 의미에서 주장하는 것이 아님을 불트만도 동일한 견해일 것으로 생각한다. 이 전이해는 앞으로 내가 다시 한 번 다루든지 다른 사람이 다루든지 해서 우선 명백한 이해가 얻어져야만 될 성질의 것이기 때문에 여기서는 그만해 두려 한다.

둘째로 전 박사는 한국 안에서 또는 한국 사람이 창작한 것이 아니면 주체성을 띨 수 없다고 말하고 있다. 주체성이란 반드시 한국에서 그 근원을 시작해야 된다는 법은 없다. 외래의 것이라고 그것이 한국에 들어와 우리의 풍토에서 독특한 성격을 띠고 나타날 때에 이것을 우리는 주체적 성격이라고 이름을 붙일 수 있는 것이다.

우리말은 우랄 알타이어족에 속하지만 그러한 어원이 민족 이동으로든지 그렇지 않으면 문화 교류에 의해서든지 어떤 한 모양으로 우리나라에 들어와서 독특한 '한글' 이라는 모습으로 나타났을 때에, 우리는 한글 하면 한국인의 말이라고 생각하고 이것을 가지고 우리는 중국어나 일본어와 구별해서 언어적인 주체성을 주장할 수 있는 경우와 같은 것이다. 그러므로 주체성이라는 말의 의미의 다양성을 먼저 이해할 필요가 있다고 생각한다.

셋째로 전 박사는 단군신화를 기독교 삼위일체론과 결부시킨 데 대한 나의 시도를 완전히 곡해하고 있는 것이 섭섭하다. 전 박사의 논지대로 나간다면 이 세상 학문에서 가설(hypotheses)이란 있을 수 없게 되고 말 것이다. 나의 단군신화의 해석은 순전히 하나의 가설일 뿐이다. 만일 이 가설이 여러 모로 앞으로 입증된다면, 그 뒤에 가서야 그것은 교리적인 문제에도 언급할 수 있는 성질의 것임을 나의 논문에서 누누이 암시해 두었다. 그런데도 불구하고 전 박사는 조급하게 그것이 교리화나 된 양 겁을 집어먹고 있는 데 놀라지 않을 수 없다. 만일 전 박사가 나의 논문의 그릇됨을 논란하려면 나의 가설을 뒤집어엎을 만한, 역사적 고증이 될 만한 많은 재료를 수집해 가지고 체계 있게 그리고 조리 있게 대들었어야만 옳았을 것이다. 전 박사가 들고 나온 고증적 재료란 너무 빈약한 데는 놀라지 않을 수 없다.

《삼국유사》 등에 나타난 단군설화가 짤막한 단편이라고 해서 그리 쉽사리 몇몇 역사가들의 견해로서 만족해 버린다면 문제는 간단하게 끝날 수 있을 것이다. 그렇게 된다면 가설도 필요 없고 여러 선배들이 생각한 학설로 자족할 수밖에 없을 것이다. 그러나 이러한 태도와는 달리—마치 아리스토텔레스의 역학을 후인들이 몇 천 년을 내려오도록 묵종하고 오던 것을 갈릴레이가 비로소 의심을 품고 아리스토텔레스의 역학이 잘못됨을 지적하고 나왔을 때에 형편과 같이—하나의 별다른 종교사적인, 특히 기독교적인 입장에서 이것을 새롭게 이해해 보려는 시도에 대하여 왈가왈부하는 것은 온당치 못한 태도라고 생각하지 않을 수 없다.

만일 전 박사가 나의 가설의 비(非)를 주장하려면 단군신화에 대한 종교사적인 엄밀한 연구를 통해서 나와야만 할 것이다. 그러지 않고는 나의 가설이 넘어질 이유가 없는 것이다. 만일 전 박사의 고증이 타당한 근거 밑에서 이루어진 것이라면 나는 나의 가설을 언제나 집어치울 각오를 가지고 있는 것이다.

그러면 여기서 나는 나의 단군신화에 대한 간단한 주해를 붙임으로써 마치려고 한다. 나의 견해는 곧 단군설화는 기독교 삼위일체 교리가 동방교회를 통해서 동북 시베리아의 샤머니즘의 세계에 들어오게 되고 이것이 다시 한국에 들어와서 그 뚜렷한 모습으로 정착되어 버린 것이 아닌가 하는 가설이다. 전 박사는 이러한 가정도 신학도들이 해서는 안 된다는 말인가? 우선 전 박사가 나의 가설에 도전해오려면 동북 시베리아 세계에 기독교가 들어오지 않은 것쯤은 고증적으로 입증해야만 될 것이다. 이러한 고증은 내세우지 않고 나의 이론이 틀렸다는 태도는 갈릴레오 당시의 가톨릭교회가 취한 태도와 다를 것이 무엇이 있겠는가? 하기야 단순한 신학적인 궤변이라면 전 박사의 신학적 상식으로 넉넉히 나의 주장을 꺾어버릴 수 있을지 모른다. 그러나 나의 가설을 하나의 역사적 고증을 필요로 하기 때문에 그러한 방법으로는 안 될 것을 다시 다짐해두고 싶다. 뿐만 아니라 전 박사나 다른 이가 나의 가설에 반기를 들려면 단순한 역사적 고증만으로는 부족하고 종교학적, 언어학적, 토속학적인 광범위한 고찰이 있어야만 되리라고 생각한다. (이하 생략)

3. 단군신화와 하느님[19)]

지난 〈사상계〉 5월(1963년) 호에 "환인, 환웅, 환검은 곧 하느님이다"라는 내용의 글이 실린 일이 있다. 이로 인해서 교계에 많은 물의를 일으키게 되고 또 오해를 하신 분도 계셔서 죄송스러운 생각을 금할 길 없다. 나의 의도는 이것을 교리화 하려는 것이 아니라 다만 한국 개신교가 재래의 샤머니즘 신(神) 관념의 하느님을 받아들인 데 대한 일종의 깨달음이라고 할지 변명조의 글에 불과했음을 다시금 밝히는 바이다.

서울대학의 유홍렬 교수께서는 〈세대〉 지 7월호에 샤머니즘의 저변이라는 좋은 글을 써 주셨는데 마지막에 가서 한국 천주교와 샤머니즘과의 관계에 잠시 언급한 바 있다. 우리가 더 알고 싶은 것은 천주교에서는 천주라는 신(神) 관념을 어떠한 근거 아래 채택하게 되었는지의 문제이다. 그리고 천교도의 창설자인 최수운 선생도 이 개념을 답습한 것을 보면 그도 상당히 많이 기독교로 기울어졌던 것을 알 수 있다.

---

19) 1963. 7. 《오늘을 보람 있게》.

종교학자 니오라체(G. Nioradze) 박사에 의하면 대부분의 시베리아 지방의 샤머니즘에는 일찍이 기독교가 전해져 있었다는 사실이 입증되고 있다. 그래서 이들도 기독교를 믿다가 급하게 되면 무당에게 가는 경우가 많다는 것이다.

이것은 비단 그 때만 있었던 현상이 아니고, 오늘 우리 학교 교계에도 있는 웃지 못할 사실이다. 이것도 무식한 사람이라면 모르지만 교회와 교육계의 위대한 지도자 가운데서도 있다는 소리를 들을 때에는 아연해지고 만다. 결혼일 같은 것을 택일하는 것쯤은 보통인 것 같다. 부언하지만 재래의 샤머니즘 가운데는 상당수의 기독교적 요소가 개입해 있다. 이것을 밝혀내는 것도 우리의 책임이라고 느껴진다.

4. 성(誠)의 해석학: 말씀이 육신이 되어[20)]

1. 서언

최근 수년간 한국적 신학의 가능성 여부가 많이 논의되어 왔다. 그리고 이 문제는 신학적 토착화 문제와 관련해서 논의되어 온 것이 사실이나, 그중에는 문제 설정만으로 끝나버린 것을 단념하려는 사람이 있는가 하면, 이것만으로는 안 되겠다는 적극적인 해결안을 내어 놓으라고 요청하는 이도 있다. 이것은 도대체 한국적 신학이란 과연 어떠한 모습의 것인지 궁금하기 때문이기도 하고, 또 그 특이성이 어떠한 것인지 알아볼 생각에서 일 것이다. 그런데 이러한 호기심의 발로로 한국적 신학이 문제되고 있는데 비추어, 너무나도 현실은 급박하고 심각한데 놀라게 된다.

그리고 설사 한국적 신학이 새로운 형태로 출현되지 않는다 치더라

---

20) 《윤성범 전집, 제2권 한국유교와 한국적 신학》, 15-38에서 발췌.

도. 따라서 그 특이성이 명백히 부각되지 않는다 하더라도 한국인의 신학이해는 자각되어야 하겠다는 것이다. 즉 이상의 어떠한 특이성이 나타나지 않는다 치더라도, 우리는 우리의 사고방식의 전통과 입장에서 신학적인 과제가 심화되어야만 되겠다는 것이다. 다시 말하면 한국적 신학이라고 너무 지나치게 기독교 신학 전통에서 벗어난다든지, 혹은 지나친 기대를 건다는 것, 그 자체가 이미 하나의 열등 콤플렉스의 소이가 아닐 수 없다. 즉 보다 더 건전한 신학 수립을 기도해 보려는 것이 한국적 신학의 과제라고 봄이 적절할지 모른다. 우리 신학은 이제부터는 사상적인 식민지적 예속에서 벗어나야 되고, 이러한 신학적인 바벨론 포로에서 해방되어야 되겠다는 것이다.[21] 이것이 바로 서구신학이 마치 우리의 것인 양 오인하고, 이를 타부화 되어버린 우리의 사대주의 근성에 기인한 것이라 볼 수 있다.

성(誠)

앞으로의 우리의 신학은 이중적인 과제를 수행해야 되겠다는 것이다. 즉 한국적 신학은 한국적인 실존의 한국적인 정황, 다시 말하면 한국적인 문화적, 정신적 전통에다 서구적인 신학적 전통을 가미함으로써 우리의 전통이 다시금 살아나게 하는 것이 한국적 신학의 과제라 할 수 있다.[22] 이러한 과업은 단순한 신학적 토착화의 과제만이 아니요 이것이 바로 신학 그 자체라고 말할 수 있는 것이다. 이것은 전통적인 종래의 신학에서는 교의학과 기독교 교리의 관례로 특징되겠으나, 한국적인 신학에서는 신학과 종교로 특징되며, 이러한 종교는 계시와 이성의 관

---

21) Carl E. Braaten:, *The Future of God. the Revolutionary Dynamics of Hope*, 1969, 137.

22) 나의 논문: "한국에 있어서의 한국 신학". 《현대와 신학》 40 이하.

계에서는 이성에 해당하고, 넓은 의미의 종교와 윤리에서는 논리에 해당한다고 보게 된다.[23)]

여기의 한국 종교란 유불선(儒彿仙) 3자를 지칭하고 있으며, 이 세 가지 종교는 다시 세 가지 분야, 즉 인간학적, 종교학적, 그리고 사회학적인 각도에서 고려 대상이 된다. 종래의 한국 신학계를 회고해 볼 때에 위에서 말한 2대 전통의 어느 하나도 제대로 이해하지 못했다는 것이 된다. 즉 서구신학도 수박 겉핥기로, 우리의 전통은 아예 고려 밖에 두었다는 것이다. 이러고서는 한국 신학의 전망은 암담, 그 자체라 해도 과언이 아니다. 우리는 하루살이 같은 값싼 유행 신학에서 관심을 돌려, 상술한 이대 전통의 든든한 반석 위에 우리의 앞날의 신학을 세워야만 되리라 믿는다.

2. 성(誠)의 신학의 방법적 전제

동양적인 특히 한국적인 성이란 도대체 어떠한 성격의 것이냐에 대해서는 다음 장에서 논해보기로 하고, 우선 성(誠)의 신학의 방법론적 특징을 간단히 열거해 봄으로써 이해를 돕고자 한다.

첫째로 한국적인 성(誠)의 개념은 서구 신학에서 말하는 계시와 동등한 성격을 가지고 있다. 그런데 계시라는 말을 오늘날 서구 신학계에 있어서도 새로운 현대어로 표현되기 전에는 서구인들도 난해함은 물론이요, 애매하기 짝이 없는 개념으로 간주되어 있는 것이다. 적어도 동양 천지에 있어서는 '성의 개념'을 신학에 도입한다는 것은 그만큼 이해를 빨리 할 수 있는 큰 계기가 된다고 볼 수 있다. 우리의 골수에 들어올 수

23) 나의 논문: "A Theological Approach to the Indigenization of Gospel". *The North-East Asia Journal of Theology*. Sept. 1969, Tokyo, Japan.

없는 계시 개념에 대등한 것은 성의 개념 밖에 없다고 하겠다. 성의 개념의 초월적, 동시에 내재적인 성격은 칼 바르트의 객관적 계시와 주관적 계시에 대비되기도 한다.

둘째로 성(誠)의 신학은 종래의 모든 독단적인 철학의 입장을 지양하고 조화를 전제한 종합적 입장을 목표로 삼는다. 예컨대 계시와 이성, 계시와 종교, 계시와 윤리의 포괄적인 결합, 정신과 육체, 율법과 복음, 예수와 그리스도, 성(거룩함)과 속(세속적인 것), 교회와 세상의 일치 마침내는 남북통일, 동서 진영 간의 평화까지 문제가 된다. 이러한 이율배반적인 상대 개념의 종합은 이것을 가능하게 하는 제3개념인 성으로써만 해결의 길이 열릴 수 있다는 것이 필자의 소신이다. 여기에 가장 큰 관심사의 하나는 교회가 하나 되는 것에 있다.

이러한 시도의 배경에는 이론적으로는 율곡의 사상을 받아들였고, 실제적으로는 충무공 이순신의 생활을 패턴으로 삼아 보았다. 이 두 사람은 성(誠)이 바로 그들의 생의 알파요 오메가, 즉 처음과 나중이었던 것이다. 말하자면 율곡과 충무공을 우리의 신학적인 전이해로 삼아보려는 심산이라는 말이다. 전이해 없는 신학적인 이해는 형용모순임은 물론이다. 여기서 다음의 중요한 과제가 나타나게 된다.

셋째로 그리스도교 신학에서 말하는 복음은 그 핵심을 그리스도에게 두고 있음은 의심할 여지가 없다. 그러므로 그리스도의 절대성, 유일회성이 강조된다. 그런데 복음을 종자와 같은 것으로 본다면 이 종자는 좋은 토양을 전제해야만, 좋은 결실을 예기할 수 있다. 이러한 토양은 폴 틸리히의 정황일 수 있고 좀 더 구체적으로는 인간의 마음 바탕이며, 윤리와 종교와 학문 등, 말하자면 문화일반이라고도 볼 수 있다. 이러한 인간적인 세계와 관계하고 있는 복음은 종자와 같이, 토양을 전제한다는 의미에서 상대적임을 면할 길이 없다. 즉 아무리 종자가 좋고 절대적이라고 할지라도 토양이 좋지 못하면, 결국 종자 자체가 변형될 수도 있다는 것이다. 결국 복음의 열매는 종자와 토양의 결합에서 이루어지기 때문이다. 그러므로 이 복음이 변형되지 않게 보존할 수 있는 책임이 바로 신자에게 부과되어 있다는 말이다. 복음이 아무리 절대적이라고 할지라도 신자의 책임이 수행되지 않는 한, 그 절대성이 보존되지 않을 뿐 아니라, 인정되지도 않을 것이다.

넷째로 이상의 인간의 마음 바탕이 한국적 신학의 가장 큰 관심사라고 한다면 여기에 잊어서는 안 될 주요한 과제가 대두하게 된다. 즉 인간 교육의 중요성을 여기서는 재강조할 수밖에 없게 된다. 이 점에서 볼 때 유교의 전통은 인간 교육의 하나의 훌륭한 범례가 된다고 볼 수 있으며, 이것은 신앙의 전이해가 아닐 수 없다. 한국의 경우 이 훌륭한 유교의 교육적인 범례를 기독교 신학은 완전히 제외해 버렸으며 그렇다고 유대교 전통으로 철저히 교육하지도 않았으니 결국은 고삐 풀어놓은 송아지 격이 되고 만 셈이다. 그래서 복음은 복음대로, 나는 나대로 아무런 유기적 관련을 맺고 있지 못함을 알게 된다.

다섯째로 신학의 보편성에 대한 문제이다. 물론 성(誠)의 신학은 에큐메니칼적인 신학을 지향하게 된다. 그러나 신학은 수학이나 기술 같은 보편학은 될 수 없다. 이것은 모든 개인이 작기 자기의 고유한 특이성을 가지고 있기 때문이다. 자기를 상실한 보편인 또는 세계인이란 인류의 종말을 의미한다. 그리고 자기 상실은 곧 사대주의적인 생활로도 직통하게 된다. 그러므로 한국적 신학은 한국적인 성이란 특이성 가운데서 기독교 진리를 이해함으로 세계교회 신학에 기여해야 한다. 이렇게 해서 세계교회 신학에 일원이 됨으로 한국적 신학의 보편성은 확립된다.

여섯째로 성(誠)의 신학은 하나의 미래학이다. 이것은 다시 말해서 과거와 현재를 종과 횡으로 하여 장래를 대망하는 미래학이다. 더 똑똑하게는 교의학을 종으로 하고 기독교윤리를 횡으로 해서만 미래학은 성립된다는 말이다. 여기서의 기독교 윤리학은 우리의 고유한 전통적인 윤리가 성에 의하여 되살아난 상태를 말한다. 결코 서양윤리, 서양 모럴의 도입이나 대가가 아님을 확인해둔다.

일곱째로 성(誠)의 신학은 종말론적이다. 다시 말하면 모든 우리의 유산인 전 이해를 교육에 의하여 전적으로 쇄신하여 진리를 받아들일 수 있는 바탕으로 삼을 뿐만 아니라, 다음 여덟째에 논할 생산적 결실을 지향하고 있기 때문이다.

여덟째로 성(誠)의 신학은 종합적인 방법을 시도하고 있음은 물론 이려니와, 특히 기독교적-서구적 전통과 우리의 고유한 전통을 본질적으로 직관할 수 있는 현상학적인 방법을 택한다. 아무런 전제나 편협한 선입주견 없이 서구적-신학적인 전통을 사적(史的)으로 음미하고 그 가장 내적인 본질을 기술할 수 있어야 하고 또 우리의 것도 마찬가지 방법과 태도로 임해야만 한다.

이것은 물론 재래의 현상학적 방법이 기술과학의 영역을 넘지 못했다면, 이것을 보충할 수 있는 해석학적 방법의 타당성이 필연적인 것으로 요청되기 마련이다. 이 양자의 방법이 신학에 미치는 영향은 컸다고 본다. 그러나 성의 신학은 그것으로 끝날 수 없는 책임을 느끼게 된다. 성의 신학은 하느님의 말씀의 생산성을 잊어서는 안 되고, 여기서 단순한 주관적-관념론적 실존주의의 테두리에서 벗어나야 된다. 그 까닭은 성으로서의 하느님의 말씀이 무한히 부요한 진리의 생산을 뜻하기 때문이다. 여기에 성서 해석학의 한계가 있으며, 이 한계를 초극하는 데에 성의 신학이 실효성이 있다.

아홉째로 성(誠)의 신학은 동양인, 특히 한국인에게 기독교 진리를 가장 올바로 이해시키기 위한 공작에 지나지 않는다. 그러므로 기독교 진리와 대비되거나 근사한 종교적 현상들을 면밀히 연구하고 검토하는 것을 전폭적으로 허용한다. 이러한 의미에서 리처드 니버의 구분법을 빌린다면 혼합주의의 성격을 띠게 될지 모른다. 계시와 자연, 그리스도와 문화의 관계에서는 일단 그렇게 되지 않고는 불가능한 것이 분명하다. 문제는 이러한 혼합에서 어떠한 열매가 맺혀야 되느냐가 중요하다. 혼합주의를 떠나서는 복음의 씨가 토양에 토착될 수 없기 때문이다. 그러므로 성의 신학은 한국의 신화를 비롯해서, 원시종교는 물론이요 유불선 삼교를 깊이 이해하는 것을 원칙으로 삼는다. 이것은 복음의 진리가 물 위에 뜬 기름과 같이 우리의 전통적인 정신문화적인 토양으로부터 유리되어서는 안 되고 그 토양 속에 들어가 썩어 새 싹이 나서 많은 열매를 삼십 배, 육십 배 또 백배나 거둘 수 있도록 함에 있다.

열째로 성(誠)의 신학은 엄밀한 의미의 성서의 비종교적 해석이나 세속화 문제에 깊은 관심을 갖는다. 그 이유는 성의 신학이 만학(萬學)의 여왕으로 군림하려는 의도에서가 아니고 사회적-정치적 문제에서 신학만이 기여할 수 있는 책임적인 역할을 잊어버리지 않게 위함인 것이다. 근자의 사회신학이니 정치신학이니 하는 것이 잘못하면 신학의 근본적인 주장을 잊어버릴 정도로 사회 문제, 정치 문제 해결에만 급급하려는 경향은 경계해야만 되리라 생각한다. 마틴 루터의 양(兩) 세계론은 이러한 점에서도 재음미의 대상이 된다. 성의 신학은 사회 문제나 정치 문제의 직접적인 해결에 공헌한다기보다 그 근본 문제에 관심을 가진다. 마치 산상수훈에서 언급되는 소금에 비유할 수 있다. 즉 음식물에 소금이 들어가서 맛을 내듯이, 이 세계의 살맛을 느끼게 해 주어야 된다. 그 밖에 실제적인 문제는 사회적, 정치적인 영역에서 해결할 문제이다. 정치-사회 문제에 깊이 개입하는 것은 신학의 횡포요, 월권이기 때문이다.

3. 성(誠)으로서의 신학

성(誠)을 한국적 신학의 근본 계기로 삼아 보려는 것이 본 논문의 요지이다. 이 개념은 바로 동양사상의 핵심이며 동시에 한국사상의 노른자위와 같기 때문이다. 비단 이 성(誠)은 철학이나 종교 또는 학문 일반에만 적용될 뿐만 아니라, 음악, 시가, 심지어는 미술 공예에까지 영향을 끼치고 있으며 마침내는 가장 근본적으로 우리의 윤리와 사회 문제 해결의 핵심적인 계기가 되어 있다는 말이다.

본래 희랍어의 신학, 즉 떼오로기아라는 말은 하느님이 화제가 됨(das Zur Sprache-Kommen Gottes)이라는 뜻을 가지고 있다. 폴 틸리히는 그의 상관방법에 입각하여 하느님과 인간과의 공동 작업으로 보고 있다.[24)]

그런데 하느님에 관한 가장 신학적으로 완벽한 표현은 말을 삼중적으로 이해하여 삼위일체 신(神)론적으로 전개시킨 칼 바르트의 입장에서 찾아볼 수 있다. 단순한 막연한 하느님 개념에서 신학적인 과제를 추론하려는 것은 형이상학이나 철학의 수법이다. 신학적인 신 관념은 거룩하신 사랑의 주 하느님이란 본질을 찾아내야만 되는데 이것은 바로 삼위일체 신론의 내용이며, 바르트가 역설하는 바이다. 말을 이같이 삼중적으로 보려는 마틴 하이데거의 트락클(G. Trakle)의 시 해석에서도 엿볼 수 있으며, 율곡의 성리학적 입장에서 본 지(志), 리(理), 기질(氣質)의 삼중성에서도 찾아볼 수 있다.[25)] 특히 하이데거는 Sprache(말)라는 개념을 인간의 언어적인 표현양식과 함께 요한복음 1장에서 볼 수 있는 태초부터 있던 말씀, 하나님과 같이 계신 말씀, 아니 하느님 자신

---

24) Karl Barth, *Einführung in die evangelische Theologie,* 13. Gerhart Ebeling. Art. Theologie, *RGG*, sp. 754.

25) Martin Heidegger, *Unterwegs zur Sprache,* 1957, 13 이하.

인 말씀에 언급하고 있다. 그래서 하이데거는 "말씀이 말한다"(Sprache spricht)는 표현을 애용하고 있다.

이러한 현대신학과 철학의 경향에 잘 대응되는 동양적인, 특히 한국적인 관념이 바로 다름 아닌 성(誠)의 개념인 것이다. 성이란 글자를 풀이하면 말이 이루어짐이란 뜻이다. 그리고 이 말의 뜻을 번역한다면 참말이라고 해도 좋을 것이다. 예수께서 운명하실 때, "다 이루었다"(it is finished)라는 표현도 말씀이 이루어짐(誠)을 뜻한다고 보아도 무방하다.

우선 우리 '말' 이라는 어원은 불분명하다. 그러나 말의 어원을 세 가지로 나누어 볼 수 있다. 즉 머리(頭), 마리(首), 마루(宗) 등을 들 수 있는데, 이 말들은 결국 가장 높은 것을 지적하는 개념으로 해석해 봄직하다.[26] 이것은 가장 높은 곳을 지적하는 것으로 보편적인 개념, 유개념(類概念), 보편적인 명제 등 사고 작용의 근원을 두고 말한다고 상상해 볼 수도 있다. 하이데거의 sprache를 인간과 관계시키지 않고 신적인 근원을 주장하고 있다. 그는 말을 존재의 진리의 집, 혹은 단순히 존재의 집이라고 말하고 있다.[27] 이것은 "말씀이 하느님과 같이 계셨다"라는 요한복음 제1장의 표현에서 이해됨직하다. 즉 말씀이 하느님 옆에 있었다는 말로 하이데거의 존재의 집과 유비가 될 수 있다.

우리나라 무교의 무당들이 내림굿을 할 때에 "말문이 열린다"라는 말과 일맥상통한다. 요한복음 제1장에는 말씀은 곧 하느님이시라고 말했는데 이 말씀이 바로 하느님의 본질을 이루고 있다는 말이다.[28] 말씀은 은혜의 집이며, 달리는 하느님의 본질인 것이다.

---

26) 서정범(徐廷範), "삼 神의 어원", 한국종교사학회 주최 강연초. 1971. 4.

27) Martin Heidegger, *Platonsiehre von Wahrheit, mit einem Brief über den Humanismus*. 1954. 2. Aufl. 60ff.

28) *Zürcher Bibel*. 1954. 119, 주해 1 참조.

결국 이러한 말씀은 성, 참말이 아닐 수 없다. 《중용》에서는 '불성무물'(不誠無物)이라고 했다. 따라서 성의 궁극적 경지는 하느님과 같다는 말이 된다. 성 없이는 아무 것도 존재할 수 없다. 이것은 하느님의 말씀 없이는 아무 것도 지어질 수 없음을 말한 요한복음의 경우와 일치된다. 하이데거의 Sprache는 동양의 성과 일치된다고 할 수 있다. 성은 참말이기 때문이 Ta-Wort 혹은 Wort-Tat 언행일치이며 칸트의 신적 오성에 해당된다고 보아도 좋다.[29] 창세기에 의하면 하느님의 말씀으로 천지만물이 창조된 것을 알 수 있다. 하느님의 말씀, 진리의 말씀, 즉 성을 잊어버린 현대인에게 이 말씀을 다시 화제에 오르게 하는 것이 신학의 과제라고 할 수 있다. 보통 하느님의 말씀을 진리의 말씀이라고 하는데 이것은 또 능력의 말씀이 된다. 무로부터의 창조는 바로 이 말씀이 능력의 근원이 됨을 지시해 주고 있다. 구약성서의 *way yomer elohim, deus dixit*(하느님이 말씀하시다)라는 표현은 하느님의 창조와 속죄와 구원의 포괄적인 성격을 잘 말해주는 표현이다.

이러한 입장을 가장 분명히 다루어 놓은 것이 바르트의 말씀의 삼중성인 것이다. 즉 '기록된 하느님의 말씀', '계시된 하느님의 말씀' 그리고 '전파된 하느님의 말씀'으로 구분한 것이다. 바르트의 말씀 개념은 바로 하느님과 동격으로 생각하고 있으며, 따라서 바르트의 하느님은 삼위일체론적 신관이기 때문에 위의 말씀의 삼중성은 다시 아버지와 아들과 성령의 성품에 상호 연관되고 있다.[30]

율곡의 성의 개념은 말씀의 삼중성에 해당한다고 보리만큼 인간 이성에 작용하고 있다. 《중용》의 불성무물(不誠無物)의 관념을 다시 셋으로 나누어 성리에 적용시키고 있는 점은 바르트의 말씀의 삼중성에

29) Kant, *Kritik der reinen Vernunft*, Kehrbachsche Ausg. 2. Aufl., 173 구약성서에서도 하느님의 말씀과 하느님의 행위는 일치된다.

30) Karl Barth, *Kirchliche Dogmatik*, Bd. I. 1, 393 이하.

일치된다. 단지 율곡은 성 자체에 대한 형이상학적인 정립을 해놓았을 뿐, 이것의 분석을 삼위일체론에서와 같은 교리로 전개시키지 못한 것만은 당시의 성리학의 성격으로는 어쩔 수 없는 일이었고, 또 이것이 형이상학이나 철학의 성격도 된다. 이러한 좋은 실례를 우리는 미국의 신학계에서 엿볼 수 있다. 즉 화이트헤드나 하트숀 등의 형이상학적인 신 관념을 하이데거 류(類)로 실존론적 뒷받침을 하려는 옥덴의 경우와 같은 것이다.[31)]

4. 성의 집으로서의 실존

현대 실존철학에서는 사람을 실존(Existenz)이라고 말한다. 이 말은 곧 본래적인 사람, 깨달은 사람으로 보고, 일상적인 사람과 구분한다. 실존이라는 말의 라틴어의 어원은 ek-sistere(밖에 서 있음)라는 말로써 초월적 존재라는 뜻을 내포하고 있다. 물론 이러한 존재를 하이데거는 일상적인 사람과 구별하고 이러한 비본래성에서 뛰쳐나온 존재성 '상자성(常自性)' (Jemeinigkeit)이라고 부르고 있다. 일상적인 사람은 중성적 성격을 띠고 있으며, 존재는 이러한 존재자에게는 무관심한 것이 특징이다. 그러므로 실존은 본래적인 존재라고도 말하고, 이러한 존재는 '존재 가운데 있는 존재자' 라고도 한다. 이것을 다르게는 양심으로 내재화되기도 하지만 무엇보다도 초월적 존재라는 의미가 크다.[32)]

사람은 단순히 개인만도 아니요, 단순한 공동체도 아니요, 오직 세계성 또는 전체성에서 그 완결된 모습을 찾아낼 수 있다. 개인의 자기분열, 공동체의 대립, 세계의 반목은 오직 성의 임재로서 해결될 뿐만 아

31) Schubert M. Ogden, *The Reality of God*, 1965.

32) Martin Heidegger, *Sein und Zeit*, 42.

니라, 이러한 개인, 공동체, 세계를 상호 연결시키는 것도 성에 의해서만 가능한 것임을 알 수 있다. 인간은 개인, 공동체, 그리고 세계성이란 지평에서 성이란 수직적인 하강과 개입을 통해서 보려는 것이 성의 신학의 골자로 보면 좋을 것이다. 성(誠) 없는 인간은 바로 불의와 무지의 인간이요, 따라서 죄인임을 물론이요, 자기와 이웃과 세계인류에 대하여 절망을 가져다줄 수밖에 없는 존재이다.

그러므로 인간은 말씀의 집이며, 따라서 인간이 말할 수 있는 것도 오직 이 참 말씀에 순응해서만 가능하다고 하겠다.[33] 하느님의 말씀은 인간의 말과는 엄밀히 구분되면서도, 후자가 전자를 듣는다는 점에서는 하느님의 말씀을 내가 간직할 수 있는 것이다. 이 사실은 말씀이 육신이 됨에서 가능하다.

성(誠) 없는 인간은 마치 주인 없는 집과 마찬가지이다. 마태복음 13장 43절 이하에는 더러운 귀신이 나간 뒤에 그 집이 비고 소제되고 수리되었기 때문에 나갔던 귀신이 다시 더 악한 귀신 일곱을 데리고 들어왔다는 이야기가 있다. 성(誠)이 없는 인간, 즉 주인이 없는 집은 이와 같다고 할 수 있다. 그러므로 불성무물인 것이다. 주인 없는 집, 즉 빈집은 그대로 무사하지 않은 법이다. 그 집은 아주 흉악스러운 집이 되고 만다. 이것이 바로 인간의 적나라한 정황이다. 인간은 자기 자신을 각성시키고, 더러운 귀신을 내어 쫓을 수 있고, 비어서 소제하고 수리할 수는 없는 것이다. 그러나 주님이 오시지 않는 한, 이 모든 것은 아무 소용없게 되어버리고, 도리어 이전보다 더 흉악하게만 되고 만다는 뜻이다.

율곡에게 있어서 성(誠)이 인간이란 성(誠)의 집을 전적으로 다스려야 된다고 보고 있다. 인간의 지성, 의지, 감정 전체를 다스려야 된다는 말도 된다. 성(誠)에 의하여 지성이 규제되고, 성(誠)에 의하여 의지가

---

33) Martin Heidegger, *Underwegs zur Sprache*, 32ff.

올바르게 되어야 하고, 성(誠)에 의하여 감정과 기질이 융통성이 있어야 된다고 한다. 바르트에 의하면 "하느님이 우리와 함께 계심"(Gott mit uns. Immanuel)에 해당이 된다고 볼 수 있다. 이것이 바로 하느님과의 인류와의 계약(Berith, Bund)과 다름없다.[34]

5. 성(誠)이신 하나님

> 태초에 말씀이 계시니라 이 말씀이 하느님과 같이 계셨으니 이 말씀은 곧 하나님이니라, 그가 태초에 하느님과 같이 계셨고 만물이 그로 말미암아 지은바 되었으니 지은 것이 하나도 그가 없이는 된 것이 없느니라(요 1:1-3).

신약성서의 말씀이란 희랍어로 로고스가 사용되는데 구약성서에서는 다바르에 해당된다. 그리고 이 말은 루아흐(ruah)와 대비되고 루아흐는 희랍어의 논스(*νους*)와 일치된다. 그리고 로고스와 논스는 동의(同意)이어(異語)이다. 루아흐와 논스는 구약성서의 용법으로나 희랍어학의 용법으로나 엄밀한 의미에서는 하나님을 시사하는 말임에는 틀림없다.[35]

현대의 신(神) 관념의 특징은 무엇보다도 먼저 세계성 또는 우주성을 띄어야 한다. 그것은 우리의 안목이 세계만큼 또는 우주만큼 확대되었기 때문이다. 그러므로 지역 신이나 방역 신의 영역을 뛰어넘어야 할 단계에 이르렀다. 왜냐하면 하느님은 오직 한 분이시요, 하느님은 유대

34) Karl Barth, *Kirchliche Dogmatik*, Bd. IV. I. s. 1ff.

35) J. Behm, *Art, Vous, Kittels Theologisches Wöterbuch zum Neuen Testament*, Bd, IV, 952.

인만의 하느님이 아니요, 이방인의 하느님도 되시기 때문이다.

이러한 전제는 소극적으로 모든 범신론적, 다신론적 그리고 단일신론적, 또는 이원론적인 신관념에서 벗어나야 된다는 점을 강조하기 위함이다. 따라서 이러한 위의 전제는 적극적으로 유일신론에 해당하는 많은 신들이 모두 한 분 하느님을 지향하고 있음을 긍정하려는 것이다. 물론 여기에는 원시유일신론도 포함되어야만 될 것이다. 그러므로 자세히 열거할 수는 없으나, 우선 유대교의 신관념 '야웨' 를 비롯하여, 회회교의 신관념 '알라' 가 문제되어야 한다. 그리고 동양으로 와서 중국의 천(天) 사상, 몽고족의 탱그리(하늘, 푸른 하늘 혹은 하늘에 계신 분)의 사상, 그리고 한국의 하느님(단군신화) 등은 유일신 관념의 대표적인 것들이라고 볼 수 있다.

우선 유대교의 신관념은 야웨의 하느님을 대표하고, 다음으로 엘 혹은 이것의 복수형인 엘로힘이다. 유일신론이 명칭으로 사용되었고, 이러한 존엄한 이름을 부를 수 없다고 하여 일반적으로는 아도나이로 대칭하게 되었으며 야웨와 아도나이를 결합시켜 '여호와' 라는 말로 불리게 되었다. 그리고 신약성서에 와서 오직 야웨 하느님에게만 사용되던 아도나이가 희랍어 표현인 퀴리오스로 옮겨와서는 그리스도에게도 적용하게 된 것은 깊은 성서 해석학적인 구명이 필요하게 된다.

한국의 신관념 발전사는 유대교의 것보다 더 복잡한 바가 있다 이것은 우선 언어학적인 난관을 통해서 종교학적인 문제로, 그리고 필자가 주장하는 바 종교현상학적인 문제에까지 전개될 때에는 정말로 복잡한 해석학적인 과정을 필요로 하게 된다. 우리말의 하느님이란 어원은 '탱그리' 라는 몽고 계통 말에서 유래한다고 볼 수 있는데 이것은 하늘, 청천, 또는 하늘에 계신 분의 뜻이 있다.

하늘은 훤하다는 뜻에서 우리말이 없던 때에 한문을 이용해서 우선 환(桓)이라고 표음한 것으로 추측된다. 그리고 한편 몽고어의 '탱그리'

라는 말을 그대로 우리말에 사용해 보려고 탱그리를 단군이라는 표기로 사용했는데 이것이 우리말로는 단골이라는 말의 표기이다. 단골은 탱그리의 우리말 발음이다.

고구려가 패망한 뒤에 이것의 후예로서 발해라는 나라가 당나라와 접경에서 이루어졌다. 발해는 당나라의 문화를 직접 수입할 수 있는 절호의 기회였고, 또 이러한 문화적 공헌을 했던 것이다. 이 당시, 즉 서기 6세기 경에 페르시아로부터 당나라에는 경교(네스트리우스 교단)가 선교되었다. 발해는 이것을 재빨리 수입하여 탱그리(당골) 관념에서 환(桓)이란 하느님에다가 삼위일체 신론적인 해석을 가하여 소위 단군설화를 형성하게 된 것으로 추측된다. 여기에 주효했던 것은 '대진경교류행중국비'(大秦景敎流行中國碑)의 영향이 컸으리라고 생각한다. 이 비문은 기독교의 삼위일체신론적인 교리적 전개가 특징적으로 나타났기 때문이다. 이 발해 문서에서 비로소 환인, 환웅, 환검의 관념이 발생하지 않았는지 추상된다. 그리고 웅녀의 가입도 성모를 대신한 것으로 보아진다. 상기 비문과 단군설화 사이에는 많은 공통 용어까지도 발견된다.[36]

그런데 이상한 것은 도교에도 삼위일체 관념이 엿보인다는 점이다. 그러나 이것은 아주 후기에 발생된 관념으로 보고 싶으며, 도리어 경교의 전래와 시기를 같이하여 형성된 것으로 보려는 것이 나의 의견이다. 왜냐하면 서기 3-4세기까지도 삼위일체론적인 전개는 서지(書誌)적으로는 찾아볼 수 없기 때문이다. 이 점은 승현경의 선인두자가 질문한 것으로 보아도 알 수 있다.[37] 그리고 최근의 최동의 《조선상고민족사》는 기독교 삼위일체신론에 가장 가까운 해석을 하고 있다. 한국 신관념 형

36) 나의 눈문, "한국의 신 관념 형성", 〈기독교사상〉, 1969 6호 참고.

37) Henri Maspero, *Le Taoisme, Mélannges posthumes sur les relegions et L' histoire de la chine,* II. Paris. 1650.

성사에 공헌도 컸지만 거침돌도 된 최남선의 '불함(不咸)문화론' 이나 김재원의 '중국 전래설', 역사학자들의 '곰 토템' 사상 등은 근거 없는 학설임을 여기에 지적해 둔다. 그런데 양주동 박사의 언어학적 고찰은 최남선의 태양신 관념에 동조하지 않는 한, 받아들일 수 있다. 단군설화에 있어서 기발한 점은 환인, 환웅, 환검, 삼신이 모두 남성이라는 점이다. 한국의 산신은 천신의 하강신인데 산신은 삼신이 보통이요 대개가 남신(男神)인 것인 특징적이다.

한철하는 나의 단군 설화론을 가리켜 형식적인 것으로 특징짓고 좀 더 삼위일체론적인 내용적인 설명이 필요하다고 지적하였지만 이것은 신화의 성격상 그렇게까지 깊이 들어갈 수 없는 제약을 받고 있으며, 만일 이것을 깊이 추구해 들어간다면, 기독교적인 교리를 적용시키기 전까지는 한갓 공상론에 떨어지고 말 것이 분명하다. 물론 신화의 종교 현상학적인 해석이 가능하지만 이것은 어디까지나 해석자의 주관에 의존되어 있는 것으로 그것을 객관화할 수는 없기 때문이다. 이러한 설화의 연구시도는 다만 기독교 진리와 우리 문화와의 접촉점 또는 친근성을 보여주는 데 그치는 것이 현명할 것 같다. 그래서 필자는 이것을 단지 삼위일체론의 잔해라고 말한 적도 있다.[38)]

필자는 이상의 한국의 신(神) 관념사를 일별함으로 아래와 같은 결론을 얻는다. 초대교회의 신 호칭 문제는 처음에는 천주교도 천주, 상제 등으로 불러오다가 점차로 한국 고유의 하느님 개념을 도입해 들임으로 천주교와 규별하기로 시도했으며, 뿐만 아니라 하느님이란 토착적인 용어를 하나님이라고 함으로 유일신이신 것을 밝히며 동시에 불신자로부터 크리스천을 구별시켜 놓은 것이다.

탱그리 개념은 팔리젠이 주장하듯이 원시 유일신관으로 본다면 하

---

38) 최병헌, 《만종일련》(서울: 조선예수교서회, 1927). 110 참조.

나님이라고 개변할 필요가 어디에 있는가 말이다. 외국의 경우를 보면 예컨대 희랍어의 데오스나 독일어의 고트, 영어의 갓 그리고 일본의 카미(神) 등은 다신론적인 개념임에 틀림없다. 이들은 그 나라의 토착화된 고유한 신 개념을 채용해서 성서의 하느님을 나타내기만 하면 그만이다. 만일 우리가 철저히 수적으로 유일신관을 주장한다면 우리는 다시 유대교나 회회교로 복귀하지 않아서는 안 될 것이다. 실상 회회교는 기독교 삼위일체론을 유일신론의 전락으로 보고 있는 것이다. 문제는 우리 민족이 신자이든, 불신자이든, 종파가 같든, 같지 않든 다 같이 부를 수 있는 통일된 개념이 필요하다.

예컨대 천(天), 상제(上帝), 옥황(玉皇), 한울림, 한님, 하나님, 신령님 등등의 다양한 호칭을 '하느님' 으로 통일하자는 것이다. 신앙과 종파를 초월한 하느님의 존재를 나타내는 고유한 신(神) 명칭을 갖는 것이 민족적으로라도 절대로 필요하다. 이것은 비단 종교적으로 유익할 뿐만 아니라, 민족적인 이념 통일에도 절대 불가결한 계기가 됨은 의심할 여지가 없다.

이상에서 우리는 회회(回回)교, 유교, 몽고 종교에서 본 유일신관의 호칭 문제를 논하여 보았다. 그런데 이러한 호칭은 절대적인 것은 아니라는 점에 유의할 필요가 있다. 왜냐하면 이 이름이 바로 하느님 자신이 아니기 때문에 '야웨' 로도 부르고, '알라' 로도 부르고, 천(天)으로도 부르며 또한 '하느님' 으로도 부르게 된다. 이러한 신의 호칭의 다양함에도 불구하고 하느님은 한분이시요, 그의 본질은 하나인 것은 분명한 사실이 아닐 수 없다. 이 본질을 어떠한 말로 표현해야 좋을까 생각해 보게 된다. 이것이 신학자들에게 있어서는 여러 가지로 불리게 된다. 즉 계시, 궁극 존재, 새 존재, 말씀 등 여러 가지이다.

그러나 칼 바르트의 하느님의 말씀의 신학에서 가장 그 뚜렷한 모습이 나타났던 것만은 부인할 수 없다. 그런데 우리 동양인으로서는 하느님의 말씀이라는 개념 속에서 무엇을 느낄 수 있는지 생각해 보게 된다. 마치 계시라는 개념이 우리에게 애매하기 짝이 없는 것과도 같다. 그러나 우리에게는 계시나 하느님의 말씀 개념에 해당하면서 그것이 신학적인 도식으로 보아서 잘 유비되는 개념은 바로 성(誠)에서 찾아볼 수 있는 것이다. 성이라는 말은 우리에게 가장 친근한 개념이요, 한국의 대표적인 사상가인 율곡의 중심사상이기도 하며, 원시종교의 전통에서 유래되는 화랑도 정신의 핵심을 이루고 있다.

뿐만 아니라 이 성은 한국문화의 기본적인 바탕도 된다. 한국예술의 핵심이 조화미라면, 성은 바로 이 조화미의 원리인 것이다. 성은 하나님의 말씀이 초월적인 것과 같이 초월적이요, 동시에 그 말씀이 우리를 부르러 오시는 말씀인 점에서 내재적인 것과 같이, 내재적이다. 이 성은 전 동양 전체에서 다 통할 수 있는 가장 빠른 전달 계기가 되며, 그대로 동양인의 피부에 스며들 수 있는 개념이다. 성자(誠者, 계시)와 사성자(思誠者, 신앙)와의 관계로 보아도 좋을 것이다. 도대체 계시니 신앙이니 하는 개념 그 자체가 애매하다는 것은 2천년의 긴 신학적인 전통을 계승해 내려온 서구사회에서도 불투명한 개념인 것을 서구인들 자신도 느끼고 있는 사실이다. 또 이 개념은 서구어로 번역이 되어도 성(誠)만큼은 신학적으로 명철하게 판명한 것은 못 되더라도, 충실, 성실, 성실함 등의 개념으로 적용될 수 있을 것이다.

성(誠)은 조화의 원리라고 했다. 서구인의 분석적인 논리는 계시와 이성, 하느님과 인간 등등 엄밀히 구분하는 데 급급한 나머지 이것의 일치에는 등한히 한 것 같다. 하느님과 인간과의 사이에는 무한한 질적 차이가 있는 것만을 강조하면서 양자의 조화에는 큰 관심을 쏟은 것 같지 않다. 이 조화는 세 가지 각도, 천지인(天地人)의 관계서 전개된다. 다시 말해서 사람과 사람과의 조화(화목), 사람과 자연과의 조화(적용), 사람과 하느님과의 조화(화해) 등이 보다 높은 종교적 차원에서 고려되어야만 될 것이다.

결론적으로 하느님은 곧 성(誠)이라고 해도 좋을 것이다. 성은 천지도이며 동시에 인지도의 가능 근거가 된다. 성(誠)의 신학적 적용은 모든 철학적인 또는 형이상학적인 추상 개념에서 벗어나서 구체적인이면서도 현실적인 인간의 지평에서 하느님의 진리를 생각해 보려는 '비종교화' 문제와도 관련된다. '말씀이 육신이 되심' 의 사실을 구체적으로 포착하려는 신학적인 노력은 바로 성(誠)의 신학의 골자이기도 한 것이다.

6. 성(誠)의 완성으로서의 그리스도[39)]

종교사적인 입장에서 볼 때에 유교의 특성을 성(誠)의 사랑으로 집약시킬 수 있다는 신념은 필자 자신의 창안은 아니다. 이미 중국 선교사로 온 마테오 리치(Matteo Ricci, 1552-1610)의 《천주실의》에서도 언급된 것을 찾아볼 수 있다.

앞의 두 논문에서도 누차 언급된 바이지만 성의 관념이 요한복음 1장 1절의 말씀과 일치되는 것을 지적하였다. 여기에 로고스는 사람의 말이 아니고, 하느님의 말씀 혹은 참 말씀이요, 결국 이 말씀은 하느님이시라는 결론을 요한 기자는 내리고 있다. 또 이 말씀이 하느님과 같이 계셨다고 하였는데 이것을 마르틴 하이데거는 언어 혹은 말을 존재의 집(das Haus des Seins)라고 한 것과 비교해 보면 좋을 것이다.[40)]

그리고 그 성을 한자로 풀이하면 말씀이 이루어지이다(it is fin-

---

39) 《윤성범 전집 제2권, 한국유교와 한국적 신학》, 75-78, 111-116.

40) Martin Heidegge, *Platons Lehre von Wahrheit, mit einem Brief über den Humanismus,* 1954. 2. Aufl. 60 ff.

ished)의 뜻이 되며, 그리스도론적 특이성을 간직하고 있는 개념이다. 따라서 성은 초월적인 개념이면서 동시에 내재적 개념도 되어 신인의 도식에 부합된다 하겠다. 이 성의 이중 구조는 중용 혹은 중화 개념의 일원화된 표현이라고 보며, 따라서 성은 중(中)과 용의 포괄자라고 보아도 좋겠다. 왜냐하면 중은 초월자요, 존재론적으로 더 닦아진 정적(Ruhe)에 해당하는 부분이요, 용은 이것에 대한 내재적이며 현상적으로 이루어진 질서 혹은 율법이라고 보면 좋겠다. 따라서 성은 신학적으로는 계시와 동일한 동양적인 개념임을 알 수 있고, 따라서 삼척동자라도 인지할 수 있는 개념이기도 하다.

그리고 이것을 복음과 율법으로 대응시켜 놓고 볼 때에 양자의 결합에서 기독교진리는 이해되기 때문에 이러한 도식에 의하여 기독론을 전개시켜 보려는 것이 본 논문이 시도하는 바이다. 그리고 이 중용(中庸) 또는 성의 관념은 중보자의 성격도 지니고 있다. 아니 성이 중용의 집약 개념이요, 수검 개념이라면 성은 바로 조화의 개념이기도 하다. 천지동류(맹자)의 관념과 대비된다고 하겠다. 성은 바로 모든 관계에 있어서 중간적인 역할을 한다고 볼 수 있다.

성의 개념이 기독론적으로 터 닦아지기 위해서는 성의 삼위일체론적인 집약 개념임이 밝혀져야 되며, 따라서 이러한 삼위성은 다시금 기독론적으로 분화되는 것이 신학적인 진술의 과정인 것이다. 이러한 교의학적인 시도는 이미 칼 바르트의 《교회교의학》에서 시험해 본 것이기도 하다. 이 통일의 원리를 바르트가 '말씀'이라고 명명하였던 것은 우리가 잘 아는 사실이다. 실상 성(誠)이란 바로 하느님의 말씀에 해당되는 개념인 것이다.[41] 왜냐하면 성은 하늘의 도라고 중용에도 명시되어 있다.

---

41) Karl Barth, *Kirchliche Dogmatik*, Bd. I, 1. 373.

필자는 위의 삼위성의 입장을 성에서 찾아낼 것을 시도하고 있으며, 이것을 기독론적으로 역사적 예수, 케리그마의 그리스도, 그리고 마지막으로 이 양자의 종합인 예수 그리스도를 논하려고 하는 것이다. 이것을 '예수', '그리스도' 그리고 '예수 그리스도'에 대비시켜 보려는 것이다. 또 이것을 교리사적으로 보다면 사적 예수를 양자론에, 그리스도를 그리스도의 선재론에, 근거하고 있는 종속설에 그리고 양자의 종합을 양태론에다가 대비시켜 볼 수 있는 것이다.

그러므로 성의 기독론적 터 닦음은 모든 분화되고 극한화 되어 버린 신학적인 개념들을 종합하고 조화시키고 일치시키는 과정에 다름없다고 보면 좋을 것이다. 하느님과 인간의 양극화, 예수와 그리스도의 양극화, 복음과 율법의 양극화를 초극하고 집약시키는 과정이라고 보아도 좋을 것이다. 이것이 바로 성의 집중과 확산의 원리인 것이다. 그리고 이것이 한국적 신학의 특이성이기도 하다.

율법으로서의 역사적 예수와 복음으로서의 전도의 그리스도는 합해서 전체를 이루게 된다. 만일 사적 예수가 과거의 유물로 남아버리고 그것을 단지 상기하는 것으로 그친다면 우리와는 실질적으로 관계가 없는 한갓 역사적 인물로 밖에는 남지 않을 것이다. 왜냐하면 "하느님은 죽은 자의 하나님이 아니고 산 자의 하나님" 이시기 때문이다. 과거의 역사적 유물이 어떻게 산 자의 하느님이 될 수 있겠는가 말이다. 복음이 기쁜 소식이라면, 이것은 율법의 진상을 가장 역설적으로 보는 통찰력을 의미한다고도 볼 수 있다.우리의 잘못과 죄과와 죽음의 관점에서 보는 이상의 현실적인 인간파악은 있을 수 없다고 본다.[42]

이러한 현실을 올바로 살게 하는 것이 복음의 본질이요 역할인 것이다. 십자가에 죽으시고 사흘 만에 부활하시고 승천하셔서 하느님 우

---

42) Gerhard Ebeling, *Das Wesen des christlichen Glaubens*, 70.

편에 앉아 계신 이가 바로 예수 그리스도인 것이다. 그는 '참 하느님이요 참 사람' 이신 것이다. 그는 참 사랑으로 십자가에 죽으시고 따라서 그는 참 하나님으로 부활하신 것이다. 따라서 양자의 합일로 진리이심이 확증된다. 이것을 달리는 겸비의 생활로 일관 요약할 수도 있을 것이다. 즉 겸비는 죄인으로서의 자각이요, 생활은 의인으로서의 출발이기 때문이다.

이것을 루터는 죄인이며 동시에 의인이라고 부르기도 하였다. 예수 그리스도는 죄와 의에 대해서 구주시라고 말하는 이유가 여기 있다. 그는 이러한 진리를 가장 뚜렷이 우리에게 알려주는 것이다. 하느님은 유대인의 하느님만이 아니요, 모든 이방인의 하느님도 되시기 때문이다. 교리사적으로 볼 때, 그리스도의 양성론이 대두하게 된 경로도 알고 보면 흥미 있다.

하느님이며 동시에 사람이라는 패러독스는 종교적인 신앙의 사실로 밖에는 해결할 도리가 없다. "나를 믿는 것은 나를 믿는 것이 아니요, 나를 보내신 이를 믿는 것이다"(요 12:44). 여기에서 예수는 바로 그리스도시요, 양자는 타원의 두 중심과 같은 것으로 보아도 좋을 것이다. 비근한 예로는 예수 그리스도는 육체와 영혼의 결합과 같다고 할 수 있다. 영혼 없는 육체, 육체 없는 영혼을 생각할 수 있는 것이기 때문이다. 영혼 없는 육체는 맹목적이고, 육체 없는 영혼은 공허하겠기 때문이다.

칼 바르트는 '율법과 복음' 의 관계를 바꾸어서 '복음과 율법' 의 순서로 바꾸어 놓았다. 이것은 대단히 중요한 문제를 포착하고 있다고 본다. 복음은 율법에 우위를 강조하기 위함이다. 이것은 곧 하느님이 있고서야 인간과 세상 만물의 존재가 가능하다고 말하는 것과 대조가 된다. 바르트가 말하는 것과 같은 율법은 복음이 아니요, 복음은 율법이 아니다. 왜냐하면 이 율법은 율법을 알기 위해서는 복음을 알아야 하며 그 반대는 아니라고 말하고 있기 때문이다.[43] 이것은 역시 그리스도가 예수보다 우위라는 말로 함축된 것으로 볼 수밖에 없다(요 3:2).[44]

---

43) Karl Barth, *Evangelium und Gesetz,* 5.

44) Dietrich Bonhoeffer, *Christologie. bes. Person und Werk Christi*, 176.

5. 효(孝): 성(誠)의 실천윤리

효(孝)

1. 효와 윤리[45)]

윤리란 유리 인간의 행동을 규정하는 원리를 두고 말한다. 이것을 어원적으로 생각한다면 '개인 관계의 이치' 라는 뜻이 윤리라는 글자이다. 서양에서는 이 말을 라틴어에서 빌려 왔는데 'ethos' 또는 'mos' 가 이것이다. 앞의 것에서 'ethic' 이 그리고 뒤의 것에서 'moral' 이 나왔다. 양자의 뜻인 다같이 관습(sitte)라는 뜻을 가지고 있다.

그런데 관습보다는 윤리라는 말이 똑똑하게 인간관계에 관한 이치라는 점에서 적절한 표현으로 생각된다. 윤리는 그러므로 단순한 인간에 관한 이치라기보다는 인간과 인간의 관계에서 본 이치인 점에서 인간학과 구분되어야 한다. 칸트의 경우 윤리의 그것을 이성에다가 두었고 이러한 이성을 윤리 이성과 구분하여 실천이성이라 불렀다.[46)]

---

45) 《윤성범 전집 제3권, 효와 종교》, 15-26.

그런데 칸트의 윤리는 인간 대 인간의 관계라기보다는 인간 자신의 행동의 문제에 집중된 감이 든다. 이러한 사실이 아마도 서구 윤리의 본질이 아닌가 느껴지기도 한다. 즉 개인 윤리라는 말이다. 물론 칸트의 의도하는 바 윤리적 가치의 보편성을 이성에서 찾으려 한 것은 하나님의 큰 윤리적 업적이라고 하겠다. 그러나 이것이 개인적인 것이 부가되어버릴 경우에는 윤리라기보다는 도덕이라고 부르는 것이 적절할지 모른다. 나 자신이 마땅히 해야 할 의무를 강조한 것은 칸트 윤리의 특색을 이루고 있다 하겠다.

따라서 서양윤리를 개인 윤리라고 한다면, 동양윤리는 공동 윤리라고 불러도 어폐가 없을 것이다. 왜냐하면 서양윤리는 인간의 개인적인 자유와 평등에서부터 윤리 문제를 끌어온데 반해서, 동양윤리는 가족적인 효의 관점에서 윤리의 근거를 문제 삼았기 때문이다. 그러므로 서양윤리는 개인의 자유와 평등을 찾기 위한 과정이라고 한다면, 동양윤리는 인간 대(對) 인간의 관계에서 하나의 질서를 찾기 위한 과정이라고 보면 좋겠다.

서양윤리는 인간을 이원론적, 분석적으로 보아서 정신적인 것이 육적인 것으로부터의 자유(Freiheit Von...)를 문제 삼는다면, 동양윤리는 인간을 이원론적 종합적으로 보며, 따라서 한 인간이 한 다른 인간을 위해서의 자유(Freiheit zu and für)를 문제 삼는다고 볼 수 있다.[47] 서양윤리는 내재적인데 반해서, 동양윤리는 초월적인 점이 다르다고 하겠다. 즉 여기에 초월이란 점이 다르다고 하겠다. 즉 여기에 초월이란 형이상학적이라는 말보다는 마르틴 부버가 이해하듯이, 나와 너(Ich and Du)의 관계에서 이것을 가능하게 하는 근거(이것을 부르는 정신, 즉

---

46) Kant, *Kritik der praktischen Vernunft. 9,* Aufl., herausg, von Karl Vorl Vorländer, 1929. 2. 8.

47) Karl Barth, *Des Geschenk der Freiheit,* 5.

Geist)라고 본다.

물론 서양윤리와 그리스도교 윤리는 밀접하게 관계되어 있으나, 아무래도 서양윤리는 그리스도교 윤리와 구별이 될 수밖에 없다. 서양윤리의 전통을 생각해 본다면, 그 대표적인 실례를 칸트의 윤리 사상을 알아보는 것이 첩경이라고 생각한다. 칸트는《실천이성비판》에서 공동체의 기본 형태인 가정에 대해서는 별로 언급이 없는 것을 미루어 보아도 알 수 있다. 사실 그리스도의 윤리는 가정 윤리에서 출발하고 있기 때문이다.[48] 서양의 일반 윤리와 그리스도교 윤리와를 일치시키는 것은 큰 오류이다. 오늘의 한국의 상황에서는 이러한 양자의 일치를 묵인하고 승인하는 경향이 엿보인다. 이것은 한국교회의 큰 문제점도 되고 있는 것이다.

그리스도교나 유교나 다 동양의 종교이다. 특히 그리스도교는 서양 사상에 큰 영향을 주었지만, 그러나 서양의 윤리 사상은 그리스도교 윤리의 특이성을 잊어버린 감마저 들 정도로 가정 윤리의 의미를 상실한 인상을 준다. 따라서 이러한 서양 윤리의 결함을 보완하기 위해서는 동양 윤리의 특이성인 가정 윤리를 부각시킴으로서 서양 윤리의 약점을 시정할 필요를 절실히 느끼게 된다.

요사이 상황 윤리라는 조류가 서구 사회에서 대두하고 있다. 이것도 결국 따지고 보면 서양의 개인 윤리사상에서 유래된 것임이 뒤에 점차로 밝혀지게 될 것이다. 동양의 경우에서 본다면 이러한 윤리적 경향

48) Karl Barth, *Kirchliche Dogmatik*. Bd. III, 1, 127 이하.

은 윤리의 파괴로 밖에는 보이지 않을 것이다. 물론 예수의 윤리도 일종의 상황 윤리라고 볼 수 있다. 그러나 예수의 윤리가 아무리 상황을 따라 규정되었다 하더라도 오직 한 가지만은 부동의 상태로 남아 있었던 것이다. 이것이 바로 하늘 아버지와 아들 예수와의 관계인 것이다. 만일 이것이 사실이라면 예수는 그의 상황 윤리를 규정할 수 있는 근거를 부자 관계에 두었다는 사실이 이를 입증한다.

요사이 잘못 이해되는 상황윤리는 질서 파괴를 가져올 위험성이 있는데 비하여, 예수의 상황윤리는 그러한 것을 도리어 비윤리적인 것으로 규정한다. 예수의 윤리가 요사이 대두하고 있는 상황윤리와 같이 질서를 파괴하는 따위의 상황 윤리가 아닌 것은, 그의 결혼과 이혼에 대한 교훈을 듣는 것보다 빠른 길은 없을 것이다. 예수의 윤리 교훈은 오늘의 그것과는 달리, 이혼을 해서 안 된다는 것이다. 물론 간음한 경우 이외에는 단순히 애정 문제만으로는 이혼이 안 된다고 규정하고 있다.

그러므로 서양윤리와 동양윤리는 그 규범이 다른 것을 이것만 보아도 알 수 있다. 어떠한 윤리이고, 그것이 윤리인 이상 제각기의 규범을 가지고 있다. 칸트의 경우라면 이성의 법, 즉 도덕법이 중요한 근거가 된다. 여기에 대하여 그리스도교 윤리는 하느님의 말씀, 혹은 성서를 규범으로 삼고 있다. 이 경우에 윤리적인 구체적인 패턴은 예수. 그리스도임은 물론이다. 그리스도교 윤리는 동양의 윤리와 일맥상통하는 점이 있다.

단순히 예수 그리스도라 하지만 여기에는 하늘 아버지와 독생자 예수 그리스도와의 관계가 언제나 남아 있는 관계인 것과 같이, 동양윤리에서도 부자 관계, 즉 효가 언제나 규범이 되어 있기 때문이다. 그래서 효경에는 효는 모든 덕의 근본이 된다고 말할 것이다. 그러므로 효는 철학적으로는 존재론적인 성격을 띠고 있다. 즉 변치 않는 법 혹은 척도가 있다는 말이다. 우리의 행동 세계는 언제나 그 상황이 변하기 마련이다.

그렇다 하더라도 규범은 변치 않아야 된다. 왜냐하면 움직이는 것은 움직이지 않는 척도에 의하여 규정을 받아야 되기 때문이다. 규범은 변하지 않는 상(常)이요, 이것을 동양 윤리에서는 효로 본 것이다. 이성의 규칙도 규범이 될 수는 있으나, 그것은 우리의 사유로부터 추상해낸 말하자면 순수 사유로부터의 연역에 불과하며, 따라서 보통 우리가 양심이라고 부르는 것을 칸트는 도덕법이라고 불렀다. 그런데 이것은 결국 모든 인간이 개개인이 가지고 있는 도덕의식 일 수는 있으나, 인격적인 나와 너의 관계를 규정할 수 있는 규범이라 말할 수는 없을 것이다.

우선 이 규범이라는 것이 우리의 행동 영역에서는 어떻게 작용하게 되는 것일까? 우리는 앞에서도 말했지만은 서양윤리가 동양윤리와 다른 점이 무엇인지를 생각해 볼 필요가 있다. 즉 서양윤리에 있어서 없어서는 안 될 개념이 있는데, 이것이 바로 자유라는 개념이다. 우선 서양윤리, 특히 칸트의 경우를 가지고 보더라도, 이론적으로는 자유는 모든 자연 필연적인 인과 관계로부터의 자유가 전제된다. 즉 희랍 철학에서 본다면 제일 원인이 전제된다는 말이다.

원인만 되고, 결과가 되지 않는 것, 다시 말해서 어떠한 타율적인 것으로부터도 규정을 입지 않는 '결단의 자유' 를 말하는 것이다. 이 결단의 자유는 순수이성에 의한 행동을 의미하고 있다. 이것은 물론 양심적 행동임에는 틀림없으나, 그것은 인간관계에서 본 규범이라고는 할 수 없는 것이다. 칸트의 경우와 비슷하게, 칼 바르트는 자유의 개념을 해석하면서도, 그는 '… 으로부터의 자유' 가 아니요 '… 에게 대한 혹은 … 를 위한 자유' 의 입장을 올바로 찾아낸 것이다. 서양윤리에서 본 자유는 하나의 가치 의식에 불과하나, 동양의 자유 개념은 단순한 개인의 가치 의식이 아니라, 다른 사람과의 관계에서의 자유라는 것을 말하고 있기 때문에, 소위 '절대자유' 같은 것은 아니고 어느 의미에서는 제약적인 자유라고 말할 수 있다. 부자의 관계를 끊는 데까지 이르는 자유란 있을 수 없다는 말이다.

서양의 윤리는 윤리의 자율성을 주장하는 데 반해서, 동양윤리는 효(孝) 안에서의 자유와 효 밖에서의 부자유를 말하는 점이 다르다 하겠다. 효 밖에서의 자유는, 칸트의 말을 빌린다면 자의(自意)에 지나지 않는 것으로 방종이라고 불러도 무방하다. 개인의 절대적인 자유를 보장하려는 것이 서양윤리의 성격이라면, 동양윤리에 있어서는 절대 자유란 있을 수 없고, 오직 부자의 관계에서 본 제약적인 자유가 있을 뿐이다.

마치 물고기가 오직 물 안에서는 자유롭지만, 만일 물 밖으로 뛰쳐나온다면, 그 물고기는 죽고 말 것이다. 이러한 행동은 방종인 것이다. 이 점은 칼 바르트의 자유 이해와 접근한다고 하겠다. 서양윤리의 '무엇으로부터의 자유'는 무제약적이기는 하나 다른 사람과의 관계에서의 자유는 될 수 없는 것이다. 후자, 즉 배려적 자유만이 동양윤리의 특성이자, 동시에 그리스도교의 윤리의 특징이기도 한 것이다. 서양 윤리는 자유, 사랑, 평등이 중요 관심사인데 반해서, 동양윤리는 겸허, 질서, 평화가 중요 관심사가 된다.

2. 효와 창조의 질서

서양윤리는 이성을 규범으로 하여 전개되는데 반해서, 동양윤리는 효를 규범으로 해서 모든 윤리적 문제가 풀려나가게 된다. 나는 이것을 창조의 질서라고 부르고 싶다. 에밀 브루너는 그의 윤리학에서 창조의 질서로서 두 가지를 들고 있다. 즉 결혼과 노동인 것이다.[49] 이것은 브루너의 의하면 그리스도교 윤리가 가족 윤리에서 출발하고 있음을 잘 입

49) Emil Brunner, *Das Gebot und die Ordnungen*, 295 이하.

증하고 있다. 물론 동양의 윤리관도 가정 윤리임에는 틀림없으나, 여기에는 이와 좀 다른 하나의 질서가 전제된다. 이것이 부자 관계이며, 효의 기본 관념인 것이다. 브루너도 바르트와 함께 가정 윤리를 말하고 있지만 그들이 무엇보다도 먼저 고려에 둔 것은 남과 여, 부부관계인 것이다. 여기의 부자관계는 물론 넓은 의미의 부자와 자녀의 관계임에는 틀림없다.

브루너의 창조의 질서로서의 결혼과 노동을 문제 삼기 이전에 전제되는 것이 동양윤리에서는 이 효라는 부자관계인 것이다. 이것을 서양의 그리스도교 윤리에서는 빼버리게 된 것이다. 그들은 단순한 애정관계로서 형성되는 결혼만을 문제 삼고 있는 것이다. 그러나 유대교의 경우나 그리스도교 본연의 사상에는 이 부자관계, 효의 관념이 뚜렷하게 남아 있다고 본다. 이 점이 서구 윤리가 개인주의적인 윤리로 전락하는 계기가 마련된 점이라고 본다. 유대교나 그리스도교는 다 동양의 종교이다. 그렇기 때문에 부자 관계라는 전통적인 효(孝) 사상에서 출발된 것으로 본다.

서구신학에서 보는 그리스도교 윤리는 유대적이거나 그리스도교적인 것과는 일단 구별해 놓고 보는 것이 좋을 것 같다. 이것을 하나로 취급하면 곤란한 결과를 가져 오게 된다. 그러므로 동양 윤리는 결혼이기 전에, 이에 앞서는 부자 관계가 기본적인 가정 윤리의 근거가 된다고 보고 있다. 여기서 우리는 동양 윤리, 특히 유교와 유대교 그리고 그리스도교 윤리의 특이성을 밝혀냄으로써 서양 윤리나 서양의 그리스도교 윤리와 다른 점을 예시할 단계에 이르렀다.

1) 유대교의 경우

구약성서에 있어서는 특히 창세기에 나타난 창조 설화를 보면, 창조의 질서가 결혼과 노동이기 전에(에밀 브루너), 부자 관계라는 것을 알 수 있다. 즉 하나님께서는 천지 만물을 창조하시고, 마지막에 가서 사람을 만드셨다. 이 첫째 사람을 아담(사람이라는 뜻)이라고 불렀다(창 2:7 이하). 이 설화에서 알 수 있는 것은 하나님께서 아담과 이브를 같은 시간에 흙으로 빚어서 혼을 불어넣은 것이 아니고, 먼저 아담을 만드시고 그리고 하느님 아버지와 그의 첫째 아들이라고 볼 수 있는 아담과의 부자 관계를 형성해 놓은 뒤에, 하느님께서는 아담을 위하여, 아담의 갈비뼈 하나를 취하여 그것으로 그의 아내 이브를 만드신 것이다

그러므로 구약의 창조 설화에서는 아담과 이브의 결혼이 있기 전에 이미 하느님 아버지와 그의 아들 아담과의 관계가 있었다는 말이 된다. 그러므로 나는 창조의 질서를 하느님과 아담과의 관계에서 보려는 중요한 이유를 여기서 찾은 것이다. 하느님과 아담과의 부자 관계가 수립된 연후에 가서 부부의 관계는 이 부자 관계의 규정을 입도록 되어 있는 것이다. 그러므로 창세기의 창조 설화는 무엇보다도 부자 관계의 중요함이 강조되고, 부수적으로 남녀 간의 관계가 문제 되도록 되어 있는 것이다. 부자 관계는 필연적인 것이요, 부부 관계는 우연적인 것이라 말할 수도 있을 것이다.

2) 그리스도의 경우

구약의 종교 관념에서 뿐만 아니라, 그리스도교에 있어서도 사정은 매 일반이다. 즉 신약성서의 신앙 구조는 무엇보다도 성부(하느님 아버지)와 성자(아들 예수 그리스도)와의 관계임을 알 수 있다. 아니 신약성

서에서는 삼위일체 되시는 하느님 사상에 잘 나타나 있다. 즉 아버지와 아들과 그리고 이 양자를 연결시키는 성령이 다 일체 되시는 하느님이라는 사실이다. 이 삼위일체의 하느님 사상 속에서는 부자 관계라는 것이 기본적인 질서로 전제되어 있는 것을 알 수 있다. 신약성서 사상에는 사실 부부 관계가 우리의 신앙과 생활의 궁극적인 근거가 된다는 말은 없다. 바울은 도리어 부부 관계는 어느 의미에서는 불필요한 것으로까지 말하기도 하였다. 남자는 결혼하지 말고, 주님의 일을 하는 것이 좋다고까지 말하였다(고전 7:8), 그리고 또 바울은 결혼한 이상에는 아내를 버려서는 안 된다고 말하였다(고전 7:11). 특히 신약성서, 요한복음에는 하느님 아버지와 독생자 예수 그리스도의 인격적인 관계가 생생하게 나타나 있다(요 14:7 이하).

결국 예수 그리스도는 하느님 아버지의 뜻을 따라 인류를 위한 속죄 제물이 된 것이다. 끝까지 하느님 아버지의 뜻에 대한 신뢰와 위탁이 아들의 태도였던 것이다. 예수의 신앙은 하늘 아버지에 대한 충성에 다름없는 것이다. 우리가 예수로부터 배울 것은 바로 이러한 부자 관계에서 일어난 사실들을 두고 말한다. 예수라는 인물의 개인의 뛰어남을 배우는 것은 아니다. 물론 부부 문제 같은 것은 에베소에서 바울에 의하여 언급되었고(엡 5:33), 예수 자신도 결혼의 중대함을 말하기도 하였지만 (막 10:6-9), 그것이 아버지와 아들과의 관계만큼 중대하지는 않은 것임을 말해 주고 있다.

3) 유교의 경우

유교에 있어서는 부자 관계는 모든 인륜의 패턴이 됨을 말해주고 있다. 유교에는 물론 오륜이라는 것이 있다(군신유의君臣有義, 부자유친父子有親, 부부유별夫婦有別, 장유유서長幼有序, 붕우유신朋友有

信). 물론 이러한 오륜이 어느 때부터 주장되었는지는 의문이나, 단지 여기서 오륜 가운데 어느 것이 기본이 되느냐고 묻는다면 나는 서슴지 않고 부자유친이라고 대답할 것이다. 물론 상식적으로 한 가족이 형성되려면 부부관계가 있어서 아들도 낳고 딸도 나아서 이루어진다고 볼 것이다. 그러나 종교적 윤리적인 질서를 가지고 따질 때에는 부자 관계가 더 중요하게 나타나는 것이 사실이다.

부자유친이 그 밖의 인륜의 규정 근거가 된다고 보는 것이 옳다고 본다. 부자유친이란 한 마디로 말해서 '효' 임에 틀림없다. 우선 이러한 사실을 상식적으로 생각해도 이해가 갈 것이다. 즉 군신이나 부부나, 장유나 봉우가 다 어느 때에는 갈라질 수도 있는 가변적인 인간관계이지만은 부자 관계는 끊으려고 해도 끊을 수 없는 것임으로 불변적인 인간관계라 할 수 있다. 이러한 상(常)으로서의 부자관계가 그 밖의 인륜의 규정 근거가 된다는 것은 자명한 사실이 아닐 수 없다. 왜냐하면 변하지 않은 인간관계를 가지고 변하기 쉬운 인간관계를 규정하는 것은 당연한 일이 아닐 수 없기 때문이다. 만일 부자 관계도 변하고 그 밖의 인륜도 변한하면, 하나가 다른 하나를 어떻게 규정할 수 있다는 말인가?

이것은 요사이 유행하고 있는 나쁜 의미의 상황 윤리임에 틀림 없는 것이다. 만일 서구의 그리스도교 윤리의 경우도 같은 남과 여, 즉 부부를 선행시킨다면, 이러한 변화무쌍한 것을 가지고 어떻게 윤리적 가치의 규범으로 받아드릴 수 있겠는가 말이다. 부부관계는 오륜의 상이 될 수는 없을 것이다. 오직 오륜의 상은 부자 관계뿐인 것이다. 결혼과 노동이 창조의 질서이기 전에 부자 관계가 이것들의 존재 근거가 된다고 해야 옳을 것이다. 부자 관계는 동양윤리로 볼 때에 진정한 의미에서 창조의 질서라고 볼 수 있다.

서양윤리가 부부 관계에서 출발된 것은 개인주의를 전제한 때문이라고 볼 수밖에 없다. 물론 부부 관계는 단순한 애정 관계로 그치기 쉬우며, 그렇기 때문에 인간의 모든 윤리 관계의 근거가 된다고 볼 수는 없는 것이 밝혀진다. 이와는 반대로 동양 윤리, 특히 유교 윤리는 종교적인 근거에서 출발하여 구체적인 인간 관계를 규정하려 든다. 이것이야 말로 창조의 질서가 아닐 수 없다. 브루너의 가정 윤리도 서양의 일반 윤리보다는 그리스도교적이다. 그러나 가정 윤리가 규정을 입어야 될 규범을 설정하지 못한 것이 유감이라고 할 수 있다. 그는 윤리적 규범을 하느님의 말씀, 즉 성서에 두고 있다. 이것을 부부 관계에서 본다면 막연한 규정이 되기 쉽다. 즉 구체적 교육적인 패턴 없이 막연하게 하느님의 말씀이라는 규범을 전제하고 있다는 말이다. 왜 브루너는 똑똑히 부자 관계를 지적해내지 못했는가?

그러므로 윤리는 규범을 가져야 되기 때문에 단순히 하느님의 말씀이라든가 하느님의 사랑이라는 막연한 관념으로서는 윤리적 가치의 규범으로는 추상적인 것이 될 수밖에 없다. 따라서 이러한 수직적인 관계에서 모든 인륜 관계를 보려는 유교 윤리에 있어서는 부부의 관계로 하늘과 땅으로 비유하게 된다. 또 자신의 편에서는 아버지를 하늘로, 어머니를 땅으로 보게 된다. 이러한 관념은 일찍이 본회퍼도 생각하고 있었던 사실이 밝혀지고 있다.[50]

이러한 관계가 바로 동양적인 질서인데, 이 질서 관념은 앞서 말한 부자란 창조의 질서에 근거됨을 알 수 있다. 우리는 이것을 좀 더 넓은 의미에서 부녀라는 관례로 보더라도 무방하다. 단지 입체적인 관계를 말하기 위하여 아버지와 아들로 수렴시킨 것뿐이다. 동양적인 질서에서는 부모와 자식이 동일한 지평에서 문제될 수 없는 법이다.

사실 서구사회는 부부가 평등한 것 같지만 반드시 그런 것도 아닌 것 같다. 예컨대 여자가 결혼을 하면 어떤 남자의 소유가 되는 인상을

---

50) Dietrich Bonhoeffe, *Grundfragen einer christlichen Ethik*. Ges. Schriften. Bd. III, 56.

받게 된다. 왜냐하면 여자는 남편의 이름을 따라야 되니 말이다. 왜 여자는 자기의 FULL NAME을 가지지 못하게 되었는지 의심스럽다. 부자관계에서 추론된 부부유별의 동양 사회에서는 이렇게 되지 않는 것도 연구해 볼 문제이다.

가정에서의 아버지의 위치는 어머니와는 다른 점이 있다. 즉 어머니는 애정이 앞서지만은, 아버지는 위엄을 가지고 있을 뿐만 아니라, 동시에 어머니가 가지고 있는 애정도 가지고 있다는 점이 유별나다. 어머니의 단순한 애정만 가지고는 안 된다. 아버지의 엄한 교훈이 필요한 것이다. 그러나 동시에 아버지는 자애로운 면도 겸유하고 있어야 된다. 그래서 아버지는 사랑과 위엄을 경유하고 있음으로 교육적인 패턴은 부자유친의 관계에서 찾아야 됨이 확실하다 하겠다.

불교에서도《부모은중경》(父母恩重經)이 중국에서 나온 듯하다. 그런데 여기에서는 어머니의 자애만이 진술 되었을 뿐, 아버지에 대한 관계가 논의되어 있지 않다. 부자유친의 관계가 논의되어 있지 않다. 자식으로서의 도리는 밝혀져 있으나, 아버지의 교육적인 위치가 부각되어 있지 못함이 유감이라 하겠다.

사랑과 의를 겸유하지 못한 교육은 올바른 인간을 만들기는 어렵다 하겠다. 단순한 애정만도 안 되고, 단순한 권위와 위엄만도 안 된다. 인과 의가 겸유한 데서 교육은 올바로 실시되는 법이다. 여기에 아버지가 자녀 교육의 패턴이 된다. 아버지는 언제나 사랑과 의가 변증법적으로 상호작용 된다. 동양 윤리는 하나로부터 열에 이르기까지 이러한 사랑과 의로서의 교육적 과정을 거치게 마련이다.

3. 예수는 모름지기 효자다[51)]

예수가 효자라는 주장은 예수상을 이해하는 데 도움이 됨직하다. 아무도 예수가 효자라고 말한 서구신학은 아직 들어보지 못했다. 그것은 서구사회와 전통에 예수라는 한 인물에 대한 숭배로 일이관지되었기 때문이요, 하늘 아버지와의 관계에서 그의 모습을 보려는 생각을 완전히 망각해 버렸기 때문인 것이다. 그래서 예수상은 사실 불투명하게 되어버린 것이 서구신학의 결점이라고 생각한다. 예수론에 대한 연구서는 산적해 있으면서도 그가 효자라는 생각는 왜 떠오르지 못했던가를 묻고 싶다. 우리는 신약성서를 통해서 수수백회(數數百回)의 아버지라는 용어를 찾아해 낼 수 있다. 예수전의 역사적 비판적인 방법을 통해서 엄밀한 의미의 확실성을 찾아내기 어렵다고 하더라도, 예수 자신이 하느님 아버지에 대한 용어 사용과 자신이 하느님의 아들이라는 말까지는 의심할 수는 없을 것이라고 생각한다. 사실 하느님의 아들이라는 용어는 예수 자신이 즐겨 사용한 말인 것을 알 수 있으며, 그의 사람됨의 가장 적절한 표현이 아닐 수 없는 것이다. 물론 이밖에 하느님의 말씀이라는 표현도 결국은 위의 내용과 다를 바 없는 것임을 알 수 있다.

사실 예수 자신이 나는 메시아라고 자칭한 적은 없다. 그것은 이스라엘의 구원자일지는 모르나 만백성의 구주는 아니기 때문이다. 예수가 하늘의 아버지와 부자 관계라는 사실을 성서를 통해서 늘 듣고 있으면서도 그것이 우리에게 현실적으로 느껴지지 아니하는 이유는 바로 그 부자 관계가 무엇을 뜻하는지를 서구학자들이 깊이 생각하고 있지 못하기 때문이라고 생각한다. 이러한 부자 관계는 누구나 가지고 있으면서도 예수의 하늘 아버지와의 부자 관계가 육신의 부자 관계의 존재 근거

---

51) 《윤성범 전집 제3권, 효와 종교》, 342-347.

가 된다는 사실을 확실하게 느끼지 못하는 이유가 어디 있는가?

왜 예수는 하느님을 아버지라고 불렀는가? 그리고 왜 하느님을 어머니라고 부르지 않았는가? 여기에 아버지의 특이성을 묻게 되는 이유가 있는 것이다. 그의 일생은 효자로서의 생애 이외에 아무 것도 아니라고도 말할 수도 있는 것이다. 그것은 예수는 "내가 아버지를 사랑하는 것과 아버지의 뜻을 순종하는 것을 세상으로 하여금 알게 하려 왔노라"라고 하신 말씀 가운데 잘 나타나 있다.

즉 그는 효자라는 것을 알리기 위하여 이 세상에 오신 것이라는 뜻이다. 그는 부자유친(父子有親)의 심정을 요한복음에서 뚜렷하게 말한 적도 있다. "내가 아버지 안에 있고 아버지는 내 안에 계신다."는 말은 부자유친의 진리를 피력한 것이라고 볼 수 있다. 아버지와 아들과의 신비적 합일의 관계가 아닐 수 없는 것이다. 이것은 단순한 관계라기보다 인격적인 관계임을 두말할 여지가 없다. 이러한 부자관계를 우리는 사랑이라는 말로 표현할 수도 있으나 또 '성' 이라는 말로 표현할 수도 있는 것이다.

성(誠)이란 부자관계에서는 친(親)으로 나타나기 때문이다. 친(親)은 따스함을 말하며, 이것을 그리스도교에서는 사랑이라는 말로 표현하고 있다. 그래서 요한일서에는 하느님은 곧 사랑이라고 말하기도 한 것이다. 사실 진정한 의미의 사랑이란 바로 이렇게 거짓 없는 친함을 말한다고 볼 수 있다. 부자 관계에서 일어나는 사랑만큼 순수한 것은 없을 것이다. 왜냐하면 그것은 가장 인격적인 관계의 근본이 되기 때문이다. 효가 덕의 근본이라는 말은 효가 바로 모든 사랑의 근원이 된다는 말과도 같은 것이다.

그러나 성서에 나타난 하느님의 사랑은 단순한 사랑이 아니요, 그 사랑 안에는 공의가 내포되어 있는 사랑인 것이다. 칼 바르트의 표현을 빌린다면 '사랑 안의 공의' 라고 말할 수 있다. 공의 없는 사랑은 맹목적이요, 사랑 없는 공의는 공허한 것이라고도 말할 수 있다.

그러므로 성서에 나타난 사랑은 의로운 사랑인 것이다. 그래서 하느님의 사랑을 '하느님의 의(義)' 라고 로마서에서 바울은 말하고 있다. 이것은 효경(孝經)에서는 경애(敬愛)로 나타난다. 공자의 인(仁)은 맹자에 와서는 인의(仁義)로 풀이된다. 이것은 예수의 사랑이 바울에 와서는 율법과 복음, 사랑과 의로 갈라서 생각하는 것과 같은 것이다.

아버지의 사랑은 공의로운 사랑이다. 이것을 효경에서는 애경으로 표현한 것이다. 그래서 효경에서는 어머니의 사랑, 임금의 공의, 즉 어머니의 애와 임금의 경을 합친 것이 아버지의 '애경' 이라고 말한 것이다. 흔히 우리는 하느님의 사랑만을 생각하는 나머지, 하느님의 의를 무시해 버리는 일이 많이 있다. 이러한 잘못을 불란서의 볼테르는 독신적인 표현으로 이렇게 말한다. "하느님은 용서하실 거야, 그것이 제 버릇이니까!"

그러나 성서는 이러한 얄팍한 사랑을 말하지 않는다. 그는 의로우신 심판의 하느님이신 것이다. 그렇기 때문에 그의 독생자 예수 그리스도를 십자가에 못 박히게까지 하신 것이다. 하느님이 의로우시지 않으시다면 아마도 "내가 너희 인류를 무조건 사랑하노라" 고 마이크를 통해서 한 번 공포하고 말았을 것이다. 하느님은 죄에 대하여 진지하신 분이다. 인류의 죄를 자기 자신이 지신 것이다. 이것이 십자가의 고난이라고 말할 수 있을 것이다. 성서의 예수상은 바로 이 사랑과 공의의 종합에서 그려질 수 있는 것이다. 십자가는 사랑과 공의가 구현된 사건이라고 볼 수 있다. 예수의 십자가상의 죽음은 하느님의 공의를 나타내심이요, 그의 죽음을 통해서 모든 인류는 그를 믿음으로 죄 사함을 받을 수 있게 된 것이다. 그러므로 예수는 사랑과 공의의 실현자이며, 애(愛)와 경(敬)의 실천자라고 말할 수 있다. 소크라테스는 진리의 산파에 지나지 않았지만 예수는 진리의 화신인 것이다. 말씀이 육신이 되신 것이다.

예수는 하느님의 말씀이요, 하느님의 아들이다. 이것을 우리말로 표현하자면 예수는 성이며, 동시에 효자라는 말로 바꾸어 놓을 수 있을 것이다. 이러한 예수의 모습은 성서에 나타난 예수 상의 참다운 모습이 아닐 수 없다. 사실 서구신학에서는 예수를 하느님의 아들이라고 말하면서도 그가 효자라는 말은 잘 안하고 있다. 사실 서구신학에서는 효(filial piety)라는 말이 없다. 예수가 하느님 아버지의 뜻만을 순종한 사실은 그가 바로 효자였다는 사실을 잘 입증해 주고 있는 것이다. 서구사회에서 효는, 옛 원시사회에 있었던, 이제는 진부한 관습으로 간주되어진 골동품과 같이 생각이 될지 모른다. 그러나 이 효는 동서고금을 막론하고 만고의 진리인 것을 어찌할 도리가 없다. 만일 서구신학이 효를 문제 삼지 않는다면 그들은 일찌감치 그리스도교 진리를 포기해 버리는 것이 좋을지 모른다.

왜냐하면 그리스도교 진리는 바로 하늘 아버지와 독생자 예수와의 부자관계에서 모든 진리가 풀려나오게 마련이기 때문이다. 아무리 역사비판적 방법이나 그 밖에 양식사적 방법, 전승사적 방법, 편집사적 방법, 심지어는 구속사적 방법까지를 총동원해 가지고 성서를 연구해본다고 하더라도 예수 그리스도는 하느님의 말씀이요, 하느님의 아들이라는 이 사실에 의심스럽다든지 불분명하다든지 잘못 편집된 것이라든지 구구한 설명을 털어놓을 수는 없을 것이라는 말이다.

일찍이 칼 바르트는 하느님의 아버지 되심이 육신의 아버지 되심의 존재근거가 됨을 피력하고, 그 반대, 즉 육신의 아버지가 먼저이고, 그 다음에 가서 하늘의 아버지가 추론된 것으로 보는 견해는 잘못되었다고 말한 적이 있다. 그리고 그는 또 육신의 부조(父祖)들은 설사 하느님은 아니더라도 적어도 하느님의 대표자들임에는 틀림없다고 말한 적도 있다. 육신의 부모는 무시해도 좋고 하늘의 아버지만 공경하면 된다는 관념이 우리 크리스천에서도 번져가고 있다. 육신의 부모를 사랑하지 못하는 사람이 보이지 않는 하느님 아버지는 어떻게 사랑할 수 있을지 의심스럽다. 하늘 아버지와 육신의 아버지를 따로 따로 생각하는 것이 서구사회의 사고양식이라면, 동양사회는 이것을 늘 일치시켜 생각해 온 것이다.

하느님을 사랑하면서도 부모를 미워하고 부모를 사랑하면서도 하느님을 미워하는 태도는 동양사회에서는 있을 수 없는 일이다. 오직 있다면 서구사회에서나 가능할지 모른다. "네 부모를 공경하라"는 계명은 신 구약성서를 통해서 강조되고 있는 계명이요, 이 계명에 대해서는 약속이 분명히 들어 있다. 즉 하느님의 축복의 계약인 것이다. 예수의 마음속에는 이 신념으로 꽉 차 있었다고 하겠다. 그는 이러한 아버지의 뜻을 믿고 순종한 것이다. 십자가에 못 박히시기까지 하셨다. 모든 것을 아버지의 뜻에 맡기신 분이다. 이러한 하늘 아버지와 독생자 예수와의 부자유친을 통해서 참다운 사랑이 이 세상에 소개가 된 것이다.

6. 성서 강해 : 로마서

1. 인사말과 본 서신의 주제[52)]

이 편지는 서두에서 벌써 바울은 자신의 주님의 사도로서 성별된 직무를 피력함으로서 복음의 전권대사임을 밝히고 있다. 바울은 벌써 자연인은 아니다. 그는 빼내임을 받은 사람인 것이다. 그는 벌써 자연인으로서의 그리고 자기 주장을 하는 이로서의 모든 권한을 하나로 묶어 하나님께 내놓았다. 이제부터는 자기의 것이라고는 아무 것도 없게 되었다. 아직도 남은 것이 있다면 그것은 자기가 죄인이라는 의식뿐일 것이다. 사도 바울의 마음을 주관하는 이는 예수 그리스도인 것이다. 그만이 그의 모든 것이요, 그를 빼놓으면 그는 무(無)이요 죄인이요 사망뿐인 것이다. 그의 전체인 예수 그리스도가 복음의 전체이기도 하다. 사도 바울은 어떠한 다른 사람에 속한 종과 같이 부자유한 종이 아니요, 자유

52) 《윤성범 전집 제5권, 성서연구, 로마서와 갈라디아서》, 242-247.

하는 종이다.

법에 구애되어 있는 종이 아니요 법을 극복한 자유스러운 종이 된 것이다. 여기서 바울은 자신의 사도된 것을 강조해서 자기의 사도직의 권위를 내세우려는 듯이 보이고 또 그렇게 해석하는 사람이 많이 있으나 그렇게만 볼 수는 없다. 그는 예수 그리스도를 다시금 소개하여 자신의 배후에 계신 하나님의 은혜와 그의 경륜의 크심을 강조하려는 의도가 더욱 크게 나타나고 있다. 1장 3절에서 4절까지 그리스도의 신성과 인성은 복음의 핵심이요, 이러한 구원자의 특이한 모습을 편지 벽두부터 소개하고 있는 것이다. 만일 그에 이러한 특수한 사실이 그에게 알려지지 않았다고 할 것 같으면 바울은 그리스도의 종이 되었을리 만무한 것이다.

예수 그리스도의 복음은 단순히 개인적인 성질의 것만이 아니다. 그것은 모든 인류가 믿어 구원에 이르게 하려는 원대한 목표가 있다. 그러므로 그리스도의 종인 바울의 사명은 복음을 모든 이방에 전하는 것이 그의 유일무이의 사명인 것이다. 이 밖에 다른 어떠한 노력도 바울에게는 헌신짝과 같이 무의미한 것이었다. 복음은 누룩과 같이 펴져서 온 세계에 전파되는 것이 복음의 본질인 것이다.

그리스도를 믿는 자에게는 언제나 은혜와 평강이 따라온다. 은혜는 하나님과 사람과의 관계에서 일어나는 하나님의 은사요, 평강은 이러한 은혜를 받은 사람들 서로서로의 사이에 일어나는 평화스러운 상태인 것이다. 바울이 로마 교인들에게 이러한 축복을 하게 된 것은 너무나 당연한 사실이 아니어서는 안 된다.

믿는 자 상호간의 믿음에 대한 유대를 지니는 것은 그리스도인의 의무인 것이다. 믿는 사람의 특징은 믿음은 하나님께로부터 받아서 거저 자기의 것으로 만들어 버리고 마는 것이 아니라 믿는 자, 상호간에 서로 믿음과 사랑으로 띠를 매는 일이다. 믿는 사람은 언제나 하나님을 중심으로 삼아 서로를 위하여 하나님께 간구하는 일을 잊지 않는 법이다. 이것은 남을 위하는 일이며 동시에 자신을 위하는 것임을 알 수 있는 것이다. 여기서도 바울이 얼마나 믿음 안에서 겸손해 졌는지를 알 수 있다. 곧 자기가 로마 교인들을 만나려고 하나님께 늘 간구한 것은 자기가 그들에게 나누어줄 것만을 위한 것이 아님을 12절 말씀에서 강조하고 있다. 우월한 믿음, 약한 믿음이 없는 것이 아니나 굳센 믿음이라고 그리스도 이상의 무엇은 될 수 없는 것이다.

믿는 자들은 피차간에 안위함을 주고받는 법이다. 이렇게 나누어 주는 것이 바울의 사도직의 성격이다. 그리스도의 은혜를 받았은즉 그것을 그대로 내 것으로 간직하고 있는 것이 아니라 모든 사람에게 지혜 있는 자나 어리석은 자나 헬라인이나 야만인이나 누구에게든지 복음을 전해야 될 의무를 바울은 절실히 느끼고 있는 것이다. 바울은 이러한 사명감을 빚진 자로 표현하였다. 그리스도의 복음은 어떠한 특권 계급에게나 전해야 될 은혜는 아닌 것이다. 그러한 구별은 이 세상 사람들이 할 일이다. 바울은 복음을 전하지 않으면 자기에게 앙화가 있을 것을 알았다. 은혜가 은혜 되게 하기 위하여 받은 은혜를 곧 남에게 나누어 주는 것이 그리스도인의 사명이며 전도자의 임무인 것이다. 만일 은혜를 받고도 나눌 줄 모르는 사람은 물을 상류에서 받아서 다른 곳으로 뽑아내지 못하는 사해와도 같은 것이다. 죽은 물이 될 수밖에 없는 것이다. 복음의 진리가 인류의 구원에 없어서는 안 될 양약이라고 하면 이것을 숨겨 주고 병든 사람들에게 알려 주지 않는 자는 화가 있을 수밖에 없는 것이다.

2. 본서의 주제

"유대인은 표적을 구하고 헬라인은 지혜를 찾으나 우리는 십자가에 못 박힌 그리스도를 전하니 유대인에게는 거리끼는 것이 되고 이방인들에게는 미련한 것이라 오직 부르심을 입은 자들에게는 유대인이나 헬라인이나 그리스도는 하나님의 능력이요 하나님의 지혜니라" (고전 1:18-24)라고 바울은 말하였다. 자칫하면 복음은 비웃음거리가 되기 쉽다. 바울은 이것을 잘 알고 있었다. 그의 아테네에서 스토아학파들과 논쟁한 끝에 더욱 절실히 느꼈는지도 모른다. 복음은 하나님의 지혜인 것을 밝히 깨달았기 때문에 그는 십자가 외에는 아무 것도 전하지 않기로 작정하기에 이른 것이다. 바울은 복음이 하나님의 능력이요 지혜이기 때문에 복음에 대하여 부끄러움을 느끼지 않는다고 하였다. 유대인이나 헬라인이나 지혜 있는 자나 어리석은 자나 다 복음의 진리를 받지 않고는 구원에 이를 수 없는 것이다.

복음은 모든 믿는 자들에게 구원을 가져온다. 왜냐하면 복음 가운데는 하나님의 의가 나타나기 때문이다. 하나님의 의는 사람의 의와 구분된다. 하나님의 의는 하나님의 은혜의 별명이다. 하나님의 의는 하나님의 은사란 말이다. 믿음은 하나님의 은혜에 대한 응답인 것이다. 그러므로 바울은 이 믿음의 고전적인 표현인 하박국의 말씀을 인용하였다. 그런데 구약의 이 인용은 반드시 바울의 생각하는 의미와 꼭 일치한다고는 하기 어렵다. 구약의 믿음의 정의는 물론 그리스도를 암시하고 있음은 확실하나 구체적인 그리스도 신앙과는 좀 구별해야만 될 줄 안다. 여기서 바울의 인용은 구약의 믿음보다는 더욱 적극적인 그리스도 신앙을 두고 말한 것임을 알 수 있다. 로마서의 주제는 믿음으로 의롭다함을 얻음, 곧 이신칭의(以信稱義)이다. 이 믿음을 바울은 복음의 결과로 보고 있는 것이다.

3. 불신앙의 인간

바울은 18절에서 32절까지를 두 부분으로 나누어서 하나는 종교적인 불신앙의 문제를, 그리고 다른 하나는 그것의 결과로서의 악덕 곧 죄의 목록을 열거하게 된 것이다.

첫째로 우리 인간으로부터 나오는 모든 악덕은 인간의 악한 본질이거나 악한 근원에서 나오는 것이 아니라 하나님께 대한 불신앙에서 오는 것을 알아야만 된다. 바울은 이것을 18절 이하에서 적절하게 논하고 있다. 18절에서 25절까지는 인식의 문제가 논의되고 있으며, 26절과 32절까지는 그릇된 행동이 언급되고 있다.

어떤 주석들은 이 부분을 이방인들의 죄상으로 규정하고 있으나 반드시 그렇게만 생각할 수 없다. 물론 여기서 논술한 표현만 가지고는 그렇게 볼 수 있다. 그리고 이 구절들을 바울이 자연신학에 관하여 언급된 것으로 해석하는 학자도 있다. 특히 18절에서 25절까지는 그렇게 보아도 무방하다. 좌우간 이 부분은 이방인이든 하나님을 믿지 않는 자이든 간에 그들이 잘못하기에 이른 것은 그들이 하나님을 하나님으로 숭배하지 않고 하나님 아닌 피조물을 하나님과 같이 섬김으로 그들의 마음이 우둔해지고 미련한 마음이 어두워지게 되어 주객 전도의 과오를 범하게 된 것이다. 만일 하나님의 영원하신 능력과 신성을 인간들이 다 알게 창조되지 않았다면 그들의 잘못에 대하여 잘못이라고 규정할 수 없기 때문이다. 그들은 그들의 마음속에 책임을 질 필요가 없게 될 수밖에 없다. 그들의 마음속에 종교적인 경건의 마음조차 다 없어졌다고 바울은 말하고 있는 것은 아니다. 그들은 그릇된 종교생활을 하고 있다는 것을 말하고 있는 것이다. 행동은 이러한 하나님을 정당히 그리고 바로 인식하고 있느냐 인식하고 있지 않느냐에 달려서 우리의 행동은 정반대 방향으로 나타나게 되는 것이다. 정당한 행동은 정당한, 그리고 바른 하나님의 인식에서 유래한다는 사실을 잘 알 수 있는 것이다. 이방 사람들이 얼마나 종교적인 경건의 생활을 하고 있느냐에 대하여는 다시 새삼스럽게 설명할 필요 없이 우리가 잘 아는 사실이다. 그들의 이러한 경건이 자칫하면 그들의 교만이 되며 하나님께 대하여 자기의 의를 내세우는 경우를 초래하기 쉬운 것이다. 창조자이신 하나님을 피조물과 바꾸어 놓고 경배한다면 이에 따라 우리의 행동도 뒤바뀌진 것으로 나타나게 될 것은 의심할 여지조차 없다.

그러므로 죄란 살인, 간음, 절도 등 여러 가지 구체적인 사항을 가리키는 말이라기보다는 성서적으로는 인간의 하나님께 대한 반항, 전도(顚倒)된 생각 등을 죄의 시작으로 보고 있다. 신앙적으로 제일 위험한 것은 하나님께 대한 그릇된 관계인 것이다. 그들이 반드시 무신론자들은 아닌 것이다. 그들은 훌륭한 유신론자이라고 할지라도 그릇된 관계를 가지게 될 때에는 죄의 상태로 떨어질 수밖에 없는 것이다.

하나님과 그릇된 관계는 사람과의 관계에 대해서도 그릇된 관계에 놓여 질 수밖에 없게 된다. 이것이 바울에게 있어서는 주요한 문제였다고 볼 수 있다. 그릇된 하나님 인식은 모든 악의 근원이 된다는 사실이다. 그러므로 이방인들을 다 죄인으로 취급해 버리려는 경향이 많은 것도 이 같은 이유에서일 것이라고 생각한다. 남을 사랑하고 남에게 친절하고 남에게 덕을 끼치는 생활은 먼저 하나님을 바로 안 후에야 만 가능한 것이다. 잘못 안 상태, 곧 불신앙의 상태에서는 설사 이러한 행동이 외관적으로 훌륭히 나타난다 할지라도 그 심중에 정말로 이웃 사랑이 거짓 없이 일어날 수는 없을 것이다. 여기에서 말하는 하나님 인식은 단순한 과학적인 인식과 같은 이론적 인식만은 아니다. 하나님을 알만한 인식능력이 하나님께로부터 인간에게 주어져 있는 것이다.

이것은 물론 그리스도 없이도 주어질 수 있느냐의 문제가 남아 있다. 그런데 그리스도 이전에 모든 인류가 하나님을 전혀 몰랐다고 말할 수도 없다. 그들은 주어진 하나님 인식 능력을 통하여 하나님을 알았다는 것을 긍정할 수밖에 없는 이유는 그들도 모두 하나님 앞에서 심판을 받아야 될 존재들이기 때문이다. 만일에 그들이 하나님을 몰랐다고 할 것 같으면 그들은 죄인으로서 하나님의 심판을 받을 필요가 없기 때문인 것이다. 그리스도의 오심은 하나님께서 자신을 더 밝히 나타내시기 위하여 오신 것이다. 그러므로 이스라엘 민족은 예수를 밝히 몰랐으나 그들을 구원할 메시야를 대망한 것과도 같이 이방 사람들도 그리스도는 밝히 몰랐으나 그들이 하나님의 존재를 알았으며 따라서 그들의 행위에 대하여 자신들이 책임질 줄 알았다고 생각한다.

하나님을 바로 알지 못하고 잘못 이해하여 주객이 뒤바뀐 생각에서 저들은 우상숭배자들이 되었으며 이로 좇아 성생활의 전도된 현상을 배출하였고 그 다음으로는 그들은 죄의 목록에 해당하는 갖은 악독한 행동을 감행하기에 이르게 된 것이다.

이러한 바울이 열거한 죄의 목록이 28절부터 32절까지 나타나 있다. 이러한 죄목들이 단순히 인간의 악한 근원에서 왔다기보다는 하나님을 싫어하는 인간의 태도와 생각에서 왔다고 봄이 좋을 것이다. 인간은 선과 악의 이원론적 존재는 아닌 것이다. 인간은 본래는 선한 존재로 지음 받았으나 인간의 잘못, 곧 하나님을 거역함으로 그들은 뒤죽박죽의 생활을 할 수 밖에 없게 된 것이다. 이것은 이방인에게도 적용되나 유대인에게도 적용이 안 된다고 말할 수 없는 것이다. 믿음을 잃은 인간은 누구나 할 것 없이 다 죄 아래 놓이게 될 수밖에 없으며 그들은 이러한 무서운 죄를—물론 죄의 경중은 있겠으나—지을 수밖에 없게 된다. 하나님 없는 생활은 죄 아래 있는 생활이다. 하나님을 바로 알지 못한 것이 곧 죄(罪)인 것이다. 하나님께로부터 주어진 하나님 인식의 능력을 그들은 바로 사용하지 못했던 것이다.

7. 나의 생활 잠언

세례와 성만찬은 천국생활의 전주곡이다

바르트는 세례를 교회의 존재 근거, 성만찬을 교회의 존속 근거가 된다고 하였는데 이 두 가지를 합해 놓은 것을 바르트는 예배의 전체라고 보고 있으며 오스카 쿨만도 여기에 동조하고 있다. 사실은 이 두 가지가 그리스도교 복음의 진리의 핵심이 되는 것이다. 이것을 달리는 천국의 생활의 전주곡이라고 말할 수도 있는 것이다.[53]

성령의 바람은 봄바람과도 같다

성령의 역사도 마치 봄바람과 같은 것이라고 볼 수 있다. 성령의 바

53) 《윤성범 전집 제1권, 한국종교문화와 한국적 기독교》, 150.

람은 차디찬 겨울바람은 아니다. 성령의 바람은 초목을 꺾고 잎을 떨어지게 하는 겨울바람과는 달리 정말로 따뜻하고 훈훈한 바람이다. 성령의 바람은 멸망을 재촉하는 바람이 아니요, 죄의 깊은 잠으로부터 깨우치려는 바람이다. 저 거센 봄바람이 땅에 묻힌 풀뿌리를 파헤치듯 의 바람도 우리 심령 속에 깊이 도사리고 있는 죄의 뿌리를 파헤칠 수도 있는 것이다.[54]

어두움이 빛을 두려워하는 이유는…

빛은 대상을 박멸하려 들지 않는다는 것이다. 물론 빛은 무엇을 태울 수 있다. 그러나 빛이 참으로 빛의 행세를 하기 위해서는 빛은 남을 해하려 들지 않는다는 것이다. 빛이 어떠한 상대적인 대상에 대하여 그것을 박멸하려는 태도를 갖지 않는다는 말이다. 여기에서 우리는 어두움을 들 수 있겠다. 어두움은 빛이 비치는 것으로 자신의 어두움을 포기해 버리는 것이다.

빛이 올바로 비추기를 거절하고 어두움을 박멸하려고 나섰다면 빛은 제구실을 하지 못하고 말 것이다. 어두움이 제일 무서워하는 것은 빛이 어두움을 박멸하는 점이 아니요, 빛이 올바로 어두움을 비추는 점일 것이다. 어두움이 어두움을 유지하게 하는 것은 빛이 빛의 구실을 하지 못하고 있는 증거라 하겠다. 빛은 그러한 의미에서 무저항주의적이라 할 수도 있겠다.

우리는 흔히 사회 부정의를 타도하러 나선다. 그러나 이 어두움과 같은 사회 부정의는 그러한 행동만은 그리 두려워하지 않는다. 정의의

---

54) 《윤성범 전집 제7권, 생활신앙과 생명사상》, 144.

빛이 비치기 전까지는 부정의한 어두움이 그대로 상존할 것이다.[55)]

화해 … 그리스도인의 존재의 의의

현대는 화해를 요구하고 있다. 나 자신의 모순도 그리스도의 화해의 진리로서만 가능하며 우리 교회도 이제는 서로 싸움과 반목과 분열을 일삼을 것이 아니라 서로 손을 잡고 한 방향으로 나가야 될 것이며 모든 국제적인 정세도 이제는 화해와 화목을 통한 평화를 마음속으로 간절히 갈망하고 있는 것이다.

이 사실이 실현되지 않는 한 현대의 그리스도 교회는 이 땅 위에 있어야 될 존재의 의미를 잃어버리고 말게 될 것이다. 그리스도는 평화의 왕이신 것이다. 이 평화의 왕 그리스도의 앞에서는 형제간의 불화, 교회간의 불화, 국제간의 불화는 계속될 수 없는 것이다. 현대의 그리스도인들의 과업은 바로 이 화해의 중대성을 재확인하고 과감하게 그리스도의 명령을 좇는데 있는 것이다.[56)]

서양윤리와 동양윤리의 차이

서양윤리는 개인의 자유와 평등을 찾기 위한 과정이라고 본다면 동양윤리는 인간 대 인간의 관계에서 하나의 질서를 찾기 위한 과정이라고 본다면 좋겠다.

서양윤리는 정신적인 것이 육적인 것으로부터의 자유(Freiheit von)

---

55) 《윤성범 전집 제7권, 생활신앙과 생명사상》, 171.

56) 1966년 10월 15일, 〈크리스천신문〉.

라고 한다면 동양윤리는 인간을 이원론적 종합적으로 보며 따라서 한 인간이 한 다른 인간을 위해서의 자유(Freiheit zu und für)를 문제 삼는다고 볼 수 있다. 이러한 윤리는 우리라는 가정이라는 공동체에서 출발하는 것으로 서양과 동양의 자유의 개념은 다르다.

동양윤리는 효 안에서의 자유와 효 밖에서의 부자유를 말하는 점이 다르다 하겠다. 효 밖에서의 자유는 칸트 말을 빌린다면, 자의에 지나지 않는 것으로 이것은 방종으로 부를 수 있겠다. 개인의 절대적인 자유를 말하고 있는 서양윤리와는 달리 동양의 윤리는 효 안에서 부자관계로서의 제약적인 자유라고 보면 좋다. 이것은 마치 물고기가 물 안에서는 자유롭지만 물 밖에서는 죽는 것과 같다. 서양윤리가 자유, 사랑, 평등이 주요 관심사라면 동양윤리는 겸허, 질서, 평화가 중요한 관심사라고 할 수 있다.[57)]

믿음은 사랑이 흘러오는 수도관이다

성서가 우리에게 알게 해주는 바는 다른 것이 아니라 곧 사랑, 특히 이웃 사랑을 실천해야 된다는 사실이다. 믿음이 귀하기는 해도 믿음을 비유하면 수도관의 역할 밖에 못하는 것이다. 믿음은 단지 하나님의 사랑, 곧 은혜와 자비의 생명수를 받아드리는 수도관에 지나지 않는다는 말이다. (사랑의) 행함이 없는 믿음은 죽은 믿음인 것이다(약 2:17).[58)]

---

57) 《윤성범 전집 제3권, 효와 종교》, 16.
58) 《윤성범 전집 제7권, 생활신앙과 생명사상》, 19.

자기 의식을 갖자

우리가 매일 매일의 생활에서 내가 한국인이라는 자의식을 한 번도 잊어서는 안 되겠다. 위대한 사상가, 위대한 예술가, 위대한 종교인들은 동시에 열렬한 애국심을 가진 사람들이었다. 자기 민족을 잊어버리고 사는 사람은 자기 정신을 잃은 사람과 다를 것이 없다. 우리의 현실 생활이 보잘 것 없는 것이라고 할지라도 우리의 민족적인 얼을 가지고 있는 사람은 보람 있는 생을 가진 사람이라고 할 수 있다.[59]

한국의 아름다움

한국의 아름다움이란 노출 콤플렉스를 극복한 바로 그 점에 있다고 해야 할 것이다. 여인의 옷을 보아도 알 수 있다. 자꾸 감추려고 하는 것과 같은 옷차림에서 어딘지 모르게 풍겨 나오고 있는 매력적인 무엇을 느낄 수 있다. 한국미는 이렇게 은은하게 자기의 미를 나타내려는 점이 다른 나라 사람들의 미의식과 다른 점이라고 볼 수 있다.

우리의 아름다움을 도로 찾는다는 것이 우리의 생활을 얼마나 윤택하게 하는지를 우리는 모르고 있는 것이 사실이다. 우리의 생활 주변에는 아름다움을 빼버린다면 이것이야 말로 사막과 같고 쑥밭과 같이 되고 말 것이다.[60]

---

59) 같은 책, 18.
60) 같은 책, 22.

어린이들을 혹사하지 말자

며칠 전에 정명화, 정경화 자매의 첼로와 바이올린 연주회에 구경 간 적이 있다. 앞으로의 유망한 국제적인 연주가들이 될 것을 마음속으로 기대하였다. 그런데 우리는 이렇게 해야 될 경우를 탓하는 것은 아니지만 근자에 너무 어린이들을 부모들이 성급히 구는 가정이 얼마나 많을까에 대해 생각하고 이것이야말로 다시 부모가 생각해 볼 필요가 있지 않나 느꼈다. 세 살, 네 살, 어린아이를 원만하게 자라지 못하게 음악이면 음악을, 미술이면 미술을, 공부면 공부로 몰 박치기로 부모들이 혹사해서 어린 것들을 못살게 하는 부모들이 굉장히 많을 것이라 상상해 볼 때에 마음이 아프다.

이런 얘기도 있다. 어느 가정의 어머니는 너무 어린 것에게 피아노를 하라고 야단이어서 그 어린 아이는 자기 동무보고 우리 엄마는 죽어 버렸으면 좋겠다는 말했다고 한다. 이 엄마는 이 어린 것을 길러서 자기 영화와 자랑거리를 삼으려는 것이 어린이 교육의 목적이 되어 있지 않은가? 이 얼마나 야만적인 욕망인가? 세계적으로나 국제적으로 유명해질 수 있는 경우가 천의 하나만의 하나밖에 안 될 텐데 그러한 요행수를 바라고 귀여운 어린 것들을 일방적으로 몰아 훈련을 시키는 것은 삼가야 될 줄 안다.[61]

애국자는 누구인가?

며칠 전 신문에서 나는 우리 민족을 위해서 일생을 바치신 유명한 애국자의 한분이신 한서 남궁억 선생의 동상 제막식을 홍천에서 거행한

61) 같은 책, 79.

다는 소식이 실린 것을 보았다.

나는 그의 전기를 읽고 이 분이야말로 애국자라고 생각했다. 그 이유는 이러하다. 그는 무엇보다도 한국 민족을 한 사람 한 사람 사랑하였다는 사실이다. 한국인만을 사랑하기는 쉬워도 한국 사람 하나하나를 사랑하기란 용이한 것이 아니다. 많은 애국자들이 있지만 어떤 애국자는 자기 나라 사람을 모함하고 살해하는 데까지 이른 사람도 없지 않아 있다. 한서 선생은 이러한 사실이 전혀 없는 분이다.

둘째로 그는 한국에 대해서 원대한 소망을 가지고 있었다. 그래서 한국을 구할 수 있는 길을 교육을 통해서만 가능하다고 믿었으며 자신이 교육자가 되어 학생들을 모아 놓고 민족정신을 불어 넣어주곤 하였다. 그가 학생들에게 가르치던 한국 역사 교재를 나 자신이 본 적이 있다. 정말로 그의 애국열이 그 교재에도 차고 넘쳐 있는 것을 느끼게 되었다.

셋째로 그는 한국 방방곡곡이 우리의 국화(나라꽃)인 무궁화 씨를 돌려 우리 민족의 애국심을 자극시켰던 것이다. 뿐만 아니라 애국의 노래를 여럿 지어서 모든 겨레가 부르도록 한 것이다. 그의 노래가 우리 교회 찬송가에도 하나 있다. 그것이 곧 '삼천리 반도 금수강산 하느님 주신 동산' 이라는 노래인데 이것을 우리는 일제 강점기에 우리나라 국가로 생각하고 불렀던 것이다. 서양의 외국인들도 이분이야말로 한국 독립 운동가라고 말하기도 하였다.

한서 선생은 훌륭한 신앙을 가지고 있었다. 그의 애국은 참다운 애국심의 발로라 아니할 수 없다. 그는 일제 강점기 때 민족주의자로 지목을 받아 감옥에도 여러 번 갔었다. 그러나 이러한 어려움에서도 그의 애국심은 변함 없었던 것이다. 이것은 오로지 그의 굳센 신앙의 열매였다고 보아진다.

그는 또 가정을 사랑했다. 그는 아내를 참으로 사랑한 분이고 자녀

교육에도 모든 정성을 기울이신 분이다. 만년에는 강원도 시골에 가서 농촌운동과 어린이 계몽운동에 나섰던 것이다.

그는 또 진정한 의미에서 우리가 본받을 만한 교육자였다고 생각한다. 물론 오늘날도 훌륭한 교육자가 많이 있겠지만 한서 선생 같은 위대한 교육자가 많이 나왔으면 한다.[62]

자기 직업에 충실하자

우리가 서울 종로 네거리에 서 있게 되면 굉장히 많은 사람들이 오가는 것을 볼 수 있다. 외국의 경우를 본다면 대낮에는 아무리 큰 도시라고 할지라도 사람의 왕래가 그리 많지 않고 한산하다. 이것은 그들이 다 각기 자기 직업을 가지고 있으며 직장에 나가서 일하고 있기 때문이다. 아마 거리에 사람이 붐비는 날이라곤 일요일 오후 정도라고 볼 수 있다.

그와는 반대로 서울에는 낮이나 밤이나 사람이 많아 발을 옮겨 놓을 수 없을 정도이다. 이들이 다 직업이 없는 것은 아니겠지만 시간이 너무 많이 남아돌아간다는 느낌을 가질 수밖에 없다. 앞으로는 낮에 거리를 이리 저리 돌아다니는 사람은 취체(取締)라도 하는 법이 생겼으면 한다. 아니 우리 자신이 부끄럽게 생각할 지경이 되지 않으면 안 되겠다.

시골에서 서울에 뛰어 올라와서 아무 직업도 없이 빙빙 돌아다니는 사람들이 얼마나 많은지 모르겠다. 또 이러한 사람들을 시골에서는 꽤 부러워하는 것 같기도 하다. 이러한 사람들이 시골에 가서는 서울에 가서 일 없이 놀고 있는 것을 자랑삼아 말하는 경우가 많이 있다.

62) 같은 책, 36-37.

“자네 서울 가서 무얼 하고 있나?” 하고 물으면, “뭐 그저 놀지 뭐!” 라고 대답하는 것이 보통이다. 논다는 것이 얼마나 부끄러운 일인가? 이와 달리 직업을 가진다고 하는 것이 얼마나 고귀하고 신성한 것인가를 아는 사람이라면 이러한 말을 식은 밥 먹듯이 하지는 못할 것이다.

독일말의 직업이라는 말은 ‘Beruf’ 라고 하는데 이 말은 ‘Berufen’ 이라는 동사에서 나온 말이다. 이것은 ‘하나님께로부터 부르심을 받다’ 라는 종교적인 의미가 있다. 이 말은 아마도 종교개혁자 마르틴 루터가 사용하기 시작한 것으로 알고 있다. 우리의 직업이 큰 것이나 작은 것이나 막론하고 다 하나님께로부터 받은 것이라고 생각하고 이에 열중한다면 한국은 보다 나은 나라가 되리라고 생각한다.

사도 바울은 ‘일하기 싫거든 먹지도 말라’ 고 말했다. 한국은 대가족 제도인 데다가 벌이를 하는 사람은 대게 한 사람 정도인 경우가 많다. 이것은 그 가족 가운데 일할 수 있는 사람이 없어서가 아니라, 누구 하나 벌면 다른 가족들은 거기에 얹혀서 뜯어 먹으려는 생각을 하고 있기 때문이다.

우리가 앞으로 전근대성에서 벗어나려면 하루 속히 이러한 의뢰심을 버려야 되겠다. 어느 정도 개인주의화 되어야만 되리라고 생각한다. 개인주의가 반드시 이기주의는 아니기 때문이다. 우리의 가족제도는 하나의 전통적인 미풍의 하나인 것이다. 부모를 모실 수 있다는 것은 우리의 특권이요, 또 부모들의 기쁨이 아닐 수 없다. 그러나 이러한 가족제도로 인해서 경제생활에 파탄을 가져와서는 안 되리라고 생각한다.[63]

---

63) 같은 책, 15-16.

생명경외와 그리스도의 마음

그리스도의 마음은 도대체 무엇이라고 하여야 좋은가? 단도직입적으로 말해서 생명경외의 마음이 아닐까 생각해 보게 된다. 그리스도의 마음을 가진 사람, 또는 그리스도의 영을 소유한 자는 크리스천이라고 말하고 있다. 이것은 다시 말하면 생명경외의 마음을 가진 사람은 그리스도인이라고 말할 수도 있을 것이다.

옛날 인도에서는 전통적인 미풍양속으로 내려오는 끔찍한 사실 하나가 있었다. 그것은 남편이 죽으면 산 아내를 죽은 남편과 함께 장사하는 풍속이다. 그것만은 못하나 남편의 시체를 불태우는 장소에서 한참 불이 시체를 태울 무렵 살아있는 아내가 그 불 위에 뛰어 들어 같이 죽는 일이 있다. 이것을 가리켜 열녀라고 불렀던 것이다. 물론 하나밖에 없는 남편이 죽었다는 점에서 같이 죽는다는 일도 있음직하나 그렇다고 모든 사람이 그럴 수는 없는 법이다. 남편이 죽었더라도 자기만은 자식을 위해서 혹은 노부모를 위해 살아 남아야 될 경우도 있겠기 때문이다.

그런데 이러한 고장에 기독교가 들어가게 되었는데 이 풍속을 고치기 위해서 무수한 고생과 노력을 들여 마침내 이 풍속을 제거할 수 있게 되었다는 말이 있다. 물론 자기 생명을 나라를 위해, 또는 이웃을 위해 바칠 수는 있겠으나, 그 귀중한 생명을 기왕 죽은 사람을 위하여 바친다는 사실은 아무리 그것이 미덕이라 치더라도 용납되어서는 안 될 성질의 것이다. 그리스도의 마음은 바로 이러한 데까지 투철하지 않을 수 없다. 그리스도의 마음은 죄 되고 불우한 인간일지라도 그 죄의 값으로 죽이려는 생각보다는 살리려는 데 그 본의가 있음을 잊어서는 안 된다.

성서의 간음한 여인의 실례도 그와 꼭 마찬가지이다. 여인은 죄 때문에 응당 죽어야 할 몸이다. 민중들은 돌을 들고와 예수의 말끝이 떨어지자마자 그 여인을 돌로 치려는 참이었다. 그때 예수의 예지로 그를 죽이지 않고 살릴 수 있었던 것이다. 마땅히 죽어야 될 사람도 살리시는 예수 그리스도의 마음은 참으로 생명경외의 극치라고 할 수 있다. 예수 그리스도는 부활이요, 생명이기 때문이다.

현대만큼 그리스도의 마음을 필요로 하는 때가 전에는 없었다고 본다. 왜냐하면 역사가 시작된 이래 금일과 같이 사랑의 생명을 대량 학살할 수 있는 무기가 생산된 적이 없었기 때문이다. 전 세계의 인류의 생명을 삽시간에 전멸시켜버릴 수 있는 무서운 무기들을 각 나라들이 산더미 같이 많이 가지고 있지 않은가? 그 현재 보유한 무기량의 천분의 하나 만분의 하나만 가지고도 온 인류를 살상할 수 있다니 정말 치가 떨리는 사실이 아닐 수 없다.

기독교가 한 때는 영혼 구원의 종교로 만족하던 때가 있었다. 그러나 오늘에 와서는 사정이 달라진 것이다. 생명이란 단순한 육체만이 아니고, 그렇다고 단순한 영혼만도 아니다. 도리어 양자의 종합이며, 하나의 총제적인 의미에서 생명인 것이다. 그러므로 그리스도의 마음도 오늘에 와서는 영혼 이원론이 아니며 양자의 전체를 말하고 있다고 볼 수 밖에 없다. 그리스도의 구원은 바로 영혼 전체의 구원자이어야 되며 영혼구원 혹은 배려(Seelsorge)는 동시에 육체 구원 혹은 배려(Leibsorge)가 되지 않을 수 없다는 말이다. 이 양자를 합해서 기독교에서는 생명이라고 하지 않는가? 그러므로 목사의 마음과 의사의 마음을 합해야 그리스도의 마음이 된다고 감히 말할 수 있을 것이다.[64]

64) 같은 책, 214-215.

카이로스

옛말에 "세월은 흐르는 물 같다"는 말이 있다. 실로 먹고 자고, 먹고 자는 것만 되풀이 하는 중에 언제 백발이 되는지 모르며 가버리고 마는 것이 인생인 것이다. 그래서 "인생은 덧없다"는 말도 나왔나 보다. 그러나 이러한 일상적인 생이 있는 반면에 아주 알찬 생도 있는 것이다. 그래서 성경에서는 이러한 일상성을 벗어난 충일된 시간(혹은 채워진 때)을 카이로스라고 말하고 있다. 이 말은 '시간' 혹은 '때'라는 헬라 말인 것이다.

그리고 이 말은 구속사를 의미하기도 하는 다양한 말인 것이다. 그러므로 이 말은 그리스도의 오심으로 인해서 '공허하던 때'가 '채워지는 때'로 옮겨졌다는 의미로도 쓰이고 있다. '충만한 시간', 이것은 구속사와 다름 없으며 우리가 다 그리스도로 인해서 이러한 '채워지는 때'를 소유해야만 되리라고 생각한다.

우리는 자칫하면 시간을 무시해버리는 수가 많다. 그까짓 한 시간쯤이야 뭘 하든 이러한 시간이 연장되어서 그것이 일생이 되는 사람도 있고 반생이 되는 사람도 있다. 이것이야말로 아까워 죽을 정도의 귀한 시간들이 아니고 무엇이랴! 우리가 돈을 경제하는 데는 꽤 머리를 싸매고 연구해 본다. 그러나 시간을 아껴 쓰는 데는 그리 큰 관심 없어 보인다. 금싸라기보다 귀한 시간을 아껴서 그리스도인의 사업에 집중 시킨다면 우리의 한 평생이 얼마나 값있는 생이 될 것인가를 생각해 보게 된다. 이 카이로스 곧 채워지는 때를 소유한 사람이 바로 기름을 준비한 슬기로운 다섯 처녀와 같이 하느님 나라 영광에 참예하게 될 것이다.[65)]

65) 같은 책, 145.

'세속화' 란 무엇인가?

요사이 새로운 신학사상으로 '세속화' 라는 말이 나돌고 있다. 이것은 하나의 전문용어이기 때문에 글자 풀이만으로는 해석되지 않는 말이다. 먼저 우리는 '세속주의' 라는 말을 미리부터 잘 알고 있다. 이것은 종교적인 거룩 관념에 정반대되는 개념임은 물론이다. 그러므로 세속주의는 하이데거에 의한다면 '일상성' 이라고 해도 좋을 것이다. 모든 사람들이 먹고 마시고 하는, 목적도 없이 그저 남이 하는 그대로 생활하는 것을 의미한다. 이와는 달리 '세속화' 라는 말은 그 뜻이 다른 데 있는 것이다. 우리의 신앙생활이 단순히 관념적이어서는 안 되고 아주 현실에 입각한 생활로 나타나야만 된다는 뜻이다. 그러므로 신앙이라는 것이 따로 있고, 또 생활이라는 현실성이 따로 있는 것이 아니라 우리의 구체적인 현실성 그 자체가 벌써 신앙과 다름없다는 얘기이다. 생활 밖에 또 별다른 거룩한 신앙이 있을 수 없고 신성불가침의 성역이 있을 수 없다는 것이다.

이러한 사상을 강력히 주장한 이는 독일의 유명한 신학자인 디히트리히 본회퍼 박사이다. 그는 나치에 대한 저항운동으로 인해 1945년에 처형당하였지만 그의 사상은 정말로 참신한 점이 많아 아직도 존경의 대상이 되어 있는 것이 사실이다. 세속화란 우리의 신앙이 세속적인 것으로 변화해야 한다는 뜻인데, 이것은 변질된다는 의미가 아니라 어떠한 덧붙임 없이 생활이 곧 신앙이 되는 것을 의미한다.

이 얘기는 왜 하느냐 하면 슈바이처 박사의 경우가 이 비슷한 내용의 것이라는 것을 밝혀보자는 데 있는 것이다. 슈바이처 박사는 신앙 교리에 대해서는 상당히 자유스러웠고 어떠한 교리에 사로잡히는 일이 없었던 것이다. 그 반면 그의 생활은 크리스천의 생활이었다는 점이다. 신앙이란 어떠한 생활의 첨가물 또는 부가물이 아니고 생활 그것이 신앙이라는 논리이다. 지극히 적은 소자에게 물 한 그릇을 떠 주는 그 행위가 곧 신앙이라는 것이다. 이것은 다시 우리의 비근한 예로 우리가 무의촌에 가서 환자를 치료하는 그 행위가 곧 신앙이라는 말이다. 우리는 이 행위를 통해서 어떤 의미에서는 전도를 하고 있는 것이 된다. 이 행위가 따로 있고 전도가 따로 있는 것이 아니라는 뜻이다. 물론 여기서 복음을 전하는 일을 중단하자는 뜻은 아니라 이만큼 우리의 신앙이 생활과 현실에서 구체화 되어야겠다는 것이다.

우리의 신앙생활이란 시시각각으로 결단을 요구하게 된다. 이러한 결단이 행동과 다름없게 되었을 때, 그리고 그러한 행동이 하느님 앞에서 부끄럽지 않게 되었을 때 우리의 행위가 신앙과 일치되는 때라고 말할 수 있는 것이다. 본회퍼는 그러므로 나치 정권 전복을 위해서 저항운동에 참가하기까지 한 것이다. 크리스천이란 이만큼 구체적인 현실생활에서 과감하게 자기의 소신대로 행동하는 자를 의미한다고 볼 수 있다. 그러므로 신앙의 생활화라기보다는 생활의 신앙화라 함이 좋을 성 싶다.[66]

자족하는 생활

우리는 흥부와 놀부의 얘기를 잘 알고 있다. 욕심이 많은 사람을 돼지라고도 한다. 자기에게 알맞은 생활이 있고 또 이것으로서 자족할 줄 알고 또 자제해 나갈 줄 알아야 되겠다. 그러나 반면 너무 현실에 자족하다 보면 퇴보의 고배를 마실 경우도 있는 것을 잊어서는 안 되겠다.

이런 얘기가 있다. 한창 물난리가 나서 집과 재물이 떠내려가는 것

66) 《윤성범 전집 제7권, 생활신앙과 생명사상》, 284-285.

을 보고 있던 어떤 거지의 아들이 자기 아버지에게 "아버지 우리는 집과 재물이 없어 저러한 일을 당하지 않으니 참 좋지요"라고 말하니까 그의 아버지가 대답하기를 "그거 다 네 애비의 덕이다"라고 말했다는 것이다. 물론 이것도 자족과 자제의 생활이지만 그러한 의미가 아닌 자제족(自制足)을 우리는 알아야만 되겠다.

욕망이라는 것이 있음으로 해서 향상도 있게 마련이지만 그 욕망이 턱없는 데까지 이르러서는 안 된다. 특히 돈을 버는 사람들을 보면 참 무섭다. 그 많은 돈을 자기가 다 쓰는 것도 아닐텐데 그것을 모으기 위해서 혈안이 되어 돌아가는 것은 정말 이상하게 보일 때가 많이 있다.

이런 일이 서양에 있었단다. 어떤 백만장자 아들 한 사람이 사업하다가 단돈 이십만 달러를 손해 보게 되자 자살해 버렸다는 사실이다. 그런 돈의 몇 십배 몇 백배의 돈을 가진 사람이 왜 그까짓 적은 돈에 손해를 보았다고 해서 자살할 것까지야 있겠는가?

작년에 미국에 유명한 예언자 칼 마이클슨 박사가 비행기 사고로 세상을 떠난 일이 있다. 아직 오십여 세의 젊은 소장학자로 앞날의 기대가 컸던 분이므로 그의 죽음을 애석해 하는 사람들도 그만큼 많았다. 그가 죽기 전 비행장에 가면서 그의 부인에게 "내가 강연 다니는 것은 이것으로 끝마치겠소. 그리고 앞으로는 집에서 조용히 글만 쓰겠소"라고 말하고 떠나서 그러한 참변을 당했다는 것이다. 그가 집을 떠나는 때의 여러 가지 말들을 종합해 보면 하나의 운명과도 같이 느껴지는 것이지만 이 마지막 강연을 안 갔던들 이러한 참변은 당하지 않았을 것이다. 물론 강연이 나쁜 것은 아니겠지만 자기가 더 안 하리라고 생각하고 있던 것이면 그날따라 폭우가 쏟아지는 날 비행장으로 굳이 나가지 말았어야 될 것이다.[67]

---

67) 같은 책, 67-68.

마귀의 노력

며칠 전에 국립극장에서 괴테의 「파우스트」를 연극으로 본 적이 있다. 아마 내 생각으로는 보통 영화 열 개쯤 본 것보다 더 인상적이었다고 생각한다.

흔히 마귀라는 것이 있는가는 신학적으로도 문제가 되어 있다. 어떤 사람은 있다고 하고 또 어떤 사람은 있을 수 없다고 하기도 하고 해서 이론이 구구하다. 그런데 괴테의 「파우스트」에는 이러한 악마를 등장시키고 있다. 존재하지 않는 악마가 어떻게 악의 세력을 펼 수 있느냐고 물을지 모르지만 우리가 존재, 곧 있다고 하는 그 관념이 아직 명백히 규정되어 있지 못하고 덮어 놓고 쓰고 있는 것이 사실이라면 우리는 있다는 말의 여하도 악의 세력의 유무를 추론하기는 어려울 줄 안다. 예컨대 우리가 하느님의 존재라고 할 경우에도 사상은 매일반이다. 존재하는 개념은 하느님께 적용될 때에는 시간이나 공간과 같은 감성 형식 혹은 직시 형식의 제약을 받는 것이 아님을 알 수 있다. 그래서 폴 틸리히 같은 신학자는 하느님의 존재(Being)가 아니라 존재의 근거 혹은 바탕(Ground of Being)이라고 말한 바 있다. 그러한 하느님의 존재는 보통 사물의 존재형식인 인식범주에 속하지 않음을 알 수 있다.

이러한 하느님의 만능하신 능력을 우리가 믿을진대 우리는 하느님의 능력을 감히 당해낼 수 없다 하더라도 인간을 넘어뜨리는 악의 세력이 있다는 것쯤은 쉽사리 이해가 가리라고 생각한다. 또 설사 악의 존재를 어쨌든 믿을 수 없다고 하는 사람이 있다면 그는 인간이 저질러 놓은 악의 결과를 한 번 살펴보면 좋을 줄 안다. 이 세상에는 마력적인 세력이 충일해 있다. 그것이 인간의 행위라 하더라도 악마적인 것이 아닐 수 없다. 무서운 악의 결과는 우리가 악마의 존재를 믿을 수밖에 없게 하는 것이다.

그런 의미에서 나는 악마가 있음을 믿으며 또 그것이 큰 세력과 지혜를 가지고 있는 것으로 믿으련다. 다음으로 이 악마의 세력이 얼마나 큰가를 우리가 상상해 볼 수 있다. 즉 악마는 인간의 지략을 능가하지만 하느님을 이겨낼 수는 없다는 것이다. 인간은 혼자서는 악마의 능력을 이겨낼 도리가 없고 그 지혜에 넘어가지 않을 수 없는 것이다. 그러나 인간이 하느님과 결탁하게 되면 악마의 세력은 능히 꺾여질 수 있는 것이다.

끝으로 악마가 제일 꺼려하고 싫어하며 또 무서워하는 것은 무엇이냐의 문제이다. 악마가 제일 무서워하는 것은 '기도'라고 생각한다. 악마는 무슨 힘으로든지 인간을 넘어뜨릴 수 있지만, 기도하는 사람만은 넘어지게 할 수 없는 것이다. 기도가 없는 사람은 그가 파우스트 박사와 같이 많은 학문을 습득했든지 그렇지 않으면 항후(項羽)나 나폴레옹과 같이 훌륭한 힘을 가졌든 지가 문제가 아니다. 비록 지극히 적은 처녀의 가냘픈 기도라도 악마는 감히 이것을 이겨내지는 못할 것이다.[68]

이 고질을 어떻게 고칠까?

며칠 전 어느 잡지사에서 원고를 청탁해 왔었다. 그 제목인즉 "이 고질을 어떻게 고칠까?"라는 것으로 현재 한국의 실정을 해결할 수 있는 길을 말해 주었으면 좋겠다는 것이었다.

즉 이제는 너무 지나쳐 고질(固疾)이 되어버린 '나쁜 근성들을 어떻게 고칠 수 있을까?'의 문제이겠다. 나는 이것을 그저 고질이라고 생각하는 것보다는 원죄에 가까운 것이라고 보고 싶다. 모든 한국인이 가지고 있는 공통적인 죄의 경향성을 말하는 적절한 말이 없어서이다. 칸트

68) 같은 책, 173-174.

는 이러한 인간의 성향을 근본악이라고 이름하였다. 물론 기독교에서 말하는 원죄와 칸트가 말하는 원죄와는 성질이 다르지만 만일 도덕법을 하느님의 명령으로 간주할 때에는 그 밖의 주관적인 것은 인간의 일반성인 성향으로 보아 원죄와 대비시킬 수 있다.

원죄니 근본악이니 인류의 공통 죄니 하여 무엇이라고 불러도 좋다. 이러한 죄로 향한 극성이 한국인에게 공통적으로 있다는 것만 전제하면 되겠다. 우리는 전차나 버스를 타게 될 때에 사람들이 밀려들어가는 바람에 차장이 모르는 사이에 들어온 사람이 있다. 이 사람이 차표를 안 낸 것이 분명한데도 시치미를 떼고 가만히 서 있는 것이 보인다. 그러다가 어떤 경우에는 차장에게 발각되는 수가 있다. 이런 경우에 부녀자들은 부끄러우니까 얼른 돈을 내는 경우가 많지만 보통 남자들은 지금 내지 않았느냐고 덤벼들기도 한다. 오늘 신문을 보니 어떤 학생이 버스표를 내라고 차장이 말하는 것에 격분해서 칼로 찔렀다는 보도가 있었다.

이 얼마나 양심이 무디어져 있는 것인가? 어제 저녁에 버스를 타는데 어떤 소년이 못 쓰는 표를 내놓고 탔다. 차장이 받을 때 주의하지 않고 받았다가 나중에 차가 떠나는데 이것은 못 쓴다고 소년에게 내놓으니까 그 소년은 내가 그것을 낸 줄 아느냐고 대어드는 것이 아닌가? 이렇게 양심을 속이는 것이 상식화되어 있다는 사실이 어딘지 모르게 원죄의 근원이 있다고 느껴지게도 된다.

물론 그와는 정반대의 아름다운 에피소드도 없는 것이 아니다. 그러나 대부분의 경우는 그리 아름다운 것이 아님을 유감스럽게 생각하는 바이다. 어떻게 하면 이러한 국민 전체에 편만한 경향성을 제거할 수 있을까? 이러한 문제를 내걸게 될 때, 자연적으로 우리는 마음속을 들여다보시는 하느님을 앞에 보고서만 사람이 양심적이 될 수 있다는 결론이 나오게 된다. 소크라테스는 이러한 마음속의 양심의 소리를 Daimonion이라고 말한 적도 있다. 국민 전체가 정직해지기 위해서는 어떠한 법규나 처벌만으로는 안 되고 보다 깊은 마음의 감화가 일어나야만 되리라고 생각한다. 그래서 임마누엘 칸트도 이러한 딜렘마를 극복하느라고 무진 애를 쓴 철학자였다. 별 수 없이 칸트도 심성의 변화를 강조하게 된 것이다. 그는 종교를 정의하여 도덕법을 하느님의 명령으로 알 때 생기(生起)하는 것이라고까지 말한 바 있다.[69]

생명경외와 가정

5월은 가정의 달이다. 그리하여 가정을 주로 하는 많은 행사도 있고, 아동들을 위한 많은 행사도 있다. 이렇게 가정에 대한 관심을 가지게 된 것도 하나의 다행한 일이 아닐 수 없다. 그런데 가정이 왜 중요하냐에 대한 철학적인 근거는 별로 밝혀지고 있지 않은 것 같다.

근자에 프랑스에서는 노인에 대한 깊은 관심을 나타내는 행정상의 조치를 많이 취함을 볼 수 있다. 즉 노인들을 가정과 격리시켜서 집단으로 살게 하는 방법이 비인도적이고, 노인에 대한 대접이 아니라고 해서 양로원 같은 건물을 가정과 가까이 혹은 동리 가까이 지음으로써 항상 자식들과 만날 수 있도록 하자는 것이다. 그래서 막대한 국가 비용을 투입하여 양로원 건물을 신축하게 되었다는 것이다. 이와 함께 미국 같은 곳에서도 '가정으로 돌아가자' 라는 슬로건을 걸고 이 운동을 적극적으로 전개시키고 있다는 소식이다. 가정 부재의 사회로 되어가는 오늘의 사태로 보아서는 아주 다행한 일이라고 하겠다.

핵가족 문제가 대두하여 가정적인 공동체 관념이 사라져가고 있는 이때에 이러한 운동은 바람직한 운동이 아닌가 생각한다. 사실 핵가족

---

69) 같은 책, 87-88.

이라고는 하지만 이러한 관념 아래서는 핵가족이란 가족의 관념마저도 사라져가고 있으며, 미국만 하여도 이 핵가족의 3분의 1정도는 가정이 형성되지 않은 상태라고 하지 않는가? 그렇다면 핵가족이란 말뿐이지 과거에 가졌던 아름답던 sweet home의 꿈은 완전히 소멸되어 가고 있는 비운을 막을 길이 없게 된 것이다.

가정이 왜 필요한가? 가정을 통해서 비로소 생명의 존귀함을 알게 되기 때문이라고 말할 수 있을 것이다. 어린이들이 부모의 사랑 아래서 튼튼히 자랄 수 있는 보금자리가 된다는 사실을 비롯해서 가정교육을 통해서 사람이 되어가는 과정이 되기도 하며, 부모의 은혜를 기억하게 되는 계기가 되고 부모를 존경하는 마음, 은혜를 기억하는 마음을 환기시킨다는 이 사실만 하더라도 가정의 존재 의의는 결코 감소되어서는 안 되리라고 생각한다.

아니 효라는 개념 자체가 바로 생명경외의 사실이 아닐 수 없는 것이다. 충효는 바로 인간이 인간이 되게 하고 인간의 생명이 가치를 절실히 느끼게 해주는 막대한 영향력을 가지고 있기 때문인 것이다. 오늘의 그 많은 사회 문제의 대부분이 가정환경과 밀접한 관계가 있다는 것은 사회학자가 아니더라도 너무나 분명한 사실이 아닐 수 없다. 가정의 올바른 양육과 교육이 없이 명랑한 사회를 꿈꾼다는 것은 불가능한 일이기 때문이다.

서구사회가 물량적인 가치평가를 가지고 있다면, 동양사회는 실질적인 가치관을 가지고 있어 상호 대립된 이념을 가지고 있는 것이 사실이다. 생명경외는 바로 여기에서는 후자에 속하는 관념이라고 해야 옳을 것이다. 물질적 다과에 따라서 인간을 평가하는 태도라든지 문화정도의 차이로 인간을 평가하는 태도 등은 생명경외의 사상과는 거리가 멀다고 아니할 수 없는 것이다. 슈바이처 박사가 아프리카 정글을 택한 것도 이러한 이념에 근거한 것이라 할 수 있는 것이다.

5월을 가정의 달만이 아니라 우리의 일 년 12달을 하루같이 가정의 날로 지켜 나간다면 오늘에 만연한 그 많은 비정의 사건들이 자취를 감추지 않겠는가 생각한다.[70]

맛 잃은 교회

교회는 하나님의 말씀, 케리그마를 지니고 있다. 이 외의 다른 것을 가지고 있다면 교회가 아닐 것이다. 만일 교회가 다른 것을 가지고 배부른 모양을 과시한다면 교회는 맛 잃은 소금과 같이 되고 말 것이다. 교회는 교회의 맛 잃은 상태를 짓밟아 버리게 될 것이다. 교회의 존재이유는 맛있는 소금인 점에 있는 것이다.

교회는 현실로부터 유리될 수 없다. 교회가 자칫하면 이 세상으로부터 유리된 무엇을 제시하려고 드는 수가 많이 있다. 교회는 참으로 현실을 바로 파악하는 기관이 되어야만 될 것이다. 그렇지 않다면 교회는 사람들에게 무엇을 전할 수 있겠는가? 현실을 바로 파악하지 못한다면 케리그마인들 바로 전할 수 있겠는가? 만일 이러한 상태에서 빠지게 되는 것은 하나님의 복음과 현실이 초점이 잘 안 맞게 되는 것이다. 초점이 맞는 케리그마는 능력을 발생한다. 그 능력이란 눈에 보이는 무슨 굉장한 물건 덩어리가 아니라 사람의 심령을 변화시키는 능력을 말하는 것이다.[71]

---

70) 윤성범 전집 제7권, 234. 생명경외에 대한 글들은 윤 박사님이 생명경외클럽, 즉 V.V.C. 클럽의 고문으로 계시면서 매주 가셔서 설교하신 것들을 비비안들이 책으로 만든 것에서 발췌하였다. 윤 박사님은 28년간 의학생들의 선교단체인 V.V.C. 모임의 고문으로 섬기셨다(편집자 주).

71) 《윤성범 전집, 제6권 한국사회와 한국교회의 과제》, 33.

제3부
윤성범: 그 분은 누구신가?

교수들과 제자들의 논문과 추모의 글들

이하의 글들은 아버님을 사랑하는 교수님들과 제자들의 논문들과 추모 글이다. 논문은 전체를 다 싣지 못하고 일부만 발췌하였다. 추모하는 제자들, 그들이 이제 아버님이 사랑하시는 한국적 신학을 삶에서 토착화하며 그 분의 뜻을 이현부모(以顯父母)할 아버님의 보화들이다.

1. 문화적 주체 의식과 윤성범의 토착화 신학*

유동식 교수**

1) 토착화론의 대두와 윤성범

한 민족의 독립은 정치적 독립만으로 이루어지는 것이 아니다. 거기에는 경제적 자립이 뒤따라야 하는 것이며, 한 걸음 더 나아가서는 정신적 주체 의식이 요구되는 것이다. 민족국가의 경우에는 민족문화적 정체성이 확립되지 않으면 안 된다. 그런데 민족문화의 중심에는 종교가 있어 그 실체의 역할을 담당하기 마련이다. 요컨대 종교의 올바른 발전이 있을 때 그 민족국가의 온전한 자주독립이 성취되는 것이다.

종교의 발전이란 무엇인가? 이에 대해 홍현설은 다음과 같이 말한 적이 있다.

---

* 이 내용은 유동식 박사께서 2013년에 출간한 《소금 유동식 전집 증보판》 제2권에 있는 것을 옮겨 실은 것이다.

** 유동식 박사는 연세대학교 은퇴 교수(1922 - 2022)이시다.

> 종교는 수나 양의 세계가 아닌 이상 수량적인 번영에서 종교의 진정한 발전을 기대할 수는 없다. 문제는 종교적인 진리가 바로 파악되어 그것이 인간의 삶의 목적과 생활 이념을 지도하는 현실의 산 힘이 되어 있는가에 있다.[1)]

종교의 진리가 우리의 생활문화 속에 토착화되어 현실적으로 산 힘이 되었을 때만 우리는 온전한 자주국민이 될 수 있는 것이다. 그렇다면 오늘날 기독교는 과연 우리 문화 속에 토착화되어 한국의 사회와 문화를 이끌어가는 힘이 되었다고 자부할 수 있는 것일까? 이러한 물음 속에 기독교의 토착화신학 문제가 대두되게 되었다.

1950년대 한국 혼란의 큰 책임은 교회가 복음의 진리를 바로 파악하고 바로 전달함으로써 우리의 삶의 힘이 되게 하지 못한 데 있었다고 하겠다. 이러한 이해에서 1960년을 전후하여 한국의 신학자들은 기독교 또는 복음의 토착화 문제를 논하기 시작했다. 유동식이 "복음 전달과 그 문제점"(1958), "도와 로고스"(1959), "복음의 토착화와 선교적 과제"(1962) 등을 논하게 된 것은 바로 이러한 맥락에서였다. 그런데 이러한 토착화론의 이해에는 다소 혼선이 있어 한때 교계에서 토착화 논쟁이 벌어지기도 했다.

이러한 와중에 꾸준히 토착화신학을 정리하고 전개해 간 이가 조직신학자 윤성범 교수였다. 그러므로 여기서는 윤성범의 활동과 그의 사상 전개를 정리해 보기로 한다.

해방 후의 신학계는 황무지였다. 일제의 탄압으로 신학교는 황폐, 부재 상태가 되었고, 남북의 분열과 정치적 혼란으로 교회 자체가 무정부 상태였다. 그 틈에서도 신학교육에 착안한 한 무명 청년이 바로 윤성

---

1) 〈기독교사상〉, 창간호, 1957. "창간사" 중에서 .

범(尹聖範, 1916-1980)이었다. 1916년생이고 보면 30세에 다다른 성숙한 청년이기도 했다. 1941년에 일본 동지사대학에서 신학을 마치고 목사가 된 후 해방에 이르기까지 수삼 년간 일제 말 치하에서 어려운 목회 경험을 한 뒤였다. 해방 후 수개월 만에 감리교신학교 교수로 취임함으로 당시 신학계로는 독무대를 차지한 셈이다. 그 후 1980년에 이르기까지 40여 년 동안 변동 없는 감리교신학대학 교수와 학장직을 보전함으로써 한국 신학 교육계에서는 원로에 속하는 교수로 활동하였다. 또한 해방 후 오늘에 이르기까지 감리교신학교의 쓰고 단맛을 모조리 몸으로 겪은 역사서의 한 토막이기도 하다.

해방 후 신학도들은 모두가 미국 유학을 꿈꾸던 시대였다. 더구나 감리교의 십자군 장학금은 다른 생각의 여지를 주지 않았다. 그러나 윤성범은 눈을 유럽으로 돌렸다. 6/25동란을 겪고 난 그는 당시 신설된 제네바의 에큐메니칼 학원으로 갔던 것이다(1953). 한국 신학도로서는 첫 유럽 유학생이 된 셈이다. 그 후 2년 만에 바젤대학에서 신학박사 과정을 마침으로써 한국인으로서는 유럽 신학박사 제1호 명예를 차지하게 된 것이다(1960). 특히 그가 현대신학의 상징인 칼 바르트 교수의 제자라는 데서 그의 명성은 한국 신학계에서 뿐만 아니라 일반 문화계에도 널리 퍼지게 되었다.

또한 그가 일반에게 알려지게 된 것은 그의 한국문화에의 관심 때문이었다. 그에게는 본래 모험적인 개척 정신이 있었다. 그가 해방 후 황폐한 신학교를 열고자 뛰어든 것이나, 유럽으로 유학의 길을 떠난 것이 그러할 뿐 아니라, 생소한 종교학계에 뛰어들어 한국학에 손을 뻗치기 시작한 그 모든 것이 개척 정신을 잘 표현해주고 있다. 특히 그가 한국문화에 관심을 가지고 한국신학 형성에 뜻을 두기 시작했다는 것은 한국신학의 제3전기를 모색해 나아가는 오늘날에 있어서 하나의 중요한 초석을 놓는 공헌을 한 것이다.

그의 또 하나의 공헌은 신학 논문을 이끌고 일반 문화계로 뛰어들었다는 데 있다. 그의 논문이 발표된 곳은 신학잡지보다 일반 교양지인 〈사상계〉와 〈세대〉였다. 또한 그의 역서(譯書) 대부분은 기독교 출판사가 아닌 을유문화사에서 출판되었다(오토의 《종교입문》, 야스퍼스의 《철학입문》, 브루너의 《종교철학》, 어거스틴의 《신국》, 《고백》, 칸트의 《순수이성비판》). 이것은 일반 문화인들로 하여금 기독교 신학에 관심을 갖게 하는 중요한 계기를 마련했다는 점에서 한국인으로서는 하나의 새로운 국면 개척이라 하지 않을 수 없다.

한국신학의 제3기를 마련하는 또 하나의 공헌은 대담성에 있다. 그는 도전을 좋아한다. 그래서 그는 신학계의 돈키호테로 보일 때도 있다. 그러나 이 모든 것이 하나의 전진을 가져오는 계기가 되는 것이다. 그는 단군신화를 끌고 "환인, 환웅, 환검은 곧 하나님이다"라는 표제를 내걸었다(〈사상계〉, 1963). 그리하여 전통적인 신학계뿐만 아니라 만인을 놀라게 하였다. 또한 "천도교는 기독교의 한 종파"에 불과하다고 단정함으로써(〈사상계〉, 1964) 한때 천도교인들의 일대 분노를 사기도 하였다. 그러나 그가 지면을 통해 논쟁을 거듭하는 동안 한국 문화계는 기독교에 눈을 떴으며, 그의 사고는 전진하고 있었다.

2) 한국 신학 방법 서설

한국 신학계의 논문들은 1957년 〈기독교사상〉의 창간과 더불어 출발했다 해도 과언이 아니다. 1930년대에도 장로교, 감리교 두 신학교 기관지를 통해 발표된 것은 사실이다. 그러나 한국적인 반성 밑에 신학 논문들을 다루게 된 것은 1960년경부터라 하겠다.

윤성범 역시 1957년 이후 40여 편의 논문을 발표했다. 조직신학자라 하지만 그의 대부분의 논문은 선교학에 속한 문제들을 다룬 것들이다. 말하자면 선교학적 조직신학을 다룬 셈이다. 그 중 대표적인 논문이 "한국신학 방법 서설"이다. 비록 이것이 형식적인 방법론이요 서설이긴 하나, 그의 신학과 사상의 골격을 표현하고 있다고 해도 과언이 아닐 것이다.

그는 이 "방법 서설"을 1961년에 〈감신대학보〉에 발표했다가 다시 논문집인 《기독교와 한국 사상》에 수록하였다(1964). 그리고 1967년 또다시 "한국에 있어서의 한국 신학 - 조직신학에서의 가능한 길"이라는 제목으로 《현대와 신학》 제4집에서 다루었다. 이 마지막 논문에서는 다소의 변형이 있으나 그 내용에 있어서는 변동이 없다. 이제 그의 논문 개요를 소개함으로써 그의 사상을 더듬어 보려고 한다.

그는 우선 용어에 있어서 한국말을 사용했다. "감론," "솜씨론," "멋론"이 그것이다. 한국신학방법론의 내용을 이 셋으로 구분하여 논한 것을 그의 논문집의 서론으로 실었을 뿐만 아니라, 그의 전체 논문들을 이 세 구분에 따라 분류, 편집하였다.

그의 "감론"이란 주어진 "씨"로서의 복음과 이를 받아들이는 "자리"로서의 한국의 문화적 a priori에 대한 소론(所論)이다. 이 두 소재 없이 한국신학을 논할 수 없다. 이 두 소재(엄밀히는 형상을 동반한 소재)의 관계는 중요한 것이어서, 불트만의 전이해(前理解)와 복음과의 관계와도 같고, 틸리히의 복음과 상황과의 관계와도 같다. "만일 복음이 내용적이라고 말한다면, 자리 곧 문화적 a priori는 형식적인 것이 아닐 수 없다. 문화적 a priori가 내용이라면, 복음은 형식이 될 수밖에 없는 것이다." 실로 복음과 자리로서의 문화적 a priori는 한국신학 수립을 위한 기초라 하지 않을 수 없다.

"감"을 제대로 다루기 위해서는 "2000년이란 긴 기독교 역사를 통해서 면면히 흘러 내려오는 신학적인 전통을 보아야만 된다." 그와 동시에 한국의 오랜 문화적 전통을 알아야 한다. 그는 "자기 나라의 역사도 잘 모르면서 복음을 우리 겨레에게 전하겠다는 것은 망상이 아닐 수 없는 것이다"라고 잘라 말한다. 그런데 그가 말하는 기독교 전통의 의거처는 칼 바르트에서 찾았고, 한국의 문화적 전통의 심볼은 단군신화에서 찾고 있는 것이다.

"솜씨"란 복음과 자리, 또는 형식과 내용의 관계론이다. "위의 두 계기를 어떻게 손질해야 양자의 관계가 유기적으로 결합될 수 있는가?"의 문제이다. "감"론이 창조론에 해당한다면, "솜씨"론은 속죄론에 해당한다. 솜씨란 감으로서의 둘을 단순히 종합하는 것이 아니다. "솜씨는 그전에 있는 감으로서의 위치를 전부 거부해 버릴 뿐만 아니라 이것을 되살리는 역할을 하게 되는 것이다." 그러므로 십자가의 부정과 부활의 긍정에 의한 작업 창조에 해당하는 것이며, "솜씨는 양자를 매개 손질하는 제삼자인 것이다. 솜씨는 개념과 실재가 구분되면서 종합을 꾀하는 것이 되기 때문에 방법론적으로는 직관적이라고 말할 수 있을 것이다."

그런데 한국적 문화 a priori는 바로 그 한국적 솜씨에 있다고 본다. 이 솜씨는 생동성 있는 신적(神的)인 것이 되지 못한다는 데에 유감이 있다. "진정한 의미의 솜씨쟁이는 예수 그리스도이시다. 그만이 말씀과 자리를 포괄하고 손질해서 생명적으로 할 수 있는 것이다"라고 말한 그는 한국적 솜씨와 문화 a priori와 복음으로서의 말씀과 그리스도와의 관계를 다음과 같이 설명한다.

> 한국적인 솜씨란 결국 한국 문화 a priori에 다름없으며, 이러한 문화 a priori로서의 솜씨는 하나의 표현 영역은 될지 모르나 생명적인 내용이 될 수 없음이 분명하다. 그러므로 이러한 문화 a priori에 말씀이 담겨질 때에 비로소 한국문화 a priori는 말씀이 자라날 수 있

는 자리로 나타나게 된다는 말이다.

"솜씨"는 신학에 있어서의 속죄론이나 기독론에 해당되는 중요한 부분이다. 실로 한국신학의 수립은 신학적 기교로서의 솜씨 여하에 달려 있다고 해도 과언이 아니다. 그러므로 한국신학 수립의 과제를 앞에 둔 한국 신학자의 사명을 그는 다음과 같이 말하고 있다.

> 앞으로의 한국의 신학자는 기독교 전통을 잘 받아들이면서 동시에 한국의 문화적 전통을 살리는 토착화 과정을 모색하는 것으로 사명을 삼지 않아서는 안 될 시대가 된 것이다. 기독교 전통과 우리의 전통과의 신학적인 솜씨에 의한 변증법적인 통일을 보는데서 새로운 신학적인 생동성을 찾아볼 수 있겠기 때문이다.

"멋이란 솜씨로 인해서 일어나는 하나의 아귀메트리의 미적 표현을 이름한다." 멋이란 솜씨를 통해서 일어나는 생명의 약동이다. "말씀과 문화 a priori는 솜씨에 의하여, 곧 그리스도에 의하여 좁혀짐으로써 생명적이 될 수 있으며 이러한 생명적인 것이 비로소 약동할 수 있게 됨은 당연한 사실이 아닐 수 없는 것이다. 이러한 생명적인 약동이 멋에 해당하는 부분이다"라고 한 그는 "멋"론이 신학에서의 구속사에 해당된다고 보고 역사 개념에 의하여 이를 설명한다. "역사는 자연도 아니요, 숙명도 아니요, 양자의 사이에서 솜씨에 의하여 좁혀진 가느다란 곡선에 비할 수 있다." 이러한 역사의 굴곡 속에서 멋을 찾아낼 수 있다고 본다.

그리고 역사의 특징을 자유의 개념에서 본다면, 자유야말로 멋이라고 보는 것이다. 멋이란 구원의 상태에서 찾을 수 있는 것이어서, 솜씨로서의 그리스도의 영역이 아니라 성령의 활동 영역에 속하는 것이라고 말하였다.

> 올바른 한국신학의 수립은 기독교 신학의 역사적 전통과 한국 고유한 문화사적 전통과의 결합에서 이루어진다고 볼 수 있으며, 이러한 결합을 틸리히의 입장에서는 변증법적 통일이라고 말할 수 있을지 모른다. 이것은 달리는 한국신학의 토착화 과정을 통해서만 비로소 구상하게 된다는 말도 된다.

여기 윤성범의 한국신학 방법론이 있다.

3) 한국적 신학 - 성(誠)의 해석학

1970년대 유신체제 밑에서 교회와 신학운동이 가능한 길은 셋이었다. 하나는 교회 내에서의 구령부흥운동이요, 또 하나는 혁명적 급진 신학으로서의 민중신학운동이요, 셋째는 전통적 종교문화와의 만남 속에서 이루어지는 거시적인 종교신학운동이다. 사실상 1970년대의 한국교회는 이 세 길을 걸어왔다. 그러나 위의 두 운동은 오늘의 한국교회를 세계에 돋보이게 하리만큼 활발히 진행된 데 비해 세 번째의 종교신학운동은 그 중요성에도 불구하고 적극적으로 전개되지 못했다.

그러나 종교신학이 적극적으로 추진되어야 할 몇 가지 이유가 있다. 첫째는 1970년대에 있었던 종교 인구의 급증이다. 불교 인구만도 1,200만 명이라고 한다. 기독교가 유아독존 격으로 타종교를 무시하고만 있을 수는 없게 되었다. 둘째로 1970년대에 일어난 문화적 주체 의식에 대한 일반적인 요망이다. 이것은 자연히 전통적인 종교문화에 대한 관심을 불러일으킨다. 셋째로는 보다 적극적인 의미에서 기독교가 한국 종교의 큰 유산과 그 에너지를 흡수하여 인류 구원에 공헌할 수 있도록 해야 할 것이다.

민중신학이 사회 · 정치적 신학(socio-political theology)이라면, 종교신학은 종교 · 우주적 신학(religio-cosmic theology)이다. 민중신학이 한국의 사회적 현실과의 만남의 신학이라고 한다면, 종교신학은 한국의 종교적 전통문화와의 만남에서 이루어지는 신학이다. 전자가 세속화 신학과 연계성을 가지고 있는 데 비해 후자는 토착화 신학과 연계성을 가지고 있다.

1970년대 한국 신학계에는 이러한 종교사적 유산과 기독교와의 만남 속에서 한국적 신학을 모색하는 움직임이 있었다. 유교와의 만남을 다룬 윤성범, 불교와의 만남을 모색한 변선환, 무교와의 만남을 추구하는 유동식, 그리고 한국의 문화적 유산 전체와의 만남을 의도한 김경재 등의 움직임이 그것이다. 여기서는 윤성범의 한국적 신학사상을 개관해 보기로 한다.

윤성범이 성(誠)의 신학으로서의 "한국적 신학"을 발표한 것은 〈기독교사상〉 1971년 3월호에서였다. 여기서는 "신론"(神論)만을 발표했다. 그러나 그 다음해에 그는 조직신학적 항목 전체에 걸쳐 다룬《한국적 신학-성(誠)의 해석학》을 간행했다. 동양사상에 의거하여 기독교 신학 전체를 해명한 것으로는 이 책이 처음이다. 이 점만으로도 이 책은 그 존재 가치가 크다. 전 7장으로 되어 있는《한국적 신학》의 내용 구성을 보면, 1. 성(誠)의 신학, 2. 신론, 3. 기독론, 4. 성령론, 5. 인간론, 6. 윤리론, 7. 문화론 등이다.

'한국적 신학' 에 대해 그는 이렇게 말한다.

---

2) 윤성범,《한국적 신학 - 성의 해석학》, 선명문화사, 1972.

> 한국적 신학은 한국적인 실존과 한국적인 정황, 다시 말하면 한국적인 문화적, 정신적, 전통에 서구적인 신학적 전통을 가미함으로써 우리의 전통이 다시금 살아나게 하는 것이 한국적 신학의 과제라 할 수 있다.

> 종래의 신학에서는 교의학과 기독교 윤리의 관계로 특징지어지겠으나, 한국적인 신학에서는 신학과 종교로 특징지어진다.

여기서 종교라 함은 유·불·선(儒佛仙)을 말하는 것이며, 그중에서도 그는 유교의 '성'(誠)을 한국적 종교의 대표 개념으로 채택한다. "한국적인 성(誠)의 개념은 서구신학에서 말하는 계시와 동등한 성격을 가지고 있다." 그리고 그 성(誠)의 구체적인 내용을 율곡(栗谷)의 사상과 충무공(忠武公)의 생활에서 찾는다고 한다. "성(誠)이란 글자를 풀이하면 '말이 이루어짐'을 뜻한다." 말하자면 성(誠)은 곧 성육신의 '로고스'에 해당하는 셈이다. 그러므로 그가 의도하는 한국적 신학이란 "계시라는 낯선 개념 대신에 성(誠)이라는 친근한 개념을 대치하여 신학적 제 문제를 해석해 나가려는 것이다." 따라서 윤성범이 말하는 '한국적'이라는 것은 다분히 한국적 용어로써 서구신학을 설명한다는 것을 뜻하게 된다. 전체적으로 보아 그의 신학의 윤곽은 칼 바르트의 신학이다. 결국 그의 한국적 신학의 윤곽은 바르트의 신학을 유교적인 개념을 써서 새로 번역한 것이 된다.

그의 성(誠)의 신학의 개요를 요약해 본다.

"하나님에 관한 가장 신학적으로 완벽된 표현은 '말'(Sprache)을 삼중적으로 이해하여 삼위일체론적으로 전개시킨 칼 바르트의 입장에서 찾아볼 수 있다." "즉 '쓰여진 하나님의 말씀', '계시된 하나님의 말씀', '전파된 하나님의 말씀'으로 구분한 것이다. 바르트의 말씀은 바로 하나님과 동격(同格)으로 하고 있으며, 따라서 바르트의 하나님은 삼위일체론적 신관이기 때문에 위의 말씀의 삼중성은 다시 아버지와 아들과 성령의 성품에 상호 관계되어 있다.

"바르트의 삼위일체론적인 신 개념은 알트하우스에 있어서는 형이상학적으로 표시되어, 하나님을 '원능력'(原能力, Ur-macht), '원정신'(原精神, Ur-geist), 그리고 '원의지'(原意志, Ur-will)로 가르고, 이 삼자 합일(三者合一)의 상태를 '원자아'(原自我, Ur-ich)라고 표현하였다. 율곡은 '성'이라는 형이상학적인 개념을 그 초월적인 상태에서부터 끌어내려 내재화시키는 데 성공하였다. 알트하우스의 Ur-will에는 '지'(志)로, Ur-geist에는 '이'(理)로, 그리고 Ur-macht에는 '기질'로 각각 대치시켜 놓은 것이다. 그리고 이 전체, 즉 삼자 합일의 상태를 '성'으로 표시하여 합일의 원리로 삼은 것이다. '성'은 바로 인간 실존의 규정 원리이며, 따라서 다음의 중요한 사실, 즉 초월과 내재의 긴장 관계를 중매하는 매개 계기가 되는 것이다." "성은 곧 하나님의 말씀이며, 참 말씀이며, 그리고 '말씀이 육신이 되심'을 표시한다. 유·불·선은 종교이지만 인간의 내적·정신적인 세 가지 모습이며, 사회 현상의 세 가지 형태이며, 특히 윤리적인 세 가지 규범이기도 하다." "율곡에 의하면, '기질'을 대표하는 유교, '이'(理)를 대표하는 불교, 그리고 '지'(志)를 대표하는 선도(仙道)가 모두 성(誠)에 의하여 규정을 받아야 된다는 것이다." "결론적으로 생각할 때 하나님은 곧 '성'(誠)이라고 해야 좋을 것이다."

그리하여 그는 성(誠)의 해석학으로서의 한국적 신학을 정리하였다. 그는 "기독교적-서구적 전통과 우리의 고유한 전통의 본질을 직관할 수 있는 현상학적 방법"을 통해 한국적 신학을 전개했다.

2. 성(誠)신학의 가능성 있다[1)]

김광식 교수[2)]

이 글은 특히 김의환 박사의 논쟁문 "성(誠)신학에 할 말 있다"[3)]를 읽고 도대체 우리가 무엇이 문젯거리가 되는지를 밝히기 위해서 쓴 것이다. 그렇기 때문에 윤성범 박사의 한국적 신학을 일방적으로 변호하려는 것이 아님을 밝혀둔다. 단지 토착화신학 그 자체를 부정하는 듯한 주장에 대해서 토착화신학의 가능성과 필요성을 역설하려는 것이다.

1) 성(誠)의 신학의 구상

윤성범 박사가 토착화론에 관심을 가진 것은 물론 1960년 대 초기부

1) 《윤성범 전집, 제2권 한국유교와 한국적 신학》, 334-346.

2) 김광식 박사는 협성대학교 총장을 역임하셨다.

3) 〈기독교사상〉, 17권 3호.

터라고 하겠으나 이것을 구체화할 생각을 가지게 된 것은 70년대에 들어와서 〈기독교사상〉, 14권 11호와 15권 3호에서 성의 신학을 시작한 데서부터 비롯된다. 필자도 윤 박사의 글에 대해서 비판적인 평을 가했으나[4] 그 때에는 아직 한국적 신학이 나오리라고는 생각지 못했다. 그렇다고 해서 필자가 그 당시 평한 것을 수정해야겠다는 뜻이 아니다. 단지 지금 이것을 쓰는 까닭은 토착화신학이 보다 더 많은 신학자들의 문제로 발견되기를 바라는 마음에서인 것이다.

우연하게도 감리교인인 윤성범 박사와 유동식 박사가 토착화론에 대해서 본격적인 연구서를 내놓게 되고 이것을 중심으로 한국의 신학계가 여러 방면에서 논쟁을 했다는 것이 매우 중요하다. 즉 감리교의 신학적 입장이 장로교보다는 토착화신학을 하는데 더 유리한 조건을 가지고 있는지도 모를 일이다. 물론 타교파의 신학자들도 토착화에 관심을 가지고 있겠지만 이렇다 할만한 저서를 내놓은 것이 없으니까 당분간은 그렇게 쉽게 생각할 수도 있을 것이다. 그러나 토착화신학은 결코 어느 한 교파의 점유물이 되어서는 안 된다.

잘 되었든지 잘못되었든지 적어도 한국인 신학자가 자기 신학을 써냈다는 것만으로도 대단히 큰 중요성을 가진다. 즉 한국인의 신학적인 사색이 단지 남의 것을 받아들이기만 하는 것이 아니라, 내 것으로 내어놓을 수 있다는데 좀 더 의미를 가질 수 있으면 좋겠다. 하여간 윤 박사의 한국적 신학은 이 방면에서 선구자적이라고 할 수 있다. 그렇기 때문에 그것은 반드시 어떤 모범이 될 수 있다는 것은 아니지만 후학들에게 용기를 줄 수는 있을 것이다.

성(誠)의 신학을 쓰겠다고 했다가 한국적 신학으로 바꾸어 그 문제로 성(誠)의 해석학이라고 한 까닭은 아마 윤 박사가 늘 되풀이해서 강

---

4) 〈기독교사상〉, 15권 6호, 111-113.

조하는 한국적인 멋을 더욱 부각시키기 위해서인 듯하다. 그러나 성(誠)의 해석학이라는 용어는 좀 더 깊이 생각하지 않으면 이해하기 곤란하다. 윤 박사는 이것을 번역하는 작업으로 생각한다. 그러나 그가 말하는 번역은 단순히 어떤 글자나 문장을 다른 말로 옮겨 놓는 것 이상의 뜻을 가지고 있다. 그런데도 윤 박사는 이 점에 대해서 명시적으로 설명하고 있지 않다. 그 까닭은 물론 필자도 모르지만, 필자가 추측하는 대로 그의 해석학의 기초를 분석한다면, 두 가지 점을 들 수 있을 것 같다. 다시 말하면 윤 박사가 본래 의도하고 있는 것은 결코 성(誠)이라는 단어를 성역화하자는 것이 아닌 듯하다. 그래서 우리가 그의 성(誠) 개념을 잘 살펴보면 하필 성(誠)자가 아니더라도 되지 않겠는가 하는 생각이 든다. 말하자면 그의 해석학의 두 기초는 그의 독특한 존재론과 변증법에 있다고 생각한다. 편의상 우리는 윤 박사의 존재론을 성(誠)의 존재론이라고 부르고 그의 변증법을 성(誠)의 변증법이라고 부르기로 하자.

성(誠)의 존재론은 신론에서 취급되고 있으나 성(誠)의 변증법인 기독론과 성령론에 나타나 있다. 그 외에 인간론, 문화론, 윤리론 등은 체계적 설명이라기보다는 여러 가지를 덧붙여 놓은 것 같다.

2) 성(誠)의 존재론

필자는 여기서 윤 박사의 신학을 대신해서 전개하려는 것이 아니라, 그의 해석학의 기초를 밝히려는 것뿐이다. 윤 박사는 성(誠)이란 말 대신에 쓸 수 있는 말을 불교의 '원음' 혹은 '일음'을 들고 있다. 또 이 성(誠)은 칼 야스퍼스의 '초월' 혹은 '포괄자'라고도 하고 슐라이어마허의 '직관' 혹은 '감정'과도 같다고 하며 노자의 '도'와 같다고 한다.

물론 이 밖에도 많은 유비를 들고 있다. 그러나 이러한 형이상학적 혹은 철학적 개념이 어떻게 해서 성(誠)과 같다고 하는지에 대해서는 잘 알 수 없다. 분명히 알 수 있는 것은 성(誠)이란 것은 우리가 흔히 성실이라고 쓰는 말과는 달리 어떤 형이상학적 존재를 지시해주고 있다는 점이다.

여기서 나타나는 사실은 윤 박사의 성(誠)이 단순히 유교의 형이상학에만 타당한 개념이 아니라, 모든 것의 근본이 되는 형이상학적인 어떤 것이라는 점이라 하겠다. 따라서 성(誠)은 서양철학에서 존재라고 부르는 개념과도 흡사하다. 그러므로 거의 성(誠)의 해석학은 성(誠)의 존재론을 전제하고 있다. 만일 윤 박사가 이러한 존재론을 개념화하여 설명해 줄 수만 있다면 그의 해석은 알기 쉬울 것 같다.

만일 윤 박사가 성(誠)의 존재론을 시인한다면 차라리 누구누구의 개념을 빌려올 것 없이 자신의 말로 나타냈더라면 더 창조적인 해석이 될 수 있을 것이다. 가령 성(誠)의 존재론이란 말이 마땅치 않다고 할지라도 성(誠)과 유비되는 여러 개념의 관계와 기능 및 차이점을 유기적으로 설명할 필요가 있을 것이다.

3) 성(誠)의 변증법

윤 박사는 이미 그의 로마서 7장 25절과 성령론이라는 논문에서부터 개념론과 실재론을 극복할 수 있는 변증법을 찾아보려고 애써 왔다. 특히 바르트 신학을 좋아하는 그는 변증법의 능력을 잘 알고 있다. 단지 그는 서양의 변증법에서 해결할 수 없는 것을 한국의 조화미를 가지고 설명하려고 한다. 그는 한 때 이것을 '멋'이라고 불렀으나 이제는 '성(誠)'이라고 부른다. 즉 관념적인 것과 실재적인 것을 극복할 수 있는 조화미인 성(誠)은 혹시 슐라이어마허에게서 배운 것인지 궁금하기도 하다. 어쨌든 윤 박사의 한국미는 단순한 미가 아니라 형이상학적이고 존재론적이기며 신학적이기도 하다. 그러므로 기독론에서도 유일신과 인격신이 변증법적으로 결합하여 성육신이 되고, 이것을 성(誠)의 변증법에 따라 성립된다고 생각된다.

성(誠)을 계시라고 할 때에는 두 가지 뜻을 가지고 있다. 하나는 예수 그리스도의 결합과 같이 기독론에서와 변증법적인 결합을 가능하게 하는 성이고, 다른 하나는 모세의 율법, 삼강오륜 혹은 유불선 3교를 기독교화 혹은 구원하는 성이다. 중(中)과 용(庸)의 결합으로서의 성(誠)이 예수 그리스도와 같다고 할 때, 만일 성의 변증법을 모른다면 당황할 수밖에 없다. 그런데 윤 박사는 이러한 변증법을 방법적으로 미리 제시하지 않고 서술하기 때문에 읽는 사람이 어리둥절할 수밖에 없다.

물론 필자 자신은 이러한 종류의 변증법이 옳다든가 그르다는 것을 말하려는 것이 아니라 단지 한국적 신학의 변증법이 무엇인지를 알려주려는 것뿐이다. 단지 아쉬운 점은 성의 변증법을 주체화하여 방법론으로 부각시켰더라면 더욱 더 좋을 것 같다.

다음으로 성(誠)이 모든 것을 구원하는 교수의 원리도 되어 있다는 것을 지적하지 않을 수 없다. 윤 박사는 이것을 성령에다 유비하였다. 따라서 그의 성령론은 성이 가지고 있는 제2의 계시적 기능, 즉 구원하는 원리가 된다. 성령의 삼대기능을 지(知), 인(仁), 용(勇)이라 하는 것도 바로 이와 같은 변증법적인 성의 개념에서 생겨난 것이라고 볼 수 있다.

성(誠)의 변증법은 관념론적인 것과 실재론적인 것의 결합뿐만 아니라 그 결합의 결과로 나타나는 조화의 미, 즉 그 원을 마련해주는 논리적인 근거가 된다. 물론 이러한 변증법은 서양의 것이지만, 윤 박사는 한국미에서 찾은 조화적 성격을 강조하고 있는 점이 독특하다. 그것이 독특하다는 것은 이러한 변증법이 가지고 있는 논리적인 불가능성을 능히 극복할 수 있다는 뜻이 아니다. 본래 서양에서 말하는 관념론과 실제론의 변증법적 대립을 조화미를 가지고 극복할 수 있는가 하는 문제는 아직 논란의 여지가 남아 있다. 엄밀한 의미에서 따지자면 동양사상에서는 관념론과 실재론의 대립과 같은 문제조차 없고 천지간의 조화만이 문제되고 있는 것이다.

4) 한국적 신학의 비판

무릇 저자와 독자 사이의 이해 차이는 이미 예전부터 많은 사람들이 지적해왔던 것이지만, 한국적 신학의 저자와 독자 사이의 불통 관계는 일방적인 비판으로만 나타나고 있다. 적어도 저자가 자기 사상을 정리해서 내놓기까지는 오랫동안 깊이 생각한 후에야 비로소 저서가 나오게 되는 것이다. 그런데 독자는 몇 시간 동안 읽은 후, 독후감 정도의 비판을 하면서 만족하기 쉽다.

특히 윤 박사의 한국적 신학은 저자 자신도 난해하다는 것을 인정하고 있거니와, 그것이 어려운 까닭은 무엇보다도 그의 해석학적 기초가 되는 성의 존재론과 변증법을 명시적으로 성찰하지 않은 데 있는 것이지, 결코 한자가 많고 외국 사상 및 외국어가 많이 있어서 어려운 것은 아니라 하겠다.

한국적 신학에 대해서 이종성 박사와 김의환 박사가 비록 부정적이기는 하나, 신학자로서 어떤 비판을 가했다는 것은 매우 환영할 만한 일이다. 즉 그 신학이 새로운 토착화의 논의를 일으키게 된 것이라는 점에서 의미가 있다. 그러나 이종성 박사의 비판은 토착화 신학 자체를 부정하려는 것 같지 않고, 다만 윤 박사의 혼합주의와 단군론, 성(誠)의 형이상학적 전제를 비판한 것이지만,[5] 김의환 박사는 토착화신학의 위험성을 더 많이 강조하고 있다. 이 두 비판가는 모두 한국적 신학에 대해서 비관적인 견해를 표시한다. 그 비관주의의 근거가 무엇인지 명백하게 설명하지 않지만, 양자의 공통된 우려는 윤 박사의 혼합주의에 있는 것 같다.

성(誠)의 신학자가 혼합주의를 들고 나온 이유와 비판가들이 그것을 반대하는 이유를 비교해 보면 문제를 더 잘 알 수 있다. 성의 신학자는 스스로 겸손하려는 탓인지 모르겠으나, 니버의 토착화 삼(三) 단계 중 제일 단계의 혼합주의를 표방하고 이를 신학적 방법으로 채용하고 있다. 그러나 혼합주의를 방법론으로 삼을 수 있는 것인지는 논의의 여지가 있다. 혼합주의는 어떤 현상을 분석하고서 붙여 줄 수 있는 말은 될 수 있어도 방법론으로 사용된다는 것은 이해하기 힘들다. 그래서 필자는 이렇게 제의하고 싶다. 신학적 방법은 성(誠)의 변증법으로 삼고, 혼합주의는 그 신학의 성격을 표시하는 말로 쓰면 좋을 것 같다. 사실에 있어서 성(誠)의 해석학은 논리적으로 충분한 검토를 하지 않고, 체계적으로 완전히 성찰하지 않았기 때문에 마치 커다란 성의 자루 속에 세상에 있는 모든 철학, 종교 및 신학을 망라하여 집어넣은 것 같이 보인다. 그러나 그 자루 속에 있는 것은 무엇이나 성이라는 상표가 붙어 있기는 하나, 그것이 왜 성이라는 이유를 가져야 하는지 불분명한 것이라 하겠다.

다음으로 비판가들이 문제 삼고 있는 혼합주의는 부정적인 의미를 가지고 있다. 이 박사는 성(誠)의 신학자가 혼합주의를 통해서 신과 성을 혼동하고 그리스도와 성을 혼동하는 등 양자의 구별을 없애 버렸다고 한다. 마찬가지로 김의환 교수는 종교와 문화의 혼합을 지적하고 있

5) 〈기독교사상〉, 17권 2호에 다시 실은 〈복된 말씀〉 1972년 12호의 글.

는데, 경우에 따라서는 토착화신학의 가능성과 필요성을 부인하는 것 같은 주장을 하고 있다. 따라서 우리의 논의는 토착화 신학의 가능성과 필요성을 주장하는 데 집중시켜야 한다.

5) 토착화신학의 가능성들

제일 먼저 토착화신학이 무엇을 뜻하느냐는 질문을 제기한다면, 우선 이 문제에 대해서 많은 사람들이 얼마나 다른 생각을 하고 있는지를 쉽게 알 수 있다. 즉 한 마디로 토착화신학의 정의부터 확정하지 않고 이 논의에 들어간다는 것은 대단히 어려운 일이다.

토착화신학은 여러 가지 관점에서 각각 다른 것을 뜻한다. 첫째로 윤 박사의 소위 신학적 토착화를 들 수 있다. 이것은 서양신학이 사용하고 있는 용어와 사상이 낯설기 때문에 한국적으로 번역해야겠다는 것이다. 즉 서양신학을 무조건 거절하는 것이 아니라, 서양적인 형태로 전해진 기독교의 진리를 동양적으로 특히 혼합주의적으로 알려 주자는 것이다. 따라서 윤 박사는 서양신학 중에서도 바르트의 《교의학》을 모범으로 삼아 이것을 한국적으로 설명하려고 한다. 다시 말하면 윤 박사는 은연중에 이미 바르트 신학은 기독교의 진리와 동일한 것처럼 전제하고 있다. 그렇기 때문에 윤 박사의 신학적 토착화는 아무래도 바르트 신학의 한국화의 범위를 넘어갈 수 없다. 물론 이 한국화가 잘 되었느냐, 잘못 되었느냐는 별개의 문제이다.

실제로는 김의환 박사의 소위 성서적 토착화를 들 수 있다. 아직 어떤 구체안을 제시하고 있지 않기 때문에 확실한 것을 알 수 없다. 그러나 그의 논쟁문에 나타난 것을 읽어 보면, "한국적 문화를 기독교적 진리의 심판 아래 두어서 진리가 한국문화의 기저 선까지 뚫고 들어가 마침내 기독교化된 새로운 문화 수립을 꾀함이 지당할 것이다"라고 주장한다. 여기서도 윤 박사의 경우처럼 기독교적 진리에 대해서 말하고 있다. 그런데 이 진리는 서양의 어느 신학과 동일시되는 것 같지 않고, 복음 진리, 절대불변의 동일성을 가진 진리라고 하여 마치 복음이 어떤 절대 이념처럼 취급되고 있다. 그래서 여기서는 토착화가 곧 복음화라고도 한다. 그러나 이 복음 진리가 무엇인지는 분명하지 않다. 그러면서도 복음 전도의 필요성과 복음적 개혁을 주장한다. 혹시 "성서가 곧 복음이다"라는 뜻에서 성서적 토착화를 말한다면, 그 성서의 이해가 무엇이냐도 함께 다루어져야 될 것 같다. 단지 김 교수는 동양의 낙관적 인간관 혹은 성선설에 입각한 자율주의와 정반대되는 기독교적 사상을 말하고 있을 뿐이다.

마지막으로 필자는 복음의 토착화를 주장하고자 한다. 물론 이 말은 다른 사람들도 그대로 사용할 수 있다. 그러나 좀 더 분명하게 표현한다면 복음의 한국적 이해라고 할 수 있다. 여기서 복음이라고 하는 것은 결코 어느 신학과 동일한 내용도 아니고 교리와 동일시하는 것도 아니며, 막연히 성서가 복음이라는 것이 아니라, 오히려 순수한 복음이 따로 있고, 그 영원불변의 진리가 한국적 상황에서 토착화된다는 뜻이 아니라, 복음은 사람됨의 자기 이해에서 구체화되는 것이라고 할 수 있다. 그렇기 때문에 복음은 신학과 교리와 성서와 동일시되는 어떤 주의, 주장이 아니라 참 사람이 되게 하는 하나님의 구원에 대한 소식을 의미한다. 여기서는 서양문화에서 생긴 비판적 인간관도 그대로 용납될 수 없고, 동양적인 낙관적 성선설도 수정되어야 한다.

물론 토착화 신학의 가능성은 그 밖에도 더 있을 수 있겠으나, 진정한 토착화신학이 되려면 복음이 무엇이냐를 묻는 것이어야 할 것이다. 그렇지 않다면, 항상 복음은 이미 정해진 어떤 사물처럼 취급될 것이고, 그것은 상품이나 구제품과 같은 기능은 할 수 있을지 몰라도 참된 구원의 소식이 되기 어려울 것이다. 그러므로 토착화신학의 과제는 서양신학을 선전하거나 서양문화와 밀접히 관련되어 있는 교리를 강제로 외우게 하는데 있지 않다. 단지 신적인 구원을 전하는 데에만 토착화신학의 존재 의미가 있다.

6) 토착화신학의 중요성

실제에 있어 토착화신학이 꼭 필요한가 하는 질문을 할 수 있다. 왜냐하면 토착화신학이 없었던 때에도 교회는 있었고 예수 믿는 데 불편이 없었다고 할만도 하다. 오히려 토착화신학이라는 것이 나타나서 신앙상 더 번거롭다고 할 수도 있을 것이다. 차라리 계시라고 하면 그런대로 이해할 것을 성(誠)으로 바꾸어 어리둥절하게 만드느냐고 할 수 있다.

그런데 문제는 우리가 어떠한 토착화신학을 하느냐에 달린 것이다. 우리의 이해를 벗어나는 고전을 인용하는 것이 토착화가 아니라는 것은 누구나 다 잘 알고 있다. 단지 지나간 지식들을 나열해 놓은 것이 신학의 과제일 수도 없다. 오히려 토착화신학의 필요성은 설교의 현실로부터 오는 것이다.

토착화신학이 해석학적이라고 하는 것은 결코 난해한 신학용어나 교리의 종목을 풀어준다는 뜻이 아니고, 수수께끼 같은 성령의 뜻을 그럴듯하게 맞추는 것도 아니다. 도리어 토착화신학의 해석학적 과제는 설교를 어떻게 할 것이냐는 문제를 포함하고 있다. 따라서 신학을 설교와 분리시켜서 생각할 수 없는 것이다.

설교에서 생기는 문제, 즉 우리가 성경을 어떻게 해석할 것인가라는 문제가 토착화신학의 중요한 관심이라야 할 것이다. 그러므로 오늘

날까지 행하여 오던 우리의 설교를 비판, 분석할 필요도 있는 것이고, 또 우리의 신앙적 현실을 연구할 필요도 있는 것이다. 만일 토착화신학이 설교와 동떨어진 학문이라면 아무데도 소용 없을 것이다. 이러한 뜻에서 토착화신학은 신의 구원을 문제 삼는 신학이다. 그런데 이 신의 구원은 성서를 통해서 증거되기 때문에, 그 성서를 해석하지 않으면 안 되는 것이다.

불트만의 경우는 시간의 해석학적 차이만을 문제 삼았기 때문에 우리한테는 적합하지 못한 실존주의적 해석이 생긴 것이다. 공간의 해석학적 차이가 고려된다면 어쩔 수 없이 토착화 신학이 꼭 필요하다는 결론에 도달하게 된다.

우리는 성서 안에서조차도 복음에 대한 이해가 상이하다는 것을 알고 있다. 뿐만 아니라, 기독교의 중심이 아람어를 사용하는 문화권 안에 있을 때와 헬레니즘적 배경을 가진 지역에서 신학이 어떻게 발전하였는가도 알 수 있다. 더 나가서 동방교회와 서방교회, 그리고 라틴적 기독교와 게르만적 기독교가 각각 어떻게 그들의 신학을 형성했는지도 알고 있다. 하물며 서양의 기독교가 동양의 기독교로 되면서 그 신학이 그대로 있어야 한다고는 할 수 없을 것이다.

그러므로 한국에 있어서 토착화신학은 꼭 필요한 것이다. 이것은 남들이 그렇게 하니까 우리도 하자는 말이 아니라, 우리가 꼭 해야겠는데 남들이 어떻게 했는지를 배우는 뜻에서이다. 그러나 토착화신학은 한 두 사람이 하루 이틀에 이루어 놓을 수 있는 것이 아니다. 그것은 본질적으로 한국교회의 자기 발견과 관련되어 있는 것이다.

한국교회의 자기 발견이란 지나간 역사를 연구한다는 뜻이거나 현재의 교회적 상황을 분석하는 것이 아니라, 한국교회가 하나의 독자적인 의미를 가진 교회로 되는 것을 뜻한다. 언제나 미국 선교부의 도움을 받고 서양신학을 논하며, 알 수 없는 교리를 앵무새처럼 외는 교인을 놀리는 것을 그만 두고, 제 정신이 들어 있는 교회가 된다는 뜻이다. 이와 같은 교회의 설교를 다루는 것이 바로 토착화신학이 될 것이다. 따라서 교회의 설교적 상황을 고려하지 않는 토착화신학은 아무 쓸데 없는 신학 유희에 불과할 것이다. 그러나 여기서 남는 문제는 토착화신학이 어떻게 성서를 설교적 상황에 대하여 적용하여 해석하게 할 수 있는가 하는 것이 될 것이다.

7) 토착화 신학과 설교적 상황

한국교회의 설교적 상황을 연구한다는 것은 사실에 있어서 토착화 신학을 수행한다는 말과 마찬가지 뜻을 가지고 있다. 그러나 아직도 이 방면에 대한 연구가 나와 있지 않다. 우리의 설교적 상황에 대한 성찰이 별로 없었다는 것은 신학과 설교가 분리되어 있다는 것을 말한다.

흔히 많은 설교가들이 말하기를 신학은 필요 없고 하나님의 말씀만을 증거해야 한다고 주장한다. 여기서 말하는 신학은 주로 현대신학을 두고 하는 말이다. 이러한 뜻에서 신학이 필요 없다는 것을 한 편에서는 긍정하기 어렵다. 즉 그 신학이 우리의 설교적 상황을 고려하고 있지 않기 때문에 설교에 아무런 도움이 되지 않는다는 뜻에서는 긍정할 만하다. 그러나 비록 서구신학이 우리의 설교적 상황을 문제 삼고 있지 않을지라도, 그것은 이미 서양의 설교적 상황을 문제 삼고 있는 것이다. 그렇기 때문에 그것은 그냥 말만을 위해서 있는 신학이 아니다. 즉 서양신학은 서양인들에게 어떻게 의미가 있느냐는 것을 우리가 배움으로써 우리 설교적 상황을 위해서도 배울 점이 있다.

그런데 혹시 서구신학을 배우지 않고도 설교는 할 수 있지 않은가? 하고 물을 수 있다. 더구나 서양의 현대신학이 직접적으로 우리의 설교에 도움이 되지 못하는 것도 사실이다. 그러나 우리의 설교적 상황을 살펴보면 대체로 세 가지 가능성이 있는 것 같이 보인다. 첫째로는 소위 근본주의적 신학에 입각하여 하는 설교가 있다. 대부분의 설교자나 신도들은 이미 이 근본주의 신학을 거의 자명한 진리로 전제하고 있는 것 같다. 그러나 이것도 서양적 신학이며, 우리의 설교적 상황을 고려해서 형성된 신학이기보다는 거의 강압적으로 강요당하는 처지에 놓인 신도들을 세뇌시키는 신학이다. 그렇기 때문에 지식으로서의 신앙은 가능하게 만들지만, 인격 변화나 삶의 위임이라는 뜻에서의 신앙은 약화되기 쉽다. 즉 생활과 신앙의 일치가 강조되지 못한다.

다음으로는 부흥회식 설교 특히 체험이나 감정을 강조하는 설교가 있다. 여기서는 지식보다는 변화를 강조하고 있으나 근본에 있어서는 신비적 체험이 강조되고 있는 것이지 인격의 변화를 강조하지는 못한다. 여기서 나타나는 위험성은 기독교가 미신화 될 수 있는 가능성이다. 단순한 가능성만이 아니고 현실성이기도 하다. 어느 면에서 토착적이기도 하다. 이 점은 김의환 박사도 지적하고 있다. "오늘날 많은 부흥사와 열심 있는 신자들이 그리스도의 이름으로 무당굿을 하면서 복음적 생활로 오인하고 있는 실정임을 부인할 수 없다. 이런 그릇된 토착화는 비토착화시켜 복음적인 개혁을 하여야만 할 것이다." 이러한 설교는 사이비 토착화라고 할 수 있다. 마지막으로 서구의 현대신학을 중심으로 행해지는 설교도 있다. 굉장히 어려운 신학적인 용어와 사상을 나열하여 듣는 사람에게는 외국어로 밖에는 들리지 않는 경우가 허다하다.

물론 이 세 가지 외에도 다 분류할 수 있겠으나 모든 것에 공통된 것은 지식이나 체험을 강조하면서도 생활은 강조되지 못한다는 것이다. 따라서 참된 설교는 신앙과 생활을 동시에 강조하는 것이어야 할 것이다. 또한 토착화신학의 과제도 신앙과 생활을 일치를 주장하는데 있을 것이다. 근본주의도, 부흥회주의도, 현대주의도 모두 복음을 바르게 전하는데 기여하기도 하나, 더 많은 문제가 있다. 진정한 토착화 신학은 이러한 문제를 극복하는 신학이 되어야 할 것이다.

8) 맺는 말

윤 박사의 한국적 신학은 토착화 신학의 선구자적 위치를 차지한다. 그러나 그 안에 더 많은 문제가 밝혀져 있다. 어떤 해답을 주기 보다는 문젯거리가 무엇인지를 알려 주는 것이다. 그렇기 때문에 많은 비판을 받게 된다. 그렇지만 토착화 신학 자체의 가능성이나 필요성을 부인할 수는 없는 것이다.

토착화 신학이 서양신학이나 동양의 형이상학을 기본으로 삼을 것이 아니라 신의 구원을 오늘날 우리의 설교적 상황에 어떻게 전할 것이냐를 문제 삼아야 할 것이다. 이제까지의 모든 설교도 이것을 다루었겠으나, 거기에는 많은 문제점들이 있다. 특히 지식과 체험위주의 신학이 지배적이다. 그래서 토착화 신학을 신앙과 생활의 일치를 강조하지 않으면 신의 구원을 바르게 전달할 수 없을 것이다. 그러므로 토착화 신학은 하루 속히 이루어지지 않으면 안 될 과제이다.[6]

---

6) 김광식 박사님의 글은 기독교 사상 1973년 4월 호에 나온다. 그리고 윤성범 전집 제2권 334-346에 걸쳐 나온다. 원하시는 분은 전집에 나온 것을 읽으시면 많은 도움을 받으리라 생각한다. 저희가 홍제동에 살 때, 독일에서 유명한 신학자들이 많이 방문하였다. 그러면 우리 집에서 간단히 차를 대접하였고, 아버님 서재에서 대화를 나누셨다. 그 때마다 김광식 박사님이 오셔서 통역해 주셨고, 아버님도 독일어 회화를 할 수 있었지만 그 때에 김광식 박사님의 독일어 실력이 뛰어나다는 것을 보았다. 후릿츠 부리 교수, 몰트만 교수 등 지금 생각하면 아주 저명하신 분들이 저의 집을 방문하였는데 나는 몰라보고 찻잔만 날라주곤 했다. 나도 독일어를 잘 하였다면 그 분들과 대화를 하였을 텐데 아쉽다. 아버님이 아주 아끼셨던 제자, 김광식 박사님이 귀한 글을 남겨주셔서 깊이 감사드린다(편집자 주).

3. 한국 민화에 담긴 종교 미(美)와 성(誠)의 해석학[1]

박종천 박사[2]

해천이 1972년에 자신의 대표작을 출간할 때 책의 겉표지에 실은 그림은 경기도 화성군에 있는 용주사의 벽화다. 이 그림은 18세기 말엽의 민화로서 호랑이, 토끼 그리고 까치를 그린 것이다. 조선조 말기에 나타나는 이러한 민화의 특징은 해체되어가는 신분제 사회의 위선을 풍자하는 것이다. 물론 한국문화에서 호랑이의 상징은 맹수들의 왕자로서 질병과 액운을 쫓아내는 신령한 존재였다. 그리고 까치는 본래 좋은 소식을 전해주는 길조를 알려져 있다. 그러나 토끼의 상징은 민담이나 판소리 '별주부전' 에서 보듯이 작고 약은 듯하나 제 꾀에 빠지는 존재다. 민화 연구자들에 의하면 위엄에 찬 모습과는 거리가 먼 멍청한 호랑이가 토끼들의 봉사에 기대어 살아가는 모습을 까치가 재미있다는 듯이 보고 있는 민화는 조선말기 민중의 풍자적 해학을 담고 있다. 이러한 일

1) 윤성범 박사 25주년 추모 기념, 제23회 양주삼 학술강연회, 3-7.

2) 박종천 박사는 감신대 총장을 역임하셨다.

반적인 해석과 상당히 큰 거리를 보여주는 해석이 해천이 30여 년 전에 시도한 것이다. 내용의 중요성으로 인해 해천의 글의 전문을 실어본다.

> 우리는 민화로서 종교성을 띤 그림으로 경기도 화성군 내에 있는 용주사 벽화를 잊을 수 없다. 이 그림이 지니고 있는 의미는 지극히 중요하다. 호랑이가 웃으며 담배를 피우는 광경인데 이 호랑이 앞에는 토끼 두 마리가 천진난만하게 긴 담뱃대를 쥐고 있다. 이러한 민화가 지닌 의미가 얼마나 한국인의 본성을 드러내고 있는가를 알 수 있다. 호랑이는 아마도 군자를 뜻하는 것이 좋을 상 싶다. 호랑이가 웃는다는 것은 종교적으로 마음의 평안을 표현한 것으로 보아야 하고, 담배와 토끼는 평화를 상징하고 소나무 가지에 앉아있는 까치는 하늘의 복된 소식을 들려주는 듯하다. 하느님의 은혜와 평화를 상징하는 그림임에 틀림없다. 이것은 칼 바르트의 교의학에서 인용된 인간의 특이성이 웃는 것과 담배피우는 것, 즉 은혜와 평화를 찾아낸 것은 큰 공헌이 아닐 수 없다 하겠다. 이것은 한국인이 발견한 것 중에서 최대의 것이며 동시에 모든 인류가 희구하는 보편적인 진리인 것이다. 이것을 유교에서는 극기복례(克己復禮)라고 한다. 자기의 정욕을 이김으로 마음의 평안을 누리게 되고 이로 인해서 인간본연의 성품으로 돌아가게 되니까 평화가 이룩되지 않을 수 없는 것이다.[3]

해천의 자신의 책의 표지화에 대한 설명에서 민화가 지시하는 하늘로부터 오는 은혜와 평화를 시편 85편 10-11절과 갈라디아 1장 3절에 근거하여 설명하였다. 특히 시편의 말씀은 해천의 성의 해석학과 직결될 만큼 중요한 것이다.

---

3) 윤성범, 《한국적 신학》, 194-195.

사랑과 성실(誠實)이 만나고
정의와 평화가 입을 맞춘다.
성실(誠實)이 땅에서 돋아나고
정의가 하늘에서 굽어본다(시 85:10-11).

위 본문에서 히브리어 '에메트'가 한글로 "성실, 진실, 그리고 진리"로 번역된다는 것, 그리고 에메트를 70인 역에서 그리스어로 믿음, 정의만이 아니라 진리로도 번역된다는 것을 참고하면 해천의 성의 해석학에 내포된 학문적 난제가 얼마나 중요한 것인지 드러난다. 해천도 이러한 학문적 '아포리아'[4]를 알고 있었다. 자신의 성(誠)의 해석학에 대한 신정통주의 신학자 이종성의 비판에 대한 응답에서 한국 토착화신학의 과제로서의 성의 해석학의 문제를 부연 설명했다. 해천에 의하면 성의 해석학에 있어서도 "해석학의 맨 처음 공작은 말의 어원을 밝히는 작업이다"[5]라고 밝힌 바 있다.

해천의 해석학적 입장에 의하면 성서 언어인 '에매트와 알레세이아'만이 아니라 그것의 번역어인 성(誠)은 모두 예수 그리스도의 계시를 표현해 주는 언어적 매개이다. 해천의 말로 그것들은 모두 그리스도 복음의 씨앗의 토양이다. 다만 토양의 성격이 문화마다 다를 뿐이다. 히브리 문화나 그리스 문화에서 싹을 틔우고 꽃을 피우고 열매를 맺었던 복음의 역사는 이제 동아시아 문화라는 새로운 토양에서 복음의 새로운 싹과 꽃 그리고 열매를 이루게 될 것이다. 이것이야말로 복음의 토착화의 참된 의미이다.

---

4) aporia: 해결하기 어려운 문제, 즉 난제를 의미한다. 원래는 '막다른 골목' 정도의 뜻으로 쓰이는 말이다.

5) 《윤성범 전집: 제2권》, 314.

왜 하필이면 성(誠)의 신학인가? 앞에서 지적했듯이 우리말을 분석하는 것은 해석학이 무엇보다도 먼저 해야 할 작업인 것이다. 이것은 복음을 우리의 언어라는 토양에다가 올바로 받아드리기 위한 첫 번 작업이기 때문이다.[6]

물론 해천은 자신의 해석학을 다듬어 갔던 과정에서 많이 참고했던 칼 바르트와 마르틴 하이데거의 사상을 가지고 유교와 한국사상과의 대화를 시도했다는 점을 잊어서는 안 될 것이다. 해천의 토착화신학을 비판하는 사람들은 해천이 바르트의 하나님의 말씀의 신학을 곡해했으며, 더 나아가 그리스도의 복음 자체를 유교 전통과 혼합함으로 왜곡했다고 본다. 그러나 해천은 결코 보수적인 바르트주의자가 아니었다. 해천은 바르트만이 아니라 하이데거의 철학적 해석학을 자유자재(自由自在)로 인용할 만큼 열려 있는 신학자였다. 해천 신학의 난해성은 바르트의 신학과 하이데거의 철학이 유교와 한국사상과 혼재됨에 연유한다. 특히 성(誠)을 기독교 신학적으로 해석할 때, 그 난해성의 정도는 최고조에 달한다.

무엇보다도 먼저 성의 해석학은 웨슬리안의 실천적 신학의 관점에서 거듭나야 한다. 해천 신학의 여러 곳에서 부분적으로 웨슬리 신학의 유산을 찾아 볼 수 있으나, 여러 차례 신학논쟁을 거치면서 해천 신학은 사변적이고 난해한 논쟁적 신학으로 비쳐지기도 하였다. 성의 해석학은 한반도와 동아시아 그리고 전 세계에서 조화, 화해, 상생의 신학으로 정립되어야 한다. 첫째, 조화는 유교의 주역적 세계관을 반영하는 것으로 천지인의 조화라고 할 수 있다. 이것은 인간 우호적 조화를 가리킨다. 둘째, 화해는 기독교의 성서적 세계관의 핵심인데, 예수 그리스도 안에서 하느님과 세계가 화해함을 말한다. 이는 신인적 화해다. 셋째,

5) 《윤성범 전집: 제2권》, 315.

상생은 유교적 기독교, 또는 기독교적 유교가 민중적 세계관 속에서 창조적으로 융합한 것으로 신인우주적 상생(theoantropological cosmic inter-living)을 지향한다.[6]

6) 감리교신학대학 안에서 토착화연구센터를 이끌어 가시면서 아버님의 추모일마다 모여서 아버님의 생애와 신학을 기억해주신 박종천 교수님께 이 지면을 빌어 감사를 드린다. 가족이 하지도 못하는 것을 제자로서 계속 토착화연구에 사랑을 보여주신 것도 감사드린다(편집자 주).

4. 해천 윤성범의 겸비의 신학

김진두 박사*

나는 감신 다닐 때에 처음으로 해천 선생님의 방에 들어가서 신선한 충격을 받았다. 다른 아닌 그의 책상 끝에 놓인 그의 이름패를 보았다. 그 이름패에는 '목사 윤성범' 이라고 쓰여 있었다. 나는 속으로 '신학박사 윤성범' 혹은 '교수 윤성범' 또는 '대학원장 윤성범' 이라고 해도 얼마든지 괜찮은데 왜 목사라고 했을까? 더구나 목회도 하지 않는데 왜 목사라고 했을까 의문이 났다.

선생님은 전화를 받으시며 "네 윤 목사입니다" 라고 대답하시는 것이었다. 나는 깨달았다. 해천 선생님은 신학교에 계시면서도 목사로 사셨으며, 자신을 목사라고 소개하고 남들이 목사라고 불러주기를 바라는 분이라는 사실을 알았다. 그리고 이것은 선생님의 겸손이라고 생각했다. 그 후 나는 여러 교회에 가서 담임목사 방에서 책상 끝에 놓인 자개 명패에 '목회학박사 ○○○' 라고 쓰여진 것을 볼 때마다 목사 윤성범의

*김진두 박사(감리교신학대학교 총장).

명패가 생각난다. 언제가 강의 시간에 선생님은 "박사, 교수, 학장, 감독 총회장, 이사장이 중요한 것이 아니라 목사가 가장 중요한 직임이다. 교인들을 잘 먹이고 돌보는 목사가 가장 복된 것이다"라고 말씀하셨다.

해천 선생은 작은 몸에 가늘고 약해 보이셨다. 언젠가 길을 지나는데 사람들이 선생님을 보고서 "저기 일본 사꾸라 지나간다"고 했다고 한다. 그 분은 큰 목소리를 내지 않으셨다. 누구를 압도하는 모습이 전혀 아니었다. 늘 빙그레 웃으시는 모습이었다.

선생님은 목회를 많이 안 하셨다. 그러나 학교와 교회에서 늘 설교를 많이 하셨다. 그리고 바르트처럼 신학교에서도 목사의 소명감을 품으시고 목사의 마음으로 목사의 모습으로 사셨다. 나는 나의 강화도 교인들이 윤성범 전도사가 첫 목회를 나와서 여러 교회를 맡아서 논에 빠지고 갯벌을 지나서 순회 설교하러 다니시며 고생하신 이야기 하는 것을 들었다. 그러면서 나의 고향 교인들은 젊은 전도사였지만 매우 친절하고 겸손하고 따듯한 목회자였다고 추억하였다.

해천 선생님은 기독론을 가르칠 때에 그리스도의 자기 비하를 힘주어 말하면서 하느님에 의한 그리스도의 고양되심을 말씀하셨다. 그리고 신학자의 겸손과 목회자의 겸손을 자주 강조하였다. 오늘날 한국의 목회자들 중에는 겸손의 미덕을 상실하고서 한없이 자기를 자랑하고 교만한 모습을 보이고 있을 때, 특히나 대형교회를 이루기 위해 많은 수고를 하신 목회자들이 교만한 모습으로 변하는 것을 볼 때에 해천 선생님 같은 겸비의 종이 생각난다. 해천의 겸비의 신학이야말로 한국의 목회자의 표상이 되어야겠다. 그리고 신학교 교수들도 목사 윤성범의 겸손한 모습을 따르는 것이 최선이라고 생각한다.

해천 선생님은 매일 유머를 말하셨다. 늘 웃으시고 유머를 즐기셨다. 그리고 바르트는 인간이 동물과 다른 보람은 웃는 것과 담배 피우는 것이라고 말했다면서 바르트는 곰방담뱃대를 즐겨 했는데 내가 그건 실천 못해도 웃는 것은 얼마든지 실천한다고 말했다. 그는 신학은 어디까지나 감사와 기쁨으로 하는 학문이지 우울한 학문이 아니라고 하면서 바르트도 천당에 가면 제일 먼저 모차르트를 만나고 싶다고! 그 다음에 어거스틴, 토마스, 루터, 칼빈을 만날 것이라고 했다면서, 신학은 감사요 기쁨이요, 영광이요, 찬송이요, 하나님 자신과 모든 피조물에 대한 영원한 예(ja)요, 아멘이라는 점을 역설하였다.

나는 언젠가 선생님의 홍제동 집을 딱 한 번 방문한 적이 있는데, 방문한 나에게 아주 맛 좋은 딸기주(酒)를 성찬식 잔만한 조그만 잔에다 꼭 한 잔씩 맛을 보여주셨다. 우리들이 딱 한 잔만 더 달라고 하니 선생님은 "한 잔 더하면 교리장정에 걸린다"고 딱 잘라 거절하셨다. 그리고 딸만 다섯을 나신 분이시라 사람들이 아들이 없어 불행하겠다고 말하면 "딸은 군대 안 가서 좋지"라고 되받아치셨다. 그리고 아들 못 낳고 딸만 낳아 아들 원하는 사람들은 "다 나에게로 오라 내가 아들 낳는 법을 가르쳐주겠다"고 하셨다. 해천 선생님은 운동을 즐기셨다. 그 분은 강의실에서 자신이 매일 냉온탕을 하는데 건강에 아주 좋다고 자랑하면서 빡빡머리를 쓰다듬으면서 이 빡빡머리가 냉온탕 할 때 아주 편리하다고 하셨다. 선생님은 탁구와 테니스를 즐기셨는데 이런 운동을 하시는 중에도 유머를 연발하시었다.

유머는 현대목회에 필수품이다. 선생님은 유머는 하느님의 은사요, 축복이라고 하셨다. 유머 없이는 신학도 목회도 도무지 잘 할 수 없다는 것을 선생님은 본보기로 보여 주셨다. 오늘날 목회는 참으로 힘들고 고단한 일이다. 때로 감당하기 어려운 스트레스가 쌓이는 일이 목회이다. 그러나 유머가 많은 목사는 모든 스트레스를 이기고 병에도 안 걸리고 목회도 잘할 것이다. 반면에 유머가 없는 목사는 스트레스에 못 이겨 결국에는 실패와 고통을 당하기 쉽다. 유머 없는 목사는 고혈압, 당뇨, 심장병 암 등 각종 성인병에 걸리기 쉽고 일찍 죽기 쉽다.

유머는 성령의 은사이다. 유머는 목회에 쉼과 여유와 화목을 가져다준다. 우리들의 신학과 목회에 이 은사가 꼭 필요하다. 성령이 충만한 목사는 유머가 많다. 은혜 받은 목사는 늘 유머로 목회가 잘되고 설교도 잘하고 그 교회가 부흥한다. 해천의 신학은 유머의 신학이다. 선생의 유머는 감사, 기쁨, 겸손, 온유, 사랑, 인내, 절제, 자유, 평화, 행복을 낳는 성령 안에서 사는 은혜의 생활이다.

해천 윤성범 목사님는 우리 감신-감리교회-한국교회에 하느님이 내려주신 위대한 목자요, 스승이요, 예언자요, 성자이시다. 그 분은 우리를 떠나가신지 25년이 지났지만 그의 신앙과 신학은 아직도 우리 마음속에 생생하게 살아 있다. 그분은 조직신학자로 알려졌지만 그의 신학은 모두 지극히 교회를 사랑하는 교회의 신학이며 복음 전파를 위한 말씀의 신학이요, 선교 신학이었다. 세월이 지날수록 그의 신학은 오늘날 한국교회의 목회에 가장 근본적으로 필요한 필수품이라는 생각이 든다.

그의 신학은 오늘 우리가 신학과 목회를 부요케 하는 특별한 은사를 품고 있다. 해천 선생님의 신학은 계속 감신-감리교회-한국교회에 살아있어야 하며, 발전되어야 하며, 계승되어야 한다.[1)]

---

1) 해천 윤성범 학장 25주기 추모예배 때 하신 학술 강연인데 생활 부분만 발췌하였다(편집자 주).

〈추모의 글〉

1. 잊을 수 없는 사람, 故 윤성범 박사

김태곤 박사*

인간 윤성범, 그 분이 타계한 지도 벌써 여러 해가 지났다. 신학자이면서 목사이자 신학대학 교수이던 그분은 구김살 없는 해맑은 얼굴에 언제 보아도 낙천적인 소년 같이 티가 없었다. 무교를 연구하는 내가 목사이자 신학대학의 교수인 윤성범 박사와 교분이 두터웠다면 극과 극의 상반된 학문을 하면서 어떻게 그럴 가 있느냐고 반문할 수도 있을 것이다. 그러나 바로 이런 점이 인간 윤성범을 이야기할 수 있는 한 단면이기도 하다.

내가 윤성범 박사를 처음 만난 것은 종교단체가 주최한 무속 관계의 좌담회에서였다. 나는 무속인의 입장에서, 윤 박사는 기독교 신학 측의 입장에서 참석했다. 윤 박사는 기독교 조직신학의 입장에서 기독교 토착화 문제로부터 무속에 매우 깊은 관심을 가지고 있었다. 이미 나도

---

* 故 南剛 김태곤 박사(전 경희대 교수).

한국의 종교문제에 꽤 열을 냈던 것으로 기억된다.

이 좌담회가 인연이 되어, 그 이듬해인 1967년 봄 학기부터 나는 서울 서대문구 냉천동에 있는 감리교신학대학에서 "무속과 한국 원시종교사"라는 것을 강의하게 되었다. 당시 윤 박사는 교수 겸 교무과장이었고 이 분야의 강사를 물색 중이었던 모양이다. 이것이 아마도 한국의 신학대학에서 이단시 하던 무속을 정규 강좌로 배정한 처음이 아닌가 생각된다. 그렇게 해서 내가 1971년 원광대학에 가기까지 출강하면서 주 1회씩 윤 박사를 만나게 되었다. 만나면 언제나 무속과 기독교의 토착화 문제를 이야기 하게 되고 진행 중인 연구 과제들을 서로 토의하기도 하였다.

이야기가 끝나면 둘이는 가까운 서대문 근처에 다방에 가서 차를 마시고 때가 되면 식사도 하였다. 값은 언제나 윤 박사가 지불하면서 강사보다는 교수가 좀 나으니 교수 편에서 지불한다면서 웃기도 하였다. 다방과 식당은 가끔 바뀌었는데 그 때마다 윤 박사는 새로 개척한 곳이라며 껄껄 웃었다. 그리고 이런 다방과 식당에서 이 대학의 교직원들도 가끔 만났는데 그러면 윤 박사는 토착화 세미나를 하는 중이라며 농담을 했다. 사석에서는 윤 박사가 농담도 많이 했다.

내가 출강하는 동안 한국종교사학회를 결성하여 윤 박사가 회장을 맡아보고, 내가 총무간사를 맡아 학회지 《한국종교사연구》를 출간하고 윤 박사가 감리교신학대학 안에 '한국원시종교연구소'를 설치해 소장을 맡고 내가 간사를 맡아 일을 했다. 둘이는 한국원시종교 연구총서의 간행 계획을 세워 놓고 학술재단(그 때는 아시아재단 뿐)을 좇아다니기도 했다. 윤 박사는 학계와 종교계에서 발이 넓었다.

윤 박사는 부친의 목회 임지였던 강원도 울진에서 출생하여 일본 경도의 동지사 대학 신학부를 거처 스위스 바젤대학에서 신학박사 학위를 받은 후 평생을 기독교 토착화 문제를 연구하며 감리교신학대학에서 강의하였다. 말년에는 학장직을 맡아 보던 중 심장마비로 타계 하였다.

그는 독일어에 능해 칸트를 번역하고 독일어로 논문을 발표하며 기독교 연구 저서 외에도 기독교와 한국사상, 한국적 신학, 효(孝) 등 많은 저술을 남겼다. 기독교 토착화하면 곧 바로 윤성범으로 연결될 만큼 그 분은 기독교의 토착화 연구에 정력을 쏟았다. 타계하던 나이는 64세, 그 분이 해야할 일에 비해 너무나 짧은 인생이었다. 그러나 그 사람은 갔지만 그 분이 만든 학회는 남아 후학들이 활동하고, 그 분이 쓴 책은 남아 계속 익히며 열매들을 맺을 것이다.

소탈하고 격을 따지지 않던 윤 박사는 항시 조용하면서도 낙천적이었으며 남을 비방하는 일이 없이 오직 자기의 할 일만 꾸준히 하다가 가신 분이다. 가신 뒷날에도 두고두고 나의 머릿속에서 사라지지 않는다. 지금도 서대문을 지날 때면 냉천동의 그 시절이 생각난다.

2. V. V. Club(생명경외클럽)의 고문으로 28년

김일순*

"V. V. Club[1]이 시작된 지는 1958년 6월이고 윤 박사님께서 비비안과 첫 인연을 맺은 것은 같은 해 9월이다. 필자가 비비안과 첫 인연을 맺은 바로 같은 날, 윤 박사님도 처음으로 비비안에 강사로 초청받아 오셨기 때문에 이를 잘 기억하고 있다.

그날 강연은 슈바이처 박사에 관한 내용이었으며 이 강연이 계기가 되어 그 해 이후의 집회에서는 다른 프로그램은 하지 않고 슈바이처 박사의 *My life and Thought*를 장 별로 공부하게 되었다. 이 당시에 슈바이처 박사에 대한 철저한 공부가 바로 초창기 회원들의 든든한 사상적인 밑받침이 되었으며 오늘날 비비안의 기초가 되었음을 확신한다.

윤 박사님은 '생명경외사상' 을 우리에게 전달하는 것으로 끝낸 것이 아니라 이 사상을 현대사조에 맞도록 늘 새롭게 해석하여 우리에게

---

* 연세대학교 61년 의대졸업 김일순 MD.

1) Veneratio Vitae=생명경외/이후에는 비비안이라고 부르겠다.

계속 가르쳐 주셨다. 최근에는 생명경외사상과 생태학의 관계에 대해 새로운 말씀을 해주셨는데 이는 현대의학의 가장 기초가 되는 생태학과 생명경외사상의 연관성을 말씀해주신 것으로 실로 의료인으로서 생명경외사상을 받아드리는 새로운 방향의 제시라는 것에서 큰 의의가 있는 것이었다. 즉 윤 박사님은 처음부터 살아 계실 때까지 비비안의 실질적인 정신적인 지주이셨던 것이다.

윤 박사님은 과거 23년 동안 비비안의 모든 행사에 거의 전부 참석해 주셨으며 집회를 위하여 부탁드린 어떠한 말씀도, 어떠한 글도 거절해보신 적이 없으셨다. 아마 윤 박사님이 집회에 참석하신 총 횟수는 현존 어느 회원의 참가 회수보다 더 많을 것으로 믿는다. 윤 박사님은 비비안의 기본 이념에 대해 지극히 만족해 하셨으며 비비안의 운영 방식에 감탄해 하셨고 비비안을 대단히 사랑하셨다. 따라서 윤 박사님이 집회에서 해주신 말씀들은 한결 같이 생동감 있고 우리에게 실제로 도움이 되는 훌륭한 말씀이셨던 것이다.

비비안에는 한때 독일에서 기증받은 마이크로 버스 한 대가 있었다. 이것도 윤 박사님의 주선으로 가능했으며 이 기증된 마이크로 버스를 실제로 이용할 수 있게 하기 위한 노력은 실로 말로 표현할 수 없을 정도의 것이었으나 이러한 수고를 직접 해 주셨다. 비비안에 약간의 기금이 있는데 이것은 그 마이크로버스를 매매한 수입으로 마련된 것이며 비비안이 가지고 있는 유일한 기금인 것이다.

비비안은 시작할 때부터 모일 수 있는 장소를 구하는 것이 가장 큰 문제의 하나이었다. 과거 젠센기념관을 10여 년간 사용할 수 있게 주선하셨던 분이 바로 윤 박사님이셨으며 젠센기념관에서 나올 수밖에 없었을 때 아현교회를 주선하여 주신 분도 바로 윤 박사님이셨던 것이다.

비비안에는 초창기부터 회원이면 반드시 본명과 별명이 붙게 마련이며 이것이 비비안의 특징 중의 하나인 것이 바로 이 별명 제도의 시작을 제창하신 분이 윤 박사님이신 것을 아는 회원이 별로 많은 것 같지 않다.

이와 같이 윤 박사님은 비비안의 정신적인 지주였을 뿐 아니라 비비안의 집회 장소 및 모임의 분위기에 이르기까지 가장 크게 도움을 주고 영향을 끼치신 분인 것이다. 앞으로 비비안이 바른 방향으로 잘 발전하는 길만이 윤 박사님에 대한 비비안이 할 수 있는 최선의 감사의 표시라고 믿는다.

3. 멋의 신학자 윤성범*

한국인이면, 그리고 이 땅의 지식인이면 멋으로 살고 그 함축을 생각하게 된다. 멋이란 것이 여기에 터전한 사람들의 몸에 밴, 보람된 삶의 모습인데 정작 그 뜻을 짚어내기란 쉽지 않다.

멋을 어원에서 맛에서 찾는 이도 있지만 달콤한 입맛에서 왔다는 것은 멋을 무시하는 것이요, 또 풍류를 바람장이의 홍취로 보는 것도 언짢게 보는 이가 있다.

윤성범의 글 '한국미의 형이상학'은 멋이 무엇인가를 찾는 귀중한 성과이다. 멋을 무기교, 비정제, 무관심, 구수한 맛에서 보려는 미학이론도 그에게는 초라하게만 보인다. 그렇다고 애수의 선으로 한국미를 파악하는 것, 착안이 독특하여도 너무나 단조롭고 터 닦음이 부족하다고 한다. 그는 멋을 진, 선, 미의 마지막 표현이라는데 기울면서 한국미

---

* 1980년 1월 26일 기고된 것인데 누가 썼는지 이름이 밝혀져 있지 않다. 아마 그 당시 주필인 김용규 선생이 쓴 것이 아닐지 추측한다(편집자 주).

를 차라리 종교미로 끝나는 것으로 멋을 조화미라 짚어낸다.

〈전대미문의 시작〉이어야 하는 예술작품은 솜씨로서 일회적으로 진리에 대한 표현을 이루어 마침내 작품으로서의 정숙을 가져오는 것이라 한다. 멋의 달성에서 솜씨, 즉 공작이 불가결한 구실을 한다. 미학뿐만 아니라 문화이론, 종교사론 및 그의 마지막 눈동자인 신학에서도 솜씨와 멋은 감과 더불어 이론의 세 기둥이다. 감이란 옷감처럼 소재이면서 형상을 전제 하는 것으로 그의 이론의 출발점이 된다. 이를테면 그의 이름을 퍼뜨린 1964년의 저서 기독교와 한국사랑은 감론, 솜씨론, 멋론으로 펼쳐진다.

그의 문화론에서 감은 곧 자리를 뜻하고, 이런 문화의 바탕을 떠나서 철학과 신학은 성립할 수 없다고 보는 것이다. 그래서 그의 학문적 관심은 상황에 쏠린다. 이 책은 "한국에 신학이 있었느냐"라고 묻는 문제의 책으로 판을 거듭하고 나가고 있다. 그는 아무리 한국말로 신학사상을 펼친다고 하더라도 문화의 바탕에서 동떨어진 것이라면 외국의 신학의 연장이 될지언정 한국신학이 될 수 없다고 한다. 또, 아무리 한국의 정신으로 신학을 쓴다 해도 학(學)으로서 신학이 되자면 상황을 첫 과제로 삼지 않으면 안 된다는 것. 이 책은 이와 같이 토착화 논쟁을 불붙였고 그는 이 회오리의 눈이었다.

그의 대표작은 1972년의 《한국적 신학》이니 이로써 필생의 작업인 멋의 신학을 집대성했다. 여기에는 신학이론뿐 아니라 인간론, 문화론, 그리고 그의 한국문화 탐구의 시발점인 "한국의 신관념 생성", "정감록의 입장에서 본 한국의 역사관" 등이 수록되어 있다. 역사를 자유의 개념에서 보고 자유는 곧 자연과 숙명, 필연과 우연의 기교적 합일에서 보며 그것이 균형을 이루면서 조화미를 나타내며 펼쳐진다는 것이다. "한국 역사 형태는 바로 무한히 가는 곡선으로 표현되는 자유, 그 자체"라고 말한다.

이러한 문화이론과 신학은 그의 학문의 일생에서 움트고 자라고 꽃을 피웠다. 1916년 울진에서 태어나 일본 동지사대학을 마친 그는 강원도 이천에서 목사로서 해방을 맞았다. 해방과 더불어 신학자로서 강단에 서서 그는 벌써 강의실에서 철학과 신학을 강의하며 감, 솜씨, 멋을 말하고 있었다. 그는 64세를 일기로, 감리교 신학대학 학장으로 재직하다 홀연히 갔지만 멋에 밴 인품, 생애, 사상은 길이 여기서 복음과 상황을 북돋는 훈훈한 영감이 되리라.

4. 해천 윤성범 박사의 장례식 추모사

정영관 목사*

우리의 스승되시며, 예수 닮은 진실한 그리스도인, 심오한 신학자이시며 기독교계의 큰 별이셨던 윤성범 박사님은 이제 우리의 곁을 떠나셨습니다. 윤 박사님은 지금부터 64년 전 1916년 1월 13일 경북 울진군에서 감리교에서 가장 훌륭한 목회자이며 행정가이셨던 윤태현 감리사님과 장영규 여사 사이에서의 2남 1녀 중 장남으로 출생하셨습니다.

박사님께서 목회자이신 아버님을 따라 수원지방으로 이동하시고 남양 공립보통학교를 나오셔서 다시 아버님을 따라 평양으로 가서 광성고등보통학교를 1937년에 졸업하셨습니다. 가난한 목사의 가정에서 먹지 못하고 공부에만 열심이셨던 윤 박사님은 졸업을 앞두고 폐결핵에 걸려 심한 고생을 하셨습니다.

병으로 졸업식에도 참여하지 못하고 병이 심하기 때문에 졸업장도 주지 않는 것을 아버님이 학교에 찾아가시어 병으로 고생하고 공부한

* 정영관 목사는 종로교회 원로목사이시다.

한 소년에게 용기를 주어야 하지 않겠느냐고 사정해서 졸업장을 받아와 고인에게 주었을 때 졸업장을 가슴에 품은 고인은 너무나 좋아서 어쩔 줄을 몰라 했습니다.

3년 동안 투병하던 고인은 그 몸으로도 계속 공부하고 목사가 되고 싶어서 1937년에 감리교신학대학을 응시하여 일등으로 합격했지만 폐병환자는 받을 수 없다는 학교 교칙 때문에 입학이 거절되었습니다. 윤 박사님은 일본으로 건너가 교토에 있는 동지사대학에 입학 신청을 했을 때 학교에서는 몸이 더 나빠지지 않으면 받아주겠다는 1년 시한부 입학을 허락 받았습니다. 그러나 고인의 강한 의지와 하나님의 축복은 3년 동안의 공부를 무사히 마치고 1941년에는 영광의 졸업장을 안고 귀국하게 하셨으며 1942년 6월 25일 이희영 여사와 결혼을 하고 1946년에 감리교신학교 교수로 취임하시기까지 5년 동안을 강화와 강원도 이천에서 목회하였습니다.

고인의 공부에 대한 집념은 놀라워서 감리교신학교에서 입학이 거부되어 일본에 건너갔던 1937년에 감리교신학교는 일제 탄압으로 인하여 폐쇄가 되어 결국 윤 학장님은 다른 친구보다 신학을 먼저 졸업하고 목사가 되는 축복을 받았습니다.

가난하고 어려운 목회 가운데에도 신학연구는 물론 독일어를 마스터하여 감리교신학교 교수로 발탁되었습니다. 감리교신학교에 재직 하시다가 스위스 바젤대학으로 유학을 가시어 바젤대학에서 신학박사 학위를 받으셨습니다. 1955년 박사학위를 받고 귀국하시어 감리교신학대학에서 가르치시는 일을 계속하셨습니다.

그 때에 아름다운 일화 한 토막을 우리는 영원히 잊을 수 없을 것입니다. 귀국하시자마자 연세대학에서 교수로 발탁되신 것을 교수들과 제자들이 가서 연세대학으로부터 교수님을 빼앗아왔던 것은 감격스러운 일이며 영원히 잊을 수 없는 일이고, 이것은 감리교 신학대학은 물론 고인에게 공부한 제자들에게 정말 복된 일이 아닐 수 없는 쾌사였습니다.

1977년 감리교 법인 이사회에서 학장으로 선임되시기까지 1970년 대학원이 개설되면서 대학원장으로 수고하셨고, 1979년에는 2년의 학장 임기를 마치셨을 때 고인의 뛰어난 행정력, 신학교 안에서의 뛰어난 인화력, 민주적인 대학 운영, 신학적 업적들로 인하여 이사회에서 만장일치로 다시 재임되시어 이사회 안에 대학 발전 위원회를 만들고 신학대학을 종합대학으로 발전시킬 꿈을 꾸시다가 그 꿈을 이루지 못하고 가셨습니다.

고인은 과연 웃음을 잃지 않는 사람일 뿐만 아니라 웃음을 만드는 사람, 즐거운 쪽으로 진리를 말하는 해학의 분이었습니다. 고인은 오직 학문에 대한 욕심만을 가지고 있었으며 언제나 누구에게가 겸손하고 교만하지 않는 그리스도인이셨으며 고인의 마음에는 일생을 봉직하던 감리교 신학대학의 발전 이외에는 생각하시지 않는 분이셨습니다.

돌아가시기 한 주일 전, 1월 13일 신학주일에 고인은 설교를 하시면서 신학대학이 발전하기 위하여 교회가 도와주어야 한다면서 몇 번이고 복받치는 눈물로 인하여 설교를 중단하셨던 것이 마지막 설교가 될 줄을 누가 알았겠습니까?

낮에나 밤이나 신학대학의 발전만을 노심초사하시던 학장님은 돌아가시는 그 날에도 11시나 넘도록 감리교 신학대학의 발전을 위하여 교수들과 의견을 나누시다가[1] 밤 늦게 귀가하시어 머리가 아프시다 하여 사모님이 여기 저기 연락하여 병원으로 달려가셨고 병원에서 의사가 달려왔던 12시 35분에는 이미 하나님의 부르심을 받은 후였습니다. 곁에서 지켜보던 막내 따님에게 "나는 할 일을 다 했어. 나는 지금 하나님

1) 그 날 낮에는 전국 학장회의에 참여하셨고, 그 다음날 뉴스에 사진이 잠깐 나왔다. 둘째 딸, 명옥의 집을 방문하시고 밤늦게 귀가하셨다, 그날은 무척 추운 날이었다고 한다.

이 부르셔도 후회가 없어"라는 것이 마지막 남기신 말씀이었습니다.

아직도 우리 신학대학과 감리교 교단과 기독교 교계에 할 일이 많으신데 왜 하나님은 이렇게 일찍이 학장님을 불러 가셨든지 우리는 그 뜻을 아직 잘 알지 못하지만 감리교신학대학 역사 속에서 깊은 사랑을 받은 모든 제자들 가운데에서 한국의 그리스도인 가슴 속에서 두고두고 그 뜻은 발견하게 될 것입니다.

윤성범 박사님은 12권의 저서와 유명한 세계 석학자의 책들 중 11권의 역서를 내셨으며 1955년에는 독일어 사전을 편찬하여 독일어를 공부하는 학도들에게 영원한 길잡이가 되게 하였습니다.

학자로서 칼 바르트에게 배우기는 하였지만 칼 바르트의 축자영감적이며 배타적인 부분에는 동의하지 않고 자유로운 신학자이셨으며 그 신학을 한국 토양에 심기에 노력하셨던 신학의 농부이셨습니다. 이 씨앗은 감리교신학대학에서 제자들의 가슴 속에서 교회 안에서 크게 오래도록 자라고 열매를 맺을 것입니다. 그래서 우리와 영원토록 함께 하실 것입니다.

고인은 신망애(信望愛)를 가훈으로 인자하신 가정교육과 천재적인 교육을 받은 다섯 명의 딸들과 네 명의 사위를 두셨으며 39년을 함께 사신 이희영 장로님과 아우 성훈씨를 남긴 채 1980년 1월 22일 새벽 0시 30분에 소천하셨습니다. 일찍이 폐결핵으로 버림받았던 몸을 기적적인 치유로 회복하여 자랑스럽게 사시다가 아픔이 없는 그곳 그렇게 좋아하시던 웃음과 기쁨과 화평이 있는 하나님의 품 안에 영원히 안기셨습니다.

그리스도인으로 목사로 학장으로 자랑스럽게 사신 아버님의 뒤를 잇는 자녀들은 이 신학대학에 고인의 뜻을 길이 남기고 심어서 그동안 수년간 계속하던 윤태현 감리사 장학사업을 아버님의 뜻을 따라 자녀들이 계승하는 한편, 기념 장학금 500만 원을 기증하였으며 정성들여 모았던 책들, 고인의 손때 묻은 장서 1,000여 권을 신학대학에 기증하신 것은 참으로 그 분의 뜻을 오래 기리고자 하는 자랑스러운 쾌거라 말할 수 있습니다. 이상과 같이 우리가 존경하는 스승님의 약력을 말씀드렸습니다.

5. 해천 윤성범 박사의 2주기 추모일에

故 변선환 박사*

한국의 신학자들이 우리 몸에 맞아 들어가지 않던 구제품 옷처럼 한국인의 마음에 맞지 않는 서구신학을 그대로 직수입하는 것으로만 능으로 삼는 '서구신학의 바벨론 포수' 의 시대를 살고 있는 것을 늘 한탄하며, 서구신학에서부터의 탈출의 본보기로 유동식 박사님의 《한국종교와 기독교》(1965)와 함께 《기독교와 한국사상》(1964)을 펴 내놓은 후, 1972년 한국 신학계의 이정표처럼 된 《한국적 신학, 성의 해석학》(서울문화사 1976)을 내 놓았으며, 1977년에는 《효(孝) - 서양윤리, 기독교윤리, 유교윤리의 비교연구》(서울문화사, 1973)를 펴낸 한국의 토착화 신학의 거성 해천 선생님이 가신 지, 바로 엊그제 같은데 만 2년이 지났습니다.

홍현설 학장님이 해천 선생님의 회갑 축사에서 하신 말씀처럼, '우리나라 신학계에서 가장 독창적이고 창조적인 사상가 중 한 분' 이셨던

---

* 故 변선환 박사는 감신대 학장을 역임하셨다.

선생님은 일제의 무단정치가 그 극에 달하였을 때, 1916년 1월 13일 강원도 울진에서 감리교 목사님 윤태현 목사님과 사모님 장영규 여사 사이에서 태어나셨습니다. 동양 철학자이자 언론계에 원로였던 오종식 선생님이 지어주신 아호, 해천(海天), 바다 해와 하늘 천이 뜻하듯 윤성범 박사님은 맑은 동해 바다가 하늘과 만나는 수평선을 바라다보시면서, 무한하신 분 안에 선 인간의 무상성과 유한성을 체험하여 자라나셨습니다.

동해 바다를 바라보며 무한하신 분에 대한 직관적인 원체험을 가지셨던 해천 선생님은 목회하시는 아버님을 따라서 아름다운 금강산과 묘향산을 바라보며 신의 현현인 듯한 한국의 산수화처럼 아름다운 자연이 주는 축복을 체험하면서 젊은 날 철학적 신학적 사색을 성숙시켜 나가시기도 하였습니다. 높은 산의 기상이 끊임없이 변하고 넓은 동해 바다의 파도가 어디에도 고정됨이 없이 계속 유동하고 부동하나 산 자체와 바다자체는 무한하신 분의 영광스러운 질서 속에 있듯이, 해천 선생님은 변화무상한 세계에 살면서도 세상 어디에도 집착하지 않고, 마치 바위 사이를 흘러가는 물처럼 유연하게 고고한 모습으로 선비로서의 자세를 흩뜨리지 않으면서 아름다운 크리스천의 향기를 발하며 그의 64년의 삶을 마치셨습니다.

동해 바다 해변가, 언덕 위에 솟아 있는 푸른 소나무 위에 앉아 있는 흰 학처럼, 그렇게 맑고 그렇게 밝고 그렇게 청렴하게 사셨던 선비, 해천 선생님은 평양에 있는 광성고등보통학교를 졸업(1934)한 후, 일본 동지사대학 신학부를 나오고(1941), 1955년 스위스의 세계적 명문 바젤대학교 신학부에서 박사학위를 취득하고 귀국한 이래(1955), 계속 감리교신학대학 조직신학교수로서 26년 동안 교단에 서 계시는 동안 대학원장, 그리고 두 차례에 걸쳐서 학장직을 맡았고, 15년 동안 국제종교사학회 실행위원으로서(1960-1975), 한국 종교사학회 회장(1978)과 한국

기독교학회 회장(1977), 그리고 전국신학대학협의회의 이사(1978)로 활동하면서도, 선생님의 영혼은 늘 세상을 끝없이 부정하고 초월하면서 오직 한마음으로 곁눈질하지 않고 빠른 걸음으로 진리만을 탐구하고 진리를 밝히는 일에만 전념하셨습니다. 선생님께서는 독일철학과 독일신학을 번역한 책은 11권에 이르고 있습니다. 1955년 스위스 유학을 마치고 귀국한 이래 선생님께서는 거의 초인적인 노력으로 저술 활동에만 몰두하셨습니다.

해천 선생님의 이와 같은 놀라운 학문적 업적은 선생님께서 못내 잊을 수 없었던 아버님 윤태현 목사님과 어머님 장영규 사모님의 따듯한 정신적인 뒷받침이 있었다는 것을 간과할 수 없는 일이지만 누구보다도 인자하신 사모님 이희영 장로님의 보이지 않는 도우심이 컸다는 것을 우리는 잘 알고 있습니다. 여섯 따님을 낳으셨다가 하나를 잃고 지금 다섯 따님이 다 출가하여서 다 부러워할 만한 훌륭한 신랑들과 함께 행복한 결혼 생활을 하고 있으며 사회생활에도 성공하고 있습니다.

어제 받은 미국 이용택 목사 부인이 된 윤남옥 선생의 편지에 의하면 동양종교에 대한 깊은 관심을 보이며 종교적으로 다원화된 시대에서의 새로운 신학의 과제인 불교적 기독교적 신학과 씨름하고 있는 미국의 자랑스러운 감리교 신학자 John Cobb Jr.과 내일(1982년 1월 28일) 클레아몬트 신학대학교에서 면접하기로 되어 있다고 합니다. 아버지가 하시다가 남긴 신학적 작업을 John Cobb Jr. 교수가 자기에게 와서 계속해 보라는 격려의 편지를 받았다고 합니다. 어느 날, 꿈에 아버지가 흰 베옷을 입으시고 나타나셔서 자기에게 절반쯤 완성된 큰 유조선을 가리키면서 나머지 반(半)은 딸이 완성하여 달라는 듯이 간곡하게 부탁하셨다고 합니다.

돌이켜보면 해천 선생님이 안 계신 신학계, 큰 스승을 잃은 냉천동에 있는 감리교신학대학에는 너무 큰 자리가 생겨난 것 같습니다. 부족한 교제는 해천 선생님의 그 큰일을 계승할 감리교 토착화 신학자의 한 사람으로서, 2년 전 온 세계교회가 교회일치운동을 위하여 기도하는 주간에 이 세상을 떠나신 스승님의 큰 삶과 큰 죽음이 무엇을 의미하는지를 차세대의 우리들은 다시금 되새겨 보아야 한다고 봅니다.

스위스 바젤대학교에서 공부하기에 앞서서 제네바 보세이에 있는 에큐메니컬연구소에서 교회일치운동은 기독교 안의 여러 교회 사이의 대화와 일치의 문제뿐만 아니라 세계종교와의 대화, 더 나가서는 무신론적 휴머니스트들과의 대화까지 말하는 포괄적 선교운동이라는 것을 알게 되셨던 해천 선생님은 이미 50 년 대에 유(儒). 불(佛), 선(仙)이라는 동양의 세 세계종교와 기독교와의 대화에 나섰습니다. 특히 한국의 야스퍼스라고 보아 율곡을 좋아하시면서 성의 해석학을 펴나가며 기독교적 유교를 지향하여 나갔던 선생님은 예일대학교의 중국 태생의 여자 신학자이며 한스 큉의 제자이기도 한 Julia Ching이 주로 유교와 기독교와의 대화의 광장을 초월자를 향하여 열고 있는 Human Personality에서 찾으며 초월론적 기독교 휴머니즘을 지향하고 있었던데 반하여, 선생님은 칼 바르트의 제자답게 삼위일체적, 존재론적 접근을 취하고 있습니다.

성(誠)은 글자 그대로 "말씀이 이루어짐"을 뜻하며 유교가 가리키고 있는 궁극적 실재인 성은 십자가의 예수가 다 이루었다고 하셨던 것처럼 말씀이 육신이 되신 예수 그리스도의 복음에서만 완전하게 성취된다고 보는 성취설의 입장에 서 있습니다. 교부 사상가들과 중세기 신학자들이 소크라테스와 플라톤과 아리스토텔레스의 철학을 기독교 신학의 형성을 위하여 결정적인 해석학적 도구로 삼듯이 선생님은 유(儒), 불(佛), 선(仙)이라는 동양종교를 복음을 위한 준비라고 보면서 성의 신학, 한국적 신학을 전개시켜 나갔습니다.

이같이 급진적이었던 해천 선생님을 못내 부러워하면서 선취권을 빼앗겼다고 생각한 신학자는 프랑스 파리 가톨릭 신학대학에서 '유교와 그리스도교' 라는 논문으로 박사학위를 획득한 이성배 신부와 해천 선생님의 성의 형이상학을 하인리히 오트의 존재론적 인격주의의 신학과의 관련에서 최근 Raymundo Panikkar 밑에서 학위 과정을 마친 젊은 장로교 신학자 노영찬 교수입니다.

6. 해천 윤성범 박사의 사모님, 이희영 장로님 추모사

故 변선환 박사*

한국 신학계의 거성 해천 선생님이 가신 지 만 2년이 되는 날, 지난 1월 23일에 감리교신학대학 웰취강당에서 추도 예배를 드린 지 6개월이 되지 못하여 사모님께서 감자기 세상을 떠났다는 소식을 듣고 해천 선생님께서 40년 가까이 몸담아 일하여 오셨던 우리 신학대학의 식구들은 얼마나 깜짝 놀랐는지 알 수 없습니다. 나는 어제 오후 해천 선생님의 가까운 제자였다는 이유 때문에 추도사를 해 달라는 부탁을 받았

---

* 故 변선환 박사는 감신대 학장을 역임하셨다.

** 변선환 학장님의 아버님에 대한, 그리고 어머님에 대한 추모의 글을 옮겨 쓰면서 펑펑 울었다. 변 학장님에게서 부모님에 대한 사랑이 글마다 문장마다 묻어 나왔기 때문이다. 아버님은 변 학장님을 아들같이 생각하시면서 건강, 학문, 유머 등 삶을 함께 나누셨다. 외국에 나가셨다 오실 때에는 그 분을 위한 비타민 등을 잊지 않으셨다. 마지막 가시는 길까지 아버님의 전집을 출판하려고 원고들을 집안 가득히 쌓아놓으셨는데 이정배 교수님 등 많은 분들이 노력하고 수고하여 아버님 전집이 7권으로 나오게 되었다. 마치 당신의 제자들에게 "네 아버님이시다"라고 그 전집을 만들도록 부탁한 것 같아서 자녀들의 마음이 감격한다. 자녀들도 하기 어려운 일들을 변 박사님이 주도하여 가능하게 해 주셨는데,

습니다. 거절할 수 없는 부탁이었기 때문에 해천 선생님과의 오랫동안의 사랑의 교제를 회상하면서 어머님을 잃고 슬퍼하는 유가족과 이곳에 모인 조객들의 텅 빈 마음을 위로하는 뜻에서 생전에 내 마음의 거울에 비쳐졌던 사모님의 잊을 수 없는 아름다움 모습을 연상하여 보는 것으로 추도사를 대신하려고 합니다.

경기도 개풍[1]에서 독실한 감리교회 장로님이셨던 아버님과 경건한 크리스천이셨던 어머니 사이에서 태어나 서울 배화여중고를 거쳐서 감리교신학교에 입학하여 오경린 감독님, 나사행 국장님과 사모님, 조문사 장로님, 김옥라 명예 이사장[2]과 같은 때 신학을 공부하였던 때의 젊은 시절의 사모님, 당신은 아주 굳은 신앙과 밤늦게까지 당시 유행하였던 키에르케고르 철학이나 변증법적 신학을 탐독하여 나갔던 학자 타이프의 여자 신학도였다고 들었습니다. 당신은 한국 최초의 조직신학자였던 정경옥 교수님의 열렬한 팬이기도 하였다고 합니다.

내가 사모님을 처음 만난 것은 1/4후퇴 당시 부산 수정동에 우리 감리교신학교가 피난 가 있었을 때였습니다. 곧 스위스에 있는 세계적 명문인 바젤대학교에 해천 선생님께서 유학을 가시게 되자, 사모님께서는 부산에서 초등학교 교사로서 갖은 고생을 다하시면서 따님들을 키우셨습니다. 그 때 우리 신학생들이 받은 인상은 "여자는 약하나 어머니는

그것은 아버님에 대한 무한한 변 박사님의 사랑이 그 일을 가능하게 했던 것 같다. 두 분 모두 가시고 이 세상에 안 계시지만 저 천국에서 "어디 많이 본 분인데" 하면서 두 올꾼이의 친교를 나누실 것을 상상해 본다. 사모님이 돌아가시고 신옥희 교수님과 만나게 하신 것도 아버님이 적극적으로 후원해주셨기 때문이라고 한다. 이 지면을 빌어서 가족을 대표하여 변 박사님께 다시 한 번 더 깊은 감사를 드린다. 아들과 아버지처럼 서로 사랑하며 학문의 세계의 큰 친구이셨던 변 박사님도 오늘 아침 매우 그립다(편집자 註).

1) 해방 전 경기도였고, 지금은 황해도에 속한 도시(편집자 주).

2) 현재 100세이신데 각당복지재단 명예이사장으로 계신다. 각당복지재단은 전문적인 자원봉사자를 양성하는 기관이다(편집자 주).

강하다"라는 어느 문호의 말로 잘 표현할 수 있는 그 같은 힘 있는 어머님의 모습이었습니다.

사실 해천 선생님은 초현실주의 형이상학에 속하는 예술가처럼 세상을 잘 모르셨던 분이었습니다. 사모님께서는 뒤에서 아무 말씀도 하시지 않고 묵묵하게 마르다처럼 집안일을 처리하여 나가지 않으셨다면, 오늘 장성하여 일남일녀의 어머님들이 된 네 따님과 최근 출가하여 곧 어머니가 될 막내 따님(귀남), 이 다섯 따님의 오늘은 결코 있지 않았을 것입니다. 해천 선생님께서는 늘 자랑삼아 다섯 따님들이 자신의 두뇌를 닮아서 모두 공부를 잘 한다고 하셨습니다. 그러나 말은 바른대로 하라고 따님들의 두뇌는 저들의 온유한 성품과 함께 모두 사모님으로부터 유전 받은 것이었다는 것을 우리는 다 잘 알고 있습니다. 어렸을 때 어머님의 사랑을 얼마나 많이 받고 자랐는가 하는 것이 인생의 행복과 정비례하여 직결되고 있다는 것은 도스토예프스키의 말을 빌리지 않아도 우리들이 너무나도 잘 알고 있는 사실입니다.

들에 핀 백합화처럼 아름답게 피었다가 갑자기 하늘 본향에 찾아 떠나가신 사모님! 우리들은 당신과 이별하는 이 견딜 수 없는 슬픔을 억제하며, 당신의 삶은 우리 모두에게 큰 선물을 안겨주고 가셨다고, 당신의 삶은 정말 멋있는 성공적인 삶이었다고 두 가지 점에서 말씀드리려고 합니다.

1. 철학과 신학을 밤늦게까지 탐구하여 학구열에 불타 있었던 문학소녀이기도 하였던 당신의 아폴로의 소녀시절의 꿈은 지금 같으면 미국 유학이나 구라파 유학으로 날개를 펴 나갈 수도 있었겠으나, 일제 말의 어두운 시절을 살던 시대적 제약 때문에 이루어지지 못하였습니다. 그러나 당신의 꿈은 동지사대학교 신학부를 나온 해천 선생님과의 결혼을 통하여 간접적으로 대성되었습니다. 한국에서는 가장 독창적인 신학자

로서 한국적 신학과 효를 비롯해서 12권의 저서와 11권의 번역서를 낸 해천 선생님 뒤에는 다만 진리에만 몰두하고 있었던 문학소녀 마리아와 같기만 하였던 사모님께서 너무나도 실제적인 마르다로 바뀌지면서 내조한 공이었다고 알기 때문입니다.

김기동 목사님 말씀에 의하면 해천 선생님께서 돌아가시기 며칠 전, 이 홍제동교회 강단에서 효에 대하여 말씀하시다가 자기는 불효 자식이라고 하시면서 설교 도중 목메어서 5분 이상이나 말씀을 못하시고 우셨다고 합니다. 언젠가 신문 칼럼에 쓰신 선생님의 글에는 당신의 어머님께서 쓰시던 맷돌에 대하여 쓴 것이 있었습니다. 오늘 아침 해천 선생님께서 펴 낸《현대와 효도》라는 소책자를 읽어보았습니다. 선생님은 십자가에서 운명하시기 전에 젊은 제자 요한에게 어머니 마리아를 위탁하시면서 "보라 네 어머니다"(요 19:27)라고 하신 예수님의 말씀을 가장 중요한 성구로 들고 계셨습니다. 유(儒), 불(佛), 선(仙)이라는 전통 종교 가운데서 유교를 더 중시하였다는 것 때문에 인간과의 관계를 부자유친과 관계시키며 부성 종교를 말하려고 하고 있으나 사실 해천 선생님의 마음에 비친 하늘 아버지는 볼테르의 말 "하느님은 용서해 줄 거야, 그것이 자기 버릇이니까"라는 말씀처럼 진노하시고 무서운 벌을 주시는 가혹한 심판의 하느님이 아니라 끝없이 사랑하시고 사랑하여 주시는 자비로운 동양의 어머니 같은 사랑의 하느님, 대지의 어머니이신 하느님으로 상징될 수도 있는 궁극적 실재였습니다.

그러므로 "보라 네 어머니다"라는 성구를 한국적 신학의 모티브로 사용하고 있는 해천 선생님의 효의 신학에는 신약을 가리지 않고 끝없는 용서와 사랑을 보여주셨던 거룩한 어머니 상이 당신의 사랑하는 아내였던 사모님에게 투사되기도 하였으며, 자기를 세 번씩이나 모른다고 하는 제자 베드로를 눈물로 가득 찬 사랑의 시선을 가지고 용서와 사랑으로 지켜보고 계셨던 사랑의 그리스도로 나타나기도 하였습니다. 해천 선생님의 모성종교 속에서도 신(神)은 어머니 - 아내 - 그리스도라는 3중 이미지라고 보겠습니다. 사실 해천 선생님은 언제나 세상을 초월하여서 살아 가시면서도 거룩한 슬픔의 어머니를 의식하고 계셨으며 사모님의 노고에 대한 죄스러운 생각으로 가득 차 있었습니다. 아마 해천 선생님의 영혼 속에 살아계셨던 어머니와 아내로 상징되고 유비되는 사랑의 그리스도 때문에, 선생님은 그렇게 많은 일을 하셨으며 살아가기 어려운 세상에서 그처럼 마음의 여유를 가지고 유머와 웃음을 잃지 않고 어린이와 같이 살아가셨을 것이라고 봅니다.

2. 또 한 말씀만 유가족을 위해서 더 말씀드리겠습니다. 이제는 일남일녀의 어머니가 된 따님들, 곧 한 생명의 어머님이 되실 해천 선생님의 막내 따님, 당신들은 아버지와 어머님께서 남기신 이 고귀한 종교적이며 정신적인 유산을 같이 자랑스러운 기풍으로 이어가시기 바랍니다. 사모님은 아폴로의 소녀의 꿈을 남편을 돕고 자식들을 키워 나가는 마르다의 삶 속에서 말없이 구현하셨습니다. 우리들은 사모님의 교회에 대한 헌신적인 삶과 가정을 지켜 나가신 그 사랑스러운 모성애를 성모 마리아의 이미지와 착갈 할 정도로 거룩한 기독교인의 이상상(理想像)으로 높이 보며 길이길이 우리들의 영혼의 거울에 새겨두고 싶습니다.

심리학자 에릭 프롬은 아버지의 사랑은

> 네가 내 기대에 응했기 때문에, 의무를 다했기 때문에, 나와 비슷하기 때문에, 나는 너를 사랑한다는 조건적인 사랑이지만, 어머니의 사랑은 본질적으로 무조건적이다. 무조건적인 사랑은 어린이들뿐 아니라 모든 사람이 소원하고 있는 것이다. 어머니는 거기에서 인간이 태어나는 가정이다. 어머니는 자연이며 대지이며 대양이다

라고 말합니다. 물론 동양의 어머니의 지나친 자녀들에 대한 기대와 과잉보호, 지나친 간섭과 집착이 자녀들로 하여금 부모에게 대한 맹종과 지나친 의존, 방종과 도피를 낳게 하며 정신적으로 성숙한 어른이 되지 못하게 한다고 비판하기도 합니다.

존경하는 윤성범 학장님 사모님이신 이희영 장로님은 해천 선생님께서 남기신 그 많은 저서와 귀여운 따님들이 만들어 나가는 사랑의 가정 속에, 과학자인 두 사위, 실업가인 두 사위, 그리고 한 명의 목회자 사위가 하시는 귀한 일에서, 사모님께서 섬기시던 홍제동 교회 안에, 그리고 감리교 신학대학 교수부인회 속에 영원히 살아계십니다. 사모님께서 두 가지 미를 알고 계셨습니다. 밤하늘의 별과 어두운 대지 위에 피어난 꽃의 아름다움입니다.

사모님! 당신은 잊을 수 없는 학장 사모님! 당신은 덧없이 시들어진 어두운 땅 위에 피었던 적은 꽃이었지만 당신의 그 적은 꽃 속에는 영원한 밤하늘의 별이 빛나고 있었습니다. 사모님, 그것은 당신 영혼 속에서 불타오른 끝없는 사랑 때문이었습니다. 우리의 생명은 잠깐 빛났다가 사라지는 유성처럼 무상합니다. 그러나 사모님께서는 그렇게 밝히 보여주셨듯이 우리들도 사랑에 살고 사랑에 죽는 것으로서 이 덧없는 삶의 순간 속에 밝은 별빛을 반영하며 영원히 아름답게 빛나고 있습니다.

오늘 아침 당신이 졸지에 세상을 떠나신 것 때문에 슬픔에 잠기고 계신 유가족을 위로하는 뜻에서, 나는 어머님께서 젊은 날에 애독하셨던 키에르케고르의 묘비에 새겨져 있는 브로르손의 시를 읽어드리고, 해천 선생님이 사랑한 정철님의 훈민가를 읽는 것으로 추모하는 말을 맺으려고 합니다.

잠시 후 나는 싸움에 이기리라
이 세상에서의 모든 싸움은

영원히 끝나는 것이다.
그리고 내가 바라던 곳에
우리 주님께서 항상 말씀하시는 그 곳,
생명수 강가에서
나는 영원한 안식을 찾을 것이다.

아바님 날 낳으시고 어마님 날 기르시니
두 분 곳 아니면 이 몸이 살아시랴
하날 같은 은덕을 어디다혀 갚사올고

7. 윤 박사님의 사랑을 가장 많이 받은 제자였을 거예요

정명자*

"제가 윤 박사님의 사랑을 가장 많이 받은 제자였을 거예요"라고 한결같이 말하는 모든 제자들 중의 한사람—. 그 동안 〈기독교 타임즈〉를 기다리는 주말이 윤 박사님을 만나 뵙는 마음으로 설레며 '옛날' 이 떠올라 행복했다. 그야 말로 따님(어르신들의 개념으로 말하면 아들 같은 따님)이며 제자인 윤남옥 박사의 열 한 번의 글을 모두 모아 스크랩을 하며, 실린 내용마다 사진마다 모두 내게는 봄날같이 따뜻했다.

나는 학문적인 바르티언도, 토착화신학을 계승한 수제자도 아니다. 그 모든 사실 이전에 윤 박사님은 제자에 대한 넘치는 사랑과 다정다감하신 인간성과 전형적인 학문하시는 교수님 모습의 단아한 그 자태며 조용조용 재미스런 말씀에 재치 있는 유머와 노래 부르시기를 좋아하셨고 악기도 여러 가지를 다루시는 진정 멋진 신사이셨다. 그 시절 윤성범 박사님의 제자였음은 내 일생에 하나님께서 주신 크신 축복이라 생각하

* 정명자는 감신대 60학번으로 전 CBS 국장인 한상용 목사의 부인이다.

1967년 명옥이 언니가 미국 유학 떠나던 날, 교수님들과 친지들

고 하나님께 감사드린다.

60년대는 홍현설 학장님과 교수님들 점심은 같은 캠퍼스 안에 있는 여자 기숙사에서 드시고 티타임 때 기숙사에 멋진 라운지(그 당시 보기 드문 멋진 소파며 자바라 커튼이며 블라인드… 등등)에서 담소하시면서, 근엄하신 홍현설 학장님까지도 박장대소 하시게 하는 분은 항상 윤성범 박사님이셨고 그 대상은 거의 박대선 박사님이셨다.

그 때 그 웃음소리의 교수님 한 분 한 분이 얼마나 우리나라 신학계의 큰 거목이신 줄을 잘 모르고 공부를 했었다. 1980년 1월 22일 갑작스런 소천 소식에 슬퍼하며 1973년 3월 19일(32년 전) 소인이 찍힌 편지를 다시 꺼내보고 울었던 기억이 난다.

따님만을 두신 윤 박사님은 필자가 대구 CBS에 근무하는 남편을 따라 대구에서 셋째 딸을 낳았다는 소식을 들으시고, 윤 박사님만 아시는 아들 낳는 비법을 소개해 주시기도 하셨다. 아시는 의사 장로님의 처방을 받으라는 부탁의 말씀과 염려의 글을 특유의 잘 정돈된 글씨체로—강의 시간 칠판글씨도 어찌나 정갈하고 깨끗하게 쓰셨는지—윤 박사님께서 아들이 없으신 마음과 제자를 아끼고 염려하시는 마음이 진하게 묻어나는 편지였다.

그 후 남편이 서울 CBS 발령을 받아 감신으로 윤 박사님께 인사를 드리러 갔을 때, 반갑고 감사하고 두 살 터울의 세 딸들을 키우느라 고달픈 마음이 마치 친정 고향어버이를 뵌 듯해서 얼마나 울음이 나던지…. 등을 두드리시며 "수고했어. 애썼어…내가 명자 좋아할 것을 주지" 하시며 지갑에서 〈바흐의 브란덴브르크 협주곡〉이 오선지에 그려진 30 프랑짜리 독일 우표를 곱게 싸서 주시는 것이었다. 고전 음악을 좋아하며 우표 수집을 하는 제자를 위해 언제 전해 줄지도 모르는 우표를 간직하고 계셨을 그 마음 쓰임에 어느 제자가 감동하지 않으랴. 지금도 베토벤 우표, 슈베르트 우표와 더불어 또 아름다운 박사님의 추억과 더불어 내 보물이 되었다.

회갑연을 세종호텔에서 지나신 그 다음 1979년 1월 13일에 필자가 결혼 후 처음 장만한 화곡동 우리 집으로 모셔 생신을 차려드렸는데, 마침 그날이 이사회에서 학장님으로 재추대되신 날이어서 불광동 자택이 아닌 우리 집으로 걸려온 축하전화를 받으시며 기쁨 두 배가 되는 기억에 남는 생신이셨다. 사모님과 윤남옥 박사와 손녀가 두 살 애기였을 때 함께 오셨고 나는 손수 담근 포도주로 축하해 드렸던 기억이 난다.

"우리의 연수가 칠십이요… " 시편에 말씀처럼 우리 옆에 더 오래 계셨으면 얼마나 우리는 박사님의 온기로 더 훈훈했을까! 미리 아시고 그러셨을까? 사랑하는 사모님과 다섯 따님과 그 자손들을 끔찍이 사랑하셨고, 사랑하는 조국에 '한국적 토착화신학 - 효(孝)의 신학' 의 씨앗을 심으셨고, 힘들어하는 제자들에겐 손 내밀어 잡아주시어 용기 주시고, 발전하는 제자들에게 격려와 박수를 아낌없이 보내주셨다.

"제가 윤 박사님의 사랑을 가장 많이 받은 제자였을 겁니다!" 라고 고백하게 하신, 넓은 제자 사랑으로 우리에게 보여주신 윤 박사님의 일생 자체가 우리들에게는 하나님의 사랑을 깨닫는 열쇠였음을 새삼 깨닫는다.

존경하는 윤성범 박사님을 그리며 정호승님의 시 '봄길' 을 되뇌어 본다.

길이 끝난 곳에서도
길이 시작되는 사람이 있다.
사랑이 끝난 곳에서도
사랑으로 남아있는 사람이 있다… .

* 일산 중산마을에서

8. 윤 박사님 같은 신학자를 다시 만날 수 있을까요?

남상순*

저는 64학번 남상순입니다. 윤 박사님께 조직신학을 공부했던 제자이구요, 여자기숙사에서 4년을 지낸 범생이로서 윤 박사님과 거의 4년간 한 공간에서 점심식사를 하며 지냈던 흐뭇한 미소의 시간들이 그립습니다.

여자기숙사 오픈하우스가 있었습니다. 그 날이 추수감사절로 여자기숙사생들이 연극을 했었고, 1학년 단말머리를 겨우 자르고 들어온 저는 신학교 풍토를 전혀 모르던 철부지였죠. 4행시 짓기에 그만! 힛트를 쳤습니다. 머리글자가 '감사하자'로 시작하는 사행시를 지으라는 즉흥적 주문이었습니다.

감　나무골 한 총각과
사　래넘어 한 처녀가

---

* 남상순은 64학번으로 주복균 목사의 부인이며, 청암교회 사모로 사역하였다.

하　나님께 기도하길
자　유 결혼 허락하소서

이렇게 지었던 것을 생생하게 기억합니다. 내가 만일 홍현설 학장님 시절 신학생들이 남녀 교제를 하면 한사람이 학업을 그만 두어야 하고 대체로 여자가 자퇴를 해야 하는 학교 풍토를 알았더라면 위와 같이 감히 말할 수 없었을 것입니다. 자유결혼이라는 말이 사뭇 낯설고 촌스럽지만 그때는 연애결혼을 자유결혼이라고 했고 나의 조부께서는 연애결혼은 "우리 가문에 없다!"가 가훈일 정도였으니까 지금 이글을 읽는 이들이 짐작이나 가는 일일까요?

그때 그 사행시 때문이었는지? 저야말로 그 엄격하여 청교도 분위기가 나던 신학교에서 몰래 연애를 해서 캠퍼스 커플이 되었으니 무의식의 표출은 미래를 내다보았던 것 같습니다.

윤 박사님은 그때부터 풋내기 철부지 신학생인 저에게 어디서 들으셨던가? 서예를 조금 한다는 말을 들으시고는 사임당이라는 별명을 붙여주시고는 만날 때마다 "자유 결혼 허락하소서" 하며 놀리셨습니다. 물론 사임당이라는 호칭이 농담으로도 감당하기 어려웠지만 싫지 않은 별명을 주셔서 잊지를 못합니다.

그 때 윤명옥 언니가 한 해 선배여서 늘 함께 만나곤 했는데 명옥 언니야 말로 내 마음속에 사임당처럼 생각되곤 했었지요. 늘 조용히 다가와 배꼽을 잡게 웃기시고는 살랑살랑 사라지시던 정겨우신 모습, 그리고 날카로운 외모는 차갑게 조차 보이셨던 멋진 신사이셨지요. 홍현설 학장님이 윤 박사님의 파격적인 농담과 짓궂은 장난기가 못마땅하지는 않으실까 늘 마음 졸이곤 했습니다. 박대선 박사와 쌍벽을 이루시면서 늘 폭소를 터치곤 하시던 점심식사 분위기는 지금도 내게 식탁은 무릇 즐거워야 한다는 생활 철학을 가르쳐 주셨습니다.

졸업할 무렵 논문 패스를 하려면 인천에서 싱싱한 농어를 사와야 한다고 하셨습니다. 그때 나는 잠시 인천에 거처했었습니다. 농어라는 물고기가 있는 줄도 몰랐던 나는 농어가 많이 비싼 고기라는 것을 나중에 알게 되었는데 정말 농어를 사다 드리고 싶었는데 끝내 못 사다 드렸고, 논문 담당 교수는 다행스럽게도 윤 박사님이 아니셔서 논문이 아닌 작문을 썼다고 혼쭐을 나고 간신히 졸업은 하였습니다.

윤 박사님은 저의 결혼식에 참석해 주셨습니다. 개인적으로 친해서 오셨던 것은 아니고 홍현설 학장님이 주례를 하셨는데 온양에서 교수회의를 마치고 천안에서 결혼식을 하였습니다. 무지무지 춥던 1970년 11월 28일 교수님들이 학장님을 모시고 몽땅 참여하셔서 결혼식에 교수님을 가장 많이 모시고 결혼하는 영광을 얻었으니 윤 박사님이 내 결혼식에 오셨노라고 자랑을 하고 있답니다.

지금 생각하면 윤 박사님의 학문의 세계는 그 깊은 맛도 보지 못한 채 피상적인 분위기로 인간 윤 박사님의 향기만 느끼다 졸업을 한 것 같습니다. 하지만 그리도 깊이 기억에 남고 존경스러운 영상으로 남은 것은 제도권 밖의 선지자 같이 자유롭고 고난이 용해되어 분출되는 뜨거운 열정의 사람이셨고 내면의 포만감을 승화해내신 유연함을 보여주셨습니다. 한마디로 그분은 예수 안에서 자유한 분이셨던 분으로 기억됩니다.

그립습니다. 잔잔한 음성과 익살스런 미소와 따사로운 관심과 사랑, 한국적 신학을 구축 하시려던 학문의 정체성. 윤 박사님 같은 신학자요, 순례자를 다시 우리가 만날 수 있을까요? 그리운 스승님! 천국에서 내려다보고 계시겠지요? 다시 뵙는 날까지 좋은 제자의 삶을 살도록 힘쓰겠습니다.

9. 해천 윤성범 박사님을 회고하며

오명동 목사*

감신을 통해서 좋은 선생님들을 만나게 된 것은 내 인생에 주어진 은총이며 축복이다. 탈무드에 이런 이야기가 있다. "사람의 머릿속에는 두 개의 방이 있다. 하나는 기억의 방이고 하나는 망각의 방이다. 우리는 기억하고 싶은 것은 기억의 방에 집어넣고 또 잊어버리고 싶은 것은 망각의 방에 집어넣는다. 그래서 우리는 어떤 일들은 기억하고 어떤 일들은 망각하기도 한다."

내가 1976년 감신대에 입학하여 해천 윤성범 선생님을 만난 것은 논리학이라는 과목이었다. 고등학교를 졸업한 신입생들이 신학을 공부하기 위해 인문학의 기초인 철학과 논리학을 배우는 것이었다. 잘은 모르지만 첫 학기 동안 여러 가지 논리적 사고에 대하여 배웠다. 학기말 시험을 앞두고 강의 시간에 배운 것을 중심으로 노트에 필기했던 것을 외우고, 도서관에 가서 논리학에 관한 책을 빌려서 늦은 시간까지 공부

* 오명동 목사(공도교회 담임).

를 하였다.

시험 치는 날 윤 선생님께서 강의실에 들어오서서 시험은 오픈 북이라는 말을 하자 동기들은 환호를 질렀다. 그런데 기쁨도 잠깐, 잠잠해졌다. 선생님께서 시험 문제를 칠판에 쓰셨는데 시험 문제의 제목은 "논리가 무엇인지 논리적으로 답하라"는 단 한 줄이었다. 그 때 한 시간 동안 뭐라고 썼는지 아무런 기억은 없고 시험지를 채우기 위해 문제와 씨름하다가 한 시간을 보낸 것이다. 30년이 지났는데도 아직도 기억에 생생한 시험문제이다. 윤 선생님은 독특한 생각을 소유한 분이셨다.

1977년 2학년 때 윤 선생님은 홍현설 학장님을 이어 제2대 학장으로 취임하셨다. 윤 선생님께 2학년 때 신학의 가장 핵심이 되는 조직신학을 배웠다. 수업 분위기는 변선환 선생님이 침을 튀기는 열정적인 강의와 대조하여 선생님의 강의는 조용하고 차분하셨다. '한국적 신학'이라는 과목으로 윤 선생님은 동북아시아에서 중국과 일본과 다른 우리 민족의 독특성을 강조하셨다. 기독교가 중국과 일본과 달리 우리나라에서 번성하게 된 것을 선교적인 관점에서 연구하신 것이다. 단군신화에서 삼위일체 하나님의 흔적을 발견할 수 있으며, 하느님이라는 초월적인 신 관념이 일본과 중국과 달리 우리나라에서 번성하게 되었음을 역설하며 한국적 신학의 타당성을 말씀하셨다. 점심시간 후 오후 강의라 때론 졸음이 찾아오면 헤겔의 정-반-합의 변증법을 설명하시면서 몸을 갈지(之)자로 움직이면서 강의하셨다.

그리고 20세기의 교부 칼 바르트의 방대한 《교회교의학》을 윤 선생님은 교리 부분은 '성(誠)의 해석학'으로, 기독교 윤리학은 '효(孝)'라는 작은 두 책에 담으실 수 있음을 말씀하셨다. 훗날 연세대학교 연합신학대학원에서 한태동 교수님께 강의를 들을 때 감신대 출신이라 소개하자 한 교수님은 자신은 경(敬)을, 윤 선생님은 성(誠)을 주제로 신학을 한다고 하였다. 감신대에서 학자로서의 소리를 내는 사람은 윤 선생님

뿐이라고 말씀하셨다.

윤 선생님의 설교는 성경의 어떤 본문을 택하든지 항상 결론은 같았다. 나라를 사랑하고 효도하라는 것인데 그것은 신학생은 공부를 열심히 해야 한다는 유교적 기독교를 강조한 것 같다. 윤 선생님은 목사는 '오조리티(독일식 발음)'가 있어야 한다고 하셨다. 즉 가르침은 영적 권위에서 나오기 때문이다. 윤 선생님은 유머가 많으셨고 누구와도 잘 어울리셨다. 한국적 신학 앞표지에 호랑이가 담배를 피우고 있는 민화처럼 인간이 동물하고 다른 점은 담배를 피우는 것과 웃는 것이라고 하셨다. 채풀에서나 강의실에서나 식당에서나 언제나 웃음이 그치지 않았고, 가족 같은 분위기를 이끌어 가셨다.

감신대 본관 1층 강의실에 설치된 탁구장에서 윤 선생님은 런닝을 입고 간편한 차림으로 동료 교수님들과 학생들과 함께 운동을 했다. 1학년 2학기 때 윤 선생님과 처음으로 탁구 시합을 했다. 고등학교 때 선수였던 나는 공격적으로 게임하였는데 선생님은 멀리서 수비 위주로 게임을 운영하셨다. 처음에는 공격적인 탁구가 유리할 것 같았는데 시간이 흐를수록 체력이 떨어지고 젊은 패기가 노련미를 이길 수 없었다. 그런데 3학년을 마치고 강원도 양구에서 군복무하는 중에 윤 선생님이 돌아가셨다는 믿기지 않는 소식을 듣게 되었다. 너무나 놀라서 사람들은 관 뚜껑을 다시 열고 나오시면서 "놀랬지?" 하고 농담을 하실지도 모른다고 말할 정도였다

벌써 41년 전에 배운 제자라서 무엇을 배웠는지는 많이 기억에서 사라졌지만 항상 웃으시면서 신학하는 열정을 보여주신 선생님으로 인하여 나도 목회하는 신학자가 되었고, 그 학문적 열심과 학구심을 배워서 끊임없이 공부하고 있다. 뛰어난 학자이면서 겸손하게 인격적인 삶을 보여주신 그 분의 신학과 삶을 목회현장에서 화육하며 살아가면서 귀한 스승을 둔 제자들의 복이 이런 것이라고 생각하고 늘 감사한다.

제4부

윤성범: 나의 영원한 스승

이 글들은 넷째 딸 윤남옥 목사에 의하여 쓰여졌습니다. 딸에게 윤성범 박사님은 어떤 의미이고, 어떤 인생의 스승이었을까를 기록한 글들입니다.

1. 하나님께서 40년 전에 계획하신 일

하나님의 은혜로 2016년 5월에 한국을 방문하여 신학대학에 머물면서 아버님 탄생 100주년 기념 학술회를 참석하게 되었다. 뜻밖에 한국에 오게 되었고 계획하지 않은 여행이었지만 하나님은 이미 40년 전부터 계획하고 계셨다. 그것은 내가 아버지를 이해하고 이 분을 위해 무엇인가 해야 하고, 또 할 수 있다고 생각하는데 40년이 필요했기 때문이다. 모세에게 애굽으로 다시 돌아가서 하나님이 주신 사명을 이루게 하시기 위하여 하나님은 광야의 생활을 모세에게 40년 동안 허락하시고 양을 치게 하셨다. 애굽에서 이스라엘 민족을 이끌고 광야로 나오기 위하여 모세는 40년 동안 광야의 습성을 터득할 필요가 있었다.

아버님은 평소에 신학을 어떻게 평신도에게 친근한 학문으로 접목시키는 지에 대한 관심이 크셨다. 평이한 언어로, 평신도의 필요에 대하여 어떻게 접근할 수 있을지 항상 고민하셨다. 그런데 아버님은 평신도의 언어를 찾아내지 못하셨고 결국 신학대학의 교정을 넘지 못하셨다.

하나님께서 40년 동안 나에게 평신도를 만나게 하신 것은 바로 이러한 언어와 그들의 필요와 고민들을 알게 하시는데 사용하신 것 같다. 그래서 하나님은 40년이 필요하셨고, 40년 동안 평신도라는 광야에 나가 있게 하셨다. 그리고 그 평신도의 언어를 가지고 아버님의 신학을 쉽게 풀어쓰게 하시며 이 분의 신학을 신학대학 책상을 넘어 교회 현장으로로 향하고 평신도를 향해 나가게 하신 것 같다. 토착화가 필요한 것은 신학교 교정이 아니라 우리 목회 현장, 곧 평신도들의 삶의 현장이기 때문이다.

나는 하나님의 때(God' s timing)가 있다는 것을 이번 기회로 통하여 강력하게 다시 한 번 더 체험하였다. 천년이 하루 같고 하루가 천년 같은 하나님의 시간에서 40년은 하루에 지나지 않는 시간이기 때문이다. 그 긴 40년 동안 하나님은 나에게 이것이 광야생활이라고 말씀하지 않으셨지만 하나님께서는 나를 평신도와 40년을 함께 하게 하셨고, 평신도 언어로 평신도의 필요에 응답하게 하셨다.

40년 동안 아버님이 신학적 이론을 세운 것을 나는 평신도에게 실제로 응용하게 하였고, 실제 목회 현장에서 이루어지게 하는 화육의 과정을 겪게 하셨다. 아버님은 나에게 토착화를 가르치신 적이 없었고 돌아가신 후, 어떤 말씀도 없이 침묵하셨지만 하나님은 직접 아버님이 그토록 원하셨던 실제를 목회 현장에서 생활화하게 하셨다. 만일 아버님이 살아 계셨다면 "바로 그것이다"라고 말씀하셨을 것 같다.

예수님이 돌아가시고 부활, 승천하신 후 3-40년 뒤에 제자들은 그 분의 복음서를 기록할 필요를 느꼈다. 그것도 이런 맥락이었을 것이다. 예수님의 생애와 신학을 그들이 이해하고 실천하여 "이것이다"라는 어떤 것을 포착하는데 40년이 필요하였을 것 같다. 그리고 40년이 지나니 예수님에 대한 잘못된 이해도 나오고, 그 분을 목격한 증인들이 하나 둘 죽어가기 시작했기 때문일 것이라 생각했다.

이번에 아버님 학술 심포지엄에서 아버님에게 배우지 않은 80년 대(代)와 90년 대(代) 교수님들은 정말 아버님을 모르고, 관심도 없어지겠다는 생각을 했다. 우리 70년도 학번들이 아버님에게 직접 공부를 하게 된 마지막이었기 때문에 더 사명이 큰 것임을 실감하였다.

그리고 제자이면서도 아버님의 DNA를 받은 딸로서 그 분의 신학을 재조명하고 쉽게 풀어서 후학들에게 남겨주어야 한다고 생각했다. 이것은 그 분의 신학이 바로 한국 그리스도인의 정체성에 대한 문제이며, 한국 복음화를 30배, 60배, 100배 열매를 맺을 수 있는 한국적 신학에 대한 시도였기 때문이다. 신학적 사대주의, 신학적 바벨론 포로에서 해방시키는 것과 한국인으로 우리를 찾아오신 예수님을 바로 아는 것은 직접적으로 연결되어 있기 때문이다.

영성과 영적인 지도자들에 대한 것도 사대주의에 빠져 있어서 외국에서 온 예언자들이 하나님에게 더 가까운 것처럼 생각하는 한국 풍토가 일반 사회에까지 영향을 미쳐, 자신의 소신이 없는, 자신의 정체성이 없는 표류하는 사회를 만들어가고 있다. 외국 예언자들의 말을 복음의 진리처럼 생각하는 풍토에 나는 정말 위기를 느끼는 때가 많았다. 예수님을 바라보는 것보다 다른 것과 대치된 무엇을 바라보는 느낌이랄까? 우리의 정체성이 없기 때문에 정치도, 교육도, 신앙도 잘못된 방향으로 흘러가고 있다.

토마스 하디의 부흥의 역사가 원산에서 강원도 도시들로 내려오면서 은혜를 받은 할아버지의 역사와 증조 할아버지, 아버지 그리고 나에게 걸쳐 4대의 역사를 통해 아브라함과 이삭과 야곱의 살아 계신 하나님을 체험하였으며 그들의 개척자적인 열정과 소원이 나의 마음에 다시 불을 붙기 시작하였다.

하나님이 나에게 다시 붙여준 이 불은 토마스 하디 선교사와 노블 선교사가 전해준 그 뜨거운 불이 몇 대를 내려가며 어떻게 더 강해지고 깊어지는 가를 보여주는 것이었다. 그 불이 이제 어떤 불로 나타날지 기대가 더 커진다. 그래서 지난 5월에 한국에 와서 하나님을 다시 만나고, 아버님을 다시 만나면서 나의 사명을 다시 만난 것 같다. 2016년 미국으로 돌아갈 때 다시는 한국에 올 비행기를 타지 못할 건강이라고 생각했는데 하나님은 그것이 아니라는 것도 입증해 주셨다. 처음으로 간병인을 대동하지 않고 스스로 모든 것을 할 수 있다는 것도 입증해 주셨다.

이 모든 것을 가능하게 하여 준 우리 자매들과 감리교신학대학교 교수님들과 남편 잠언 목사님과 메누하(히브리어로 쉴만한이라는 뜻) 가족들에게 깊은 감사를 드린다. 이번에 이 글을 쓰는데도 자매들이 역사적 사실과 다른 것들을 정확하게 수정해 주었고, 내용과 글들을 수정해주며, 이 책의 출판 가능하게 도와주었다. 그리고 자신의 소신을 갖고 핍박과 오해를 받으면서도, 가난 속에서도 묵묵히, 꿋꿋이, 한결같이 이 좁은 길, 개척자의 길을 걸어가신 아버님께 감사드린다. 그리고 이러한 아버님의 딸이라는 것이 너무나 감사하고 자랑스럽다.

2. 아버님과 모닥불 앞에 마주 앉다

2016년 5월, 감리교신학대학을 나온 지 42년 만에 모교에 와서 게스트 룸에서 2주간 머물게 되었다. 학교에 다닐 때도 기숙사에 살지 않았기 때문에 밤낮으로 학교 교정에 머문 것은 나의 생애에서 처음이었다. 이곳에서 나는 치유의 시간을 갖고 있다. 하나님은 나와 아버지와의 관계, 나와 나의 아들과의 관계, 나와 신학교 교수님들과의 관계 등을 다시 조명하도록 도우시고 계신다. 혼자서 상처를 보면 깊은 상처지만 주님과 함께 보면 그 장소가 은혜의 장소가 된다는 내적치유를 강의하면서 원리로 가르치곤 하였는데 바로 그런 경험을 내가 이곳에서 하고 있는 것이다.

감리교신학대학에 대한 나의 추억은 무척 부정적인 것이었다. 신학대학교에 간다는 사명 없이 나는 졸지에 신학대학교 학생이 되었다. 거의 아버님의 강요와 같은 부탁에 의하여, 아들이 없는 아버님께서 딸이라도 신학을 하기 원하셔서 이곳에 들어왔다. 처음 이곳의 느낌은 내가 수녀가 된 느낌이었다. 친구들은 모두 자기 좋아하는 학교에 갔는데 나만 수도원에 들어온 기분이었다. 그만큼 신학교 생활이 암울하였다.

두 번째는 아버님과 교수님들의 설교와 행동이 달라서 모든 목사님들과 교수님들이 위선자로 보였다. 그들은 말씀을 잘하고, 강의도 잘하면서 책도 잘 쓰지만 행동은 전혀 존경받을 수 없는 행동을 우리에게 보여주기도 하였다. 아버님과 다른 교수님들도 마찬가지였다. 너무나 학문에 열중하셔서 가정은 안중에도 없는 분이 많았고, 자신의 아내보다 해외에서 학위를 받고 온 여성 교수들과 대화가 잘 된다면서 더 잦은 만남을 갖는 분도 계셨다.

어느 날, 나는 3년 동안 아버님이 생활과 말씀이 얼마나 다른지 모은 자료들을 편지로 보냈다. 그 편지는 "당신은 위선자 중의 위선자입니다"라고 시작했다. 사랑을 가르치면서 아내와 자녀들을 사랑하지 않는 위선자, 말씀은 너무나 훌륭하지만 집에서는 전혀 그 말씀대로 사는 모습이 안 보이는 위선자, 목사이지만 학생들을 차별하는 위선자, 특히 언어에 뛰어난 제자들, 독일어에 뛰어난 제자들만 사랑하는 것 같은 위선자, 이런 것들을 열거하면서 구체적으로 기록한 자료들을 아버님에게 편지로 보냈던 것이다.

> 아버님은 딸을 사랑한다고 하지만 나는 한 번도 사랑을 느껴보지 못했고, 잘못해서 매를 맞은 기억만 있고, 아버님하고 한 번도 놀러간 기억이 없습니다. 아버님은 도서실과 결혼하였습니다. 자녀들과 아

내는 너무 외로운데, 아버님은 제자들과 다른 이들만 돕고 있습니다.

이런 내용들이 그 편지에 쓰여 있었다. 아버님은 이 편지를 받고 너무 충격을 받아 3일 동안 아무 말도 할 수 없을 정도였다고 하신다. 그 사흘이 지나자 아버님이 나를 불러 앉히고 처음 묻는 말이 이것이었다. "정말 네가 직접 쓴 편지냐?" 내가 했다고는 도저히 믿어지지 않는다는 것이다.

이 어리석음이 얼마나 나를 평생 자책하게 만들었는가? 얼마나 내가 율법적으로 아버님을 바라보고, 아버님의 사역과 목회를 이해하지 못한 채, 아버님의 마음에 상처를 주었는가? 전쟁 중에 천연두를 앓고, 그 때 맞은 강력한 페니실린 주사 때문에 8살 때는 신장이 다 망가져 적십자병원에서 고칠 수 없다는 사망선고를 받았던 나를 극진하게 돌보며 위해서 기도해주신 아버님께 이 얼마나 큰 불효를 저지른 것인가? 딸들 중에서 누구보다도 많은 관심과 사랑을 받는 내가 어떻게 이런 행동을 할 수 있었는가? 너무나 가슴이 아프고 후회가 되는 일이었다.

그런 슬픈 기억들이 있는 이 암울한 장소에 내가 들어왔는데 수 십 년이 지난 지금, 아버님과 나는 베드로와 같이 모닥불 앞에 앉아 있다. 아버님을 위선자라고 부르며 가슴에 비수를 꽂던 그 장소에 서로 마주 보며 앉았다. 이런 장소에서 아버님은 "나를 사랑하느냐?"라고 물으시고 나의 부족함과 배은망덕한 과거를 들추어내지 않으셨다.

그렇게 아무 질책도 하지 않는 것이 더 괴롭다. 하나님은 벌써 오래 전에 아버지의 사랑에는 용서가 이미 포함되어 있다고 말씀하시고 너의 잘못을 아버지는 기억하지 못하신다고 하셨다. 그럼에도 불구하고 아버님과 다시 이 교정에서 만났다. 그 분이 엠마오로 내려가는 제자에게 설명하듯 아버님의 생애와 비전, 그리고 신학과 하나님을 사랑하고 가족과 한국을 사랑하셨던 당신의 생애를 아주 자세하게 설명해 주셨다.

엠마오로 내려가던 내가 다시 주님을 만나고 상처의 자리였던 모교에 오게 된 것 같다.

혼자 보면 상처지만 하나님과 함께 보면 치유의 장소, 은혜의 장소가 된다. 아버님은 나의 과거의 잘못을 지적하지 않으시고 앞을 바라보게 하신다. 그리고 내가 한 것과 똑같은 행동을 하는 나의 아들을 통해서도 나를 다시 보게 하신다. 아버님은 나에게

> "나는 네가 나를 혹독하게 비판할 때에도 아버지 됨을 포기하지 않고 여전히 너를 사랑했고, 내가 나에게 상처를 줄 때에도 그 상처를 십자가 위에서 해결 받았다. 지금도 늦지 않았으니 새로운 일을 향하여 일어나라. 네가 만일 나를 사랑한다면 내가 사랑했던 나의 제자들을 사랑해주어라."

마지막 날에 주님도 이렇게 물으실 것 같았다. "네가 나를 사랑하느냐?"

얼마나 많은 일을 했는가? 얼마나 많이 분주했는가? 얼마나 높이 올라갔느냐? 얼마나 많은 사람들을 안수했는가? 얼마나 교인들을 많이 모았는가? 얼마나 많은 책을 저술했는가?를 묻지 않으시고 "네가 나를 사랑하느냐?"고 물으실 것 같다. 이러한 사랑, 헤세드의 사랑이 인생에서 무수히 받았던 상처의 화살을 뽑아주시고 새로운 일을 위해 호렙 산을 향해 가는 엘리야처럼 나의 피곤한 무릎을 다시 일으키신다. 예수님과 마주 앉은 베드로에게서 사랑을 확인하시고 새 사명을 주신 것 같이 아버님도 다시 나의 사랑을 확인하시고 새로운 사명을 향해 일어나게 하신다. 모든 것에 늦은 것은 없다고 하시면서 ….

3. 아버님의 죽음은 나에게 새로운 생명의 삶을 열어 주셨다

나는 두 살 반 때 아버님이 스위스 바젤로 유학가시는 바람에 아버지와 친밀한 관계를 갖지 못하고 자라났다. 이것이 항상 나와 아버지와의 관계의 걸림돌이 되었다. 아버지 같이 느껴진 것은 중학교 때, 맹장수술하고 병원에 누워 있었을 때, "남옥아, 얼마나 힘드니?" 하면서 걸어 들어오시는 아버지가 처음으로 아버지처럼 느껴질 정도였다.

나의 신학대학 생활은 평범하고 지루했다. 믿음이 없는 상태에서 아버님의 권고로 들어간 신학대학은 나에게 생소하였고 흥미도 없었다. 그래서 나는 항상 "신학대학 4년만 졸업하면 그 다음에는 무엇이든지 할 수 있다"고 다짐하면서 일차 아버님의 소원은 들어드렸지만 이 길을 계속해서 걸어갈 생각은 없었다.

공부하라는 대로 하면서 소극적인 신학대학 생활이 시작되었다. 일반 대학생처럼 미팅 한 번 못해보고, 기도하고 공부만 하는 남자 신학생들을 바라보며 저 사람들은 무슨 소명이 있기에 이런 수도원에 왔을까 하고 의아해했다. 신학교는 나에게는 정말 수도원과도 같았다. 나는 가끔 내가 졸업한 고등학교를 바라보면서 밝고 자유롭고 아름다웠던 그 시절을 추억하기도 하였다.

그리고 나의 어머님의 "네가 여인으로서 행복을 누리려고 하면 첫째 맏며느리는 되지 말거라. 그리고 목사 사모는 되지 마라. 이 두 가지만 되지 않으면 너는 한 여인으로서의 소박한 행복을 누리게 될 것이다"라는 말씀을 마음에 새기고 새기면서 신학생에게는 눈길도 주지 않고 연애는 절대로 안 한다고 다짐하며 하늘만 바라보며 학교를 다녔다.

어머님은 목사이면서 장남인 아버님에게 시집오면서 초기 목회자 생활 속에서 참담할 정도의 극심한 가난을 겪으셨다. 강화에서 목회하실 때는 바다에 뛰어들어 생을 마감하고 싶을 정도로 어려움을 겪으셨기 때문에 딸들이 이 길을 다시 걸어가는 것을 원하지 않으셨다. 그런데 나의 남편도 팔 남매의 장남이며 목사이다. 두 가지만 피하면 된다고 했는데 나는 그 두 가지를 다 가지고 있는 남편과 결혼하게 되었다.

그러나 양가 아버님들이 기대하는 그런 목회자가 되기 싫어서 아버님들의 간섭이 닿지 않는 곳으로 줄행랑을 쳤다. 아버님은 그 당시에 교계에 널리 알려져 있었기 때문에 그 분의 딸이라는 것과 사위라는 것이 우리에게는 항상 부담과 스트레스를 주었다. 그 분의 자제로, 그 분의 수준에 맞게 살아가야 하는 것이 나에게는 큰 심적 부담이 되었던 것이다. 그래서 우리는 이런 기대를 가지고 살지 않아도 되는 미국으로 이민을 떠났다. 그렇게 1977년 우리는 미국에서의 광야 같은 이민생활을 시작하였다. 8개월 된 딸 선경(Jenni)이를 데리고 무작정 온 미국에는 상상할 수도 없었던 어려움들이 우리를 기다리고 있었다.

그러던 중 1980년 한국에서 아버님으로부터 편지가 왔다. 그 편지 봉투에는 '사랑하는 남옥이에게' 라고 붓글씨로 써 있었다. 그것을 보는 순간 웬일인지 이것이 아버님의 마지막을 알리는 유서같이 느껴졌다. 아버님이 돌아가실 것 같은 불길한 생각이 들었다. 왜 그런 마음이 들었는지 모른다.

> 네가 임신 중인데 주위 사람들이 얼굴이 창백하여 빈혈처럼 보인다고 한다. 그래서 내가 좋은 한약을 보내니, 잘 다려먹고 재탕도 해먹어라. 그리고 연수정 반지들을 보내니 팔아서 해산하는데 드는 비용에 보태거라.[1] 그리고 남는 것은 나누어 가져라. 내가 매일 아침 너희들을 위해 기도하고 있으니 미국에서 다시 신학공부를 하고 목회를 하라

---

1) 연수정 반지, 목걸이들을 많이 보냈는데 아버님은 이것을 어떻게 팔을 수 있는지 팔아서 해산 비용에 쓰라고 하셔서 한참을 울었다.

는 당부셨다. 우리는 미국에서 평범한 평신도 생활을 하며 목회에 대한 꿈을 접은지 오래되었는데 아버님은 매일 그것을 놓고 기도하고 계셨다. 나는 "아버지, 저희들은 이 생활이 행복하니 우리를 위한 걱정을 마시고 다른 제자들을 위한 기도나 하시지요"라고 마지막 편지를 보낸 차에 1980년 1월 아버님이 갑자기 돌아가셨다는 소식을 접하게 되었다.

아버님이 돌아가셨을 때 나는 임신 7개월의 무거운 몸이었다. 모두들 장례식 때문에 한국으로 나가고 나와 나의 딸 선경이만 미국에 남았다. 나는 아버님이 그렇게 갑자기 돌아가셨다는 것이 실감이 나지 않았다. 그래서 울고 또 울었다. 이런 갑작스러운 충격과 슬픔으로 인하여 아들이 예정일보다 한 달 먼저 태어나게 되었다. 나는 병원에서도 계속 울면서 아들의 이름을 야곱(Jacob)이라고 지어 주었다. 나도 이제 뭔가 모르게 야곱과 같이 신앙적으로 매달려야 할 때가 온 것 같았기 때문이다. 8남매 가정의 맏아들에게 시집을 와서 이 집에서 바라던 장손 아들을 낳았으니 기쁨이 하늘에 닿아야 하는데 너무 큰 분을 잃어버린 상실감에 아들을 낳은 기쁨도 느낄 수 없었다.

4. 나는 그 분을 통해 하나님의 사랑과 용서를 만났다

그 때 나는 환상을 보았다. 누가복음 15장의 환상이었다. 탕자를 기다리는 아버지의 모습이었다. 나에게 보여준 환상은 돌아오지 않는 탕자를 기다리다가 그 자리에서 털썩 주저앉아 돌아가시는 아버님의 모습이었다. 나는 그 환상의 의미를 생각하며 울고 또 울었다. 이렇게 운 것이 3년이나 계속되었다. 그 때 나는 사람의 눈물샘이 이토록 깊다는 것을 깨달았다.

그러나 정말 아버님은 이제 이 땅의 사람이 아니었다. 그 분은 한마디 말씀을 할 수 없고 나와 함께 대화할 수 없는 이 지상의 사람이 아니었다. 그 분이 돌아가신 것이 현실이라는 것을 깨닫는 데에도 몇 년이 걸렸다.

나는 아버님이 갑자기 돌아가시고 나자 내가 참으로 큰 불효자였다는 것을 깨달았다. 아버님이 원하시는 공부와 목회는 안하고 세상 직업을 갖고 먼 곳에 와버렸다는 것이 더욱 마음에 걸렸다. 그 분에게 기쁨으로 목회하는 모습을 보여드리지 못한 것이 너무 마음이 아팠다. 아버님에게 어떤 기쁨도 드리지 못했다는 것 때문에 정말 가슴을 치고 울고 싶었다. 그래서 이렇게 하나님께 떼를 쓰고 기도를 하였다.

> 주님, 이 땅에서 한 번만이라도 아버님을 더 보게 해주시고 그 분의 손을 붙잡고 용서를 구할 수 있는 기회를 주십시오. 안 된다면 저에게 꿈에라도 나타나셔서 제가 용서를 구할 수 있는 기회를 주십시오.

밤마다 베개를 적시고 울었지만 아버님은 꿈에도 나타나지 않으셨다. 그러던 어느 날 드디어 아버님이 나의 꿈에 나타나셨다. 나를 꾹 껴안아 주셨다. 나는 너무 기뻐서 울고 또 울었다. 아버님은 나와 남편을 불러놓고 시험지를 각각 한 장씩 나누어 주셨다. 우리는 시험을 보았는데 3, 40점을 맞았다. 언제나 좋은 성적을 받아서 교만하던 나에게는 의외의 점수였다. 아버님은 우리에게 엄한 목소리로 말씀하셨다. "너희들이 할 수 있는데 최선을 다하지 않는구나."

그러시면서 나에게 목조로 만들어진 배(Ship)를 보여주셨다. 마치 노아방주처럼 큰 배였다. 아버님은 당신이 이 배를 50% 정도는 지으셨다고 말씀하셨다. 그러면서 나를 사랑이 가득 찬 눈으로 보시면서 "나머지는 네가 완성하도록 하여라" 고 말씀하시고 나를 꽉 껴안아 주셨다. 그리고 갑자기 깨었다. 아버님을 만난 그 기쁨과 슬픔이 나를 울게 하였

던 것이다. 눈을 떠보니 사랑하는 아버님은 보이지 않고 어떻게나 울었던지 나의 베개가 흥건하게 젖어 있었고 어깨를 들먹거리고 계속 울고 있었다. "아버님, 그 배가 무엇을 의미하지요? 어떻게 제가 그것을 완성할 수 있지요? 아버지 저에게 가르쳐주세요."

그 이후로 아버님은 나의 꿈에 나타나지 않으셨다. 그 해가 1980년, 이때부터 나의 본격적인 영적 순례가 시작되었다. 3년을 흐느껴 울면서 아기에게 우유를 먹일 때도 울고 아기가 울면 나도 따라 울고 갑자기 생각이 나면 또 울고… 울음은 그칠 줄 몰랐다. 아버님에 대한 그리움, 그리고 불효자로서의 회개, 이런 것들이 복합적으로 섞여 있어서 나의 침상은 눈물로 항상 젖어 있었다. 그리고 돌아오지 않는 탕자를 기다리다가 털썩 주저앉아 돌아가시는 아버님의 환상은 누가복음 15장이 나에게 레마로 열리는 첫 번 단추가 되었다.

누가복음 15장의 주인공은 탕자가 아니라 아버지이며, 잔치를 베푼 것은 아들을 위해서가 아니라 아들을 다시 찾은 아버지를 위한 것이었다는 것을 깨달았다. 나는 아버지에게 잃은 아들을 되찾은 기쁨의 잔치를 베풀어 드리지 못하고 그냥 돌아가시게 한 죄책감으로 인하여 매일 울고 또 울었다.

아버님이 갑자기 돌아가시고 나자 마음에 오는 가장 큰 자책은 '내가 너무 큰 불효자' 였다는 것이었다. 아버지의 용서를 받지 못한다면 나는 더 이상 살 수 없을 것 같았다. 그러나 이렇게 노력하였지만 나의 마음은 용서받은 감격을 전혀 누릴 수 없었다. 그러던 어느 날 하나님은 이렇게 말씀하여 주셨다.

> 사랑하는 남옥아! 너의 아버지는 너를 참으로 사랑하였고 그 사랑에는 이미 용서가 포함되어 있다. 너의 아버지는 너의 잘못을 기억조차 못하고 있다.

그 때 나에게는 진정한 누가복음 15장의 메시지가 열렸다. 아버지의 사랑에는 이미 용서가 포함되어 있으며 누가복음 15장의 진정한 주인공은 아들이 아니라 돌아온 탕자를 가슴에 품고 기뻐하는 아버지이며, 하나님은 그 성경에서 탕자를 용서하는 아버지의 사랑을 강조하고 계셨던 것임을 깨달았다. 이러한 누가복음 15장의 메시지가 육신의 아버지 사랑을 통하여 생생하게 나에게 열렸다. 돌아가신 후 한마디 말씀도 하지 않으셨고 변명도 않으셨지만 그 분이 얼마나 나를 사랑하였으며 돌아오기를 기다렸는가를 깨닫게 되었다.

그 이후로 나의 삶에는 행복과 자유가 넘쳤다. 나는 우리가 여전히 죄인임에도 불구하고 문을 열고 기다리시는 아버지, 이미 용서하고 기다리시는 아버지, 그런 아버지의 사랑과 용서가 있기에 오늘도 이렇게 아버지가 나를 통하여 하기 원하시던 사역을 계속할 수 있고, 또한 나에게 주어진 이웃들을 사랑하고 용서하며 기뻐하며 살 수 있는 은혜의 인생을 누리고 있다는 것을 감사하며 살고 있다. 이제 나는 그 분의 딸이라는 것이 너무 감사하고 그 분이 나의 아버지라는 사실이 얼마나 큰 복인줄 알게 되었다. 나는 아무 공로가 없지만 이렇게 아름다운 신앙의 명문 가정에 태어난 것이 무엇과도 바꿀 수 없는 하늘의 복이었음을 알게 되었다. 그리고 그 분과의 만남을 나는 인생에서 하나님이 나에게 주신 가장 큰 선물로 알고 감사하며 살게 되었다. 그 분은 나에게 하나님의 사랑을 가르쳐준 육신의 아버지였다.

5. 나는 아버지 삶의 연장이다

앞에서도 말했지만 넷째 딸인 나는 고등학교 3학년 때 아버님의 간절한 부탁을 이기지 못하여 신학대학에 입학하였다. 본래 개인적인 믿음의 고백이 없었던 나는 신학대학 생활이 그렇게 재미없을 수가 없었다. 그래서 신학대학과 대학원 6년을 졸업하고 미국으로 이민 오면서 마음속으로 신학은 결코 계속하지 않겠다는 결심을 했다. 그러던 중 1980년 아버님은 심장마비로 갑자기 타계하시게 되었다. 평소에 그토록 원하셨던 딸과 사위의 목회를 보시지 못하고 돌아가신 것이다.

그 후 아버님의 소원(자녀들 가운데 누군가 신학을 이어주기를 원하는)을 이루어 드리고 싶어서 클레아몬트신학대학에 입학하였다. 그리고 그곳에서 나는 웨슬리를 만났고 웨슬리의 영성을 주제로 박사논문을 쓰게 되었다. 나는 내 자신이 지극히 복음적인 목회자라는 것을 흡족하게 생각하면서 아버님의 신학과 나의 신학은 철저하게 다른 것이라는 생각을 가졌다. 부흥회를 인도할 때 "아버님과는 전혀 다르군요"라고 말해주면 내심 기뻤다. 아버님은 내가 아버님의 신학을 이어줄 것을 원했지만 내 마음 속으로는 결코 그 일을 감당하지 않으리라고 다짐, 또 다짐하였다. 나는 신학자가 되기보다는 할아버지 윤태현 목사님처럼 목회자로서 전도 부흥사로서 살겠다고 결심하였다.

그러던 중 미국 뉴욕의 한인연합감리교회에서 가정에 관한 부흥회를 인도하고 있을 때였다. 그 목사님은 나의 설교를 들으면서 남다른 감동을 받으셨다. 그 분은 나의 설교의 내용에서 아버님이 평소에 강조하고 있던 모든 것들을 발견했다고 말씀하셨다. 나의 설교를 듣는 내내, 마치 윤 박사님의 강의를 듣는 것 같았다고 하셨다. 그 분은 나에게 감동적인 고백을 하였다.

> 과거에 나는 윤 박사님에게 이런 약속을 했었다. 내가 윤 박사님의 토착화신학을 이어가겠다고. 그런데 나는 목회자로 남았고 결국 나에게는 윤 박사님의 한국적 신학을 이어가지 못한 것이 항상 죄책감으로 남아 있었다. 그런데 따님의 설교를 통하여 윤 박사님이 살아계신 것을 보았으며 한국적 신학(토착화)이 딸들과 제자들의 삶과 목회에서 이미 이루어지고 있음을 보았다. 한국적 신학은 책상에서 이루어지는 것이 아니라 제자들의 삶과 목회에서 생생하게 육화되고 있음을 알게 되었다. 나는 학문적으로 한국적 신학을 이어가지 못한 죄책감으로부터 해방이 되었다.

이 고백은 또한 나의 고백이 되었고 나의 삶을 변화시켰다. 그렇다! 아버님은 자신의 삶과 신학을 함께 나눈 제자들의 삶 속에 생생하게 숨

쉬고 있으며 설교하고 있으며 화육되고 계신다!! 나는 뉴욕 호텔 안에서 방방 뛰며 기뻐하였다. 나의 정체성을 발견했기 때문이었다. 왜 내가 그토록 귀한 존재였는지 깨닫는 순간이었기 때문이었다.

> 그렇다. 내 안에 아버님이 살아 계신다. 딸들의 삶에도 살아 계신다. 제자들의 삶에도 살아 계신다. 그런데 하물며, 딸이며 제자인 내 안에서 아버님은 계속 토착화의 신학을 이어가시고 계시지 않겠는가? 나는 아버님과 분리된 것이 아니고, 아버님 삶의 연장이다. 그러므로 나는 살아야 한다. 제자들도 귀하지만, 그 분의 DNA를 물려받고, 그 분과 삶을 함께 한 딸인 나는 꼭 살아서 그 분이 계속 하실 일을 하시도록 해 드려야 한다.

영성훈련원을 인도하면서 나는 아버님의 신학과 나의 신학이 아주 가깝게 있다는 것을 깨달았다. 소위 말하는 보수주의와 자유주의의 차이는 겉옷 하나의 차이라는 것을 깨달았다. 그 분은 신학적 이론을, 나는 그 이론을 평신도에게 전하는 일을 현장에서 한 것뿐이다. 그 안에 숨 쉬는 복음은 같은 것이며 같은 생명을 누리고 있다. 그 안에 하나님을 사랑하고, 제자들을 사랑하는 마음은 같은 것이다.

아버님이 한국적 신학에서 부르짖고 있는 핵심, 곧 한국 그리스도인의 정체성과 기독교 영성에서 말하는 정체성은 같은 것이며, 한국적 신학이 뿌리를 내려야 하는 자리에 대한 관심과 그 자리로 오시는 참 한국인이신 그리스도에 대한 관심이 영성에서 말하는 것과 일치하는 것을 깨달았다. 그래서 아버님의 책들을 다시 읽기 시작하였다. 그리고 마음에 감동이 넘쳐왔다. 갈라디아와 로마서를 주석한 아버님의 글들[2]에서 능력 있는 복음을 전하는 것을 보고 놀랐다. 왜 이러한 부분들이 제외된

---

2) 《윤성범 전집 제5권 , 성서연구: 로마서와 갈라디아서》 전체.

특정한 '신학' 만이 그 분의 것으로 전해지고 있었던 것일까? 아버님의 신학 전체를 읽어보지도 않고 비판만 앞세우는 이유는 어디에 있을까?

정말 그 분은 위대하신 신학자이다. 그의 전집에는 놀라운 보화들이 있으며 한 시대가 낳은 천재적이며 거대한 학자의 자취가 보였다. 현대는 전문신학자의 시대이지만 아버님은 조직신학을 망라하는 거대한 작업을 이루어 놓으셨던 것이다. 그 분은 감리교회가 낳은 위대한 신학자 중의 신학자였다. 나는 겸손하게 무릎을 꿇어야 했고 이러한 위대한 신학적 유산을 남겨주신 그 분에게 감사, 감사하였다. 그리고 아버님이시면서 나의 스승님이셨던 윤 박사님이 이 땅에서 신학자로서, 목회자로서의 삶을 살도록 허락하신 하나님께 감사하고, 또 감사하였다.

6. 얼마나 이 길이 외로운 개척자의 길이었을까?

나도 이제 은퇴하고, 태어난 지 66년이 되었다. 내가 태어난 생일 다음날 나는 나에게 생명을 주신 아버님을 회고하게 되었다. 왜 이렇게 늦게 아버님을 회고할 시간이 주어졌을까?

예수님을 기억하며 마지막 목격자가 된 제자들도 예수님을 위해서 당장 복음서를 기록하지 않았다. 복음서가 기록된 것은 예수님이 돌아가시고 나서 3, 40년 뒤이다. 아버님도 돌아가신 후 37년이 되었는데 아버님을 기억하는 책도 나와야 할 시기가 된 것 같다. 예수님에 대한 목격자들이 죽어가고, 예수님에 대해 이단적 논란들이 나오기 시작했을 때, 제자들은 글을 써서 확실한 예수님을 증거할 필요를 느껴 복음서들이 기록된 것이리라.

아버님에 대하여 책을 쓴다는 것은 너무나 방대해서 시도해 보지도 못한 일이었는데 나도 목격자로서 그 분에 대한 글을 남겨야 하지 않을

까를 생각해 보았다. 아버님에 대해서 잘못 인식되고, 아버님이 뒷방에서 외로이 계시고 현대신학에서 소외되고 있을 때, 그 분을 세상에 알리고 그 분의 신학하는 동기, 의도, 꿈이 되살아나야겠다는 생각을 막연히 해보게 되었다.

어리석고 교만하여 아버님의 외로운 개척자의 길을 이해하지 못한 딸로서 이것은 회개를 넘어 참회의 시간이 되었다. 내가 그 길을 걸어보고 나의 길을 이해해주지 못하는 아들을 보면서 아버님이 걸어가셔야만 하셨던 외로움도 뼈저리게 느끼게 되었다. 그리고 경제적으로 어려운 학교 재정 상태에서 교수님들에게 몇 달이나 월급을 주지 못해 너무나 괴로웠던 아버님은 경제적 스트레스 때문에 건강이 더 악화되었던 같다.[3] 그 때는 경제적인 문제가 제일 큰 어려움이었는데, 그러한 극심한 스트레스가 아버님을 64세에 병으로 쓰러지게 한 이유가 아닐까 생각한다. 지금 신학대학들이 경제적으로 부유해지니까 다른 갈등을 학교에서 겪고 있다. 그 때는 밥을 못 먹어도 제자들을 가르치는 사명감으로 모든 것을 희생하던 우리의 스승님들은 다 천국으로 가셨다. 이제 그런 분들의 따듯한 가슴이 너무 그립다.

아버님은 자신의 신학을 알아주지 않고 비판을 받고 매도당할 때, 얼마나 외로우셨을까? 아버님은 다른 교단으로부터 신학계의 이단자로 몰렸다. 평화통일을 말하다가 정보부에 붙잡혀가서 밤을 샌 적도 많으시고 집 안에 경찰이 와서 압수수색하던 밤을 잊지 못한

3) 아버님이 학장 되기 전에는 미국 선교부에서 도움을 주다가 아버님이 시무하시면서 자립을 해야만 하였다.

다. 10년 이상 사상 감시를 받으신 아버님, 지금 평화통일하자는 말을 해서 잡혀가는 사람들이 있는가? 세상이 변해도 너무 변했다.

그러나 아버님이 더욱 외로우셨던 것은 가족들이 이해해주지 못했다는 사실이다. 어머님은 어려운 살림에 딸 다섯을 키우기 바빴고, 딸 다섯은 경제적으로 어렵게 생활을 해야 하는 아버님의 교수직이 정말 어느 때는 창피하기도 하였다. 이화여중에서 교수님 딸들에게 어떤 장학금을 주는 일이 있었는데 신학교 교수는 교수가 아니라고 나는 제외되었다. 밖에서 신학교라는 곳도 있느냐? 하면서 아버님의 교수직을 전면 부정하는 사회에서 우리는 아버님을 부끄러워 한 적도 많다. 더군다나 신학은 이해하지도 못했다. 그래서 집에 들어오시면 대화할 상대가 없었고, 아버님은 너무 외로우셨을 것 같다.

그 분의 선구자적인 목회도, 사역도, 신학도 어느 것 하나 우리 가족은 이해하지 못했고 경제적으로 무능한 아버님이 원망되기도 하였다. 오히려 나는 그 분에게 힘을 주거나 도움이 되기는커녕 근심거리만 되었고 특히 죽음의 계곡을 두 번이나 겪으면서 아버님의 걱정거리가 되었었다. 중 · 고등학교에서 등록금을 재촉 받을 때마다 우리 자매들은 영락없이 담임 선생님에게 불려가 부끄럽게 서 있어야만 하였다. 언니 옷을 뒤집어서 새 것처럼 해서 동생이 입고 그 교복을 다시 뒤집어서 동생이 입어서, 넷째인 나에게 내려오면 교복은 안팎에 상관없이 여기저기 기운 모습이 보여 너무 창피하였다. 어린 나이에 한국의 재벌들 딸들은 다 모여 있는 이 학교에서 어떻게 이 가난한 목사와 신학대학교수를 부끄러워하지 않을 수 있단 말인가?

그러나 예수님이 승천하실 때에도 천사들은 하늘만 쳐다보지 말고 어서 가서 할 일을 하라고 하신 것처럼, 마냥 과거에만 사로 잡혀 있을 수 없다. 그 분이 무엇 때문에 한국교회의 미래를 위하여 희생하셨는지 알고 우리 딸들도 어서 가서 아버님이 원하시던 일을 해야 할 때가 아닐까? 창조적인 회개와 참회가 될 수 있어서 이현부모(以顯父母)가 우리에게 육신이 되어 나타나야 할 때인 것 같다. 그의 외로움이 외로움에 그치지 않고 생산적인 열매로 나타날 수 있도록 과연 딸들과 제자들은 무엇을 할 수 있을까?

그러나 한편 이러한 선구자적인 개척자의 길을 걸어가신 아버님의 가족도 너무 외로웠던 것은 사실이다. 아버님은 도서실과 결혼했다고 생각했으며 상대적으로 아내와 자녀들도 무척 외로웠다. 내가 부흥회를 다니고 해외에 나가 집회를 하는 동안, 우리 아이들은 집에 남겨서 남편 목사님이 돌보아야 했다. 그래서 나는 자녀들에게 "나는 너희의 엄마지만, 엄마도 다른 사람들과 잠시 나누어 가져야 돼. you have to share your mon with others"라는 말을 하며 아이들이 이해해 주기를 바랐다. 참으로 힘든 말이었다. 아버지와 어머니를 다른 사람들과 나누어 갖는다는 것은 장난감을 나누어 갖는 것과는 본질적으로 다르다. 그렇게 우리 아버님도 항상 아버지이기 전에 공인이셨고, 성도들과 학생들과 교수님들이 아버님을 차지하였다.

아마도 이러한 상황에서 제일 외로웠던 분은 어머니이셨을 것이다. 그리고 자녀들이 우리도 아버님과 어디 놀러간 기억이 없다. 잠시 아침식사를 함께 하면 아버님은 나가셨고, 아버님 오시는 것을 저녁에 보고 잔 적이 드물었다. 어린 마음에 아버님이 다치시거나 사고가 난 것이 아닐까 하고 걱정하며 마음을 졸이며 밤잠을 설친 적이 많았다. 그렇게 귀한 일을 하고 계시지만 어린 자녀들에게는 목사님이 필요한 것이 아니라, 함께 해줄 아버지가 필요할 뿐이었다. 그런 면에서 우리와 마찬가지로 유명한 신학자, 유명한 목회자를 둔 자녀들이 불쌍한 마음이 든다. 어떻게 외부의 사역과 가정의 자녀들과 함께 하는 생활의 조화를 이룰 수 있을까가 목회자들의 숙제이기도 하다.

훌륭하신 분이기 때문에 가족들이 희생된 것, 지금 생각하면 귀한 가족의 동역이었다. 하지만 아버님의 깊은 뜻을 잘 이해하지 못한 나는 절대로 목회자의 길은 걷지 않겠으며, 그러한 목회자와는 결코 결혼하지도 않겠다고 했는데 하나님은 우리 부부가 모두 이 길을 걷게 하여, 또 다시 우리 자녀에게 이 외로운 길을 걷게 하는 결과를 낳았다. 지금도 이 숙제를 푼다는 것은 너무 어려운 것 같다. 가족의 희생과 협조, 그리고 이해가 없다면 이런 길을 걸어가는 가정들은 너무 외롭고 좁은 십자가의 길이 될 것 같다. 밖에서 보면 훌륭한 분이지만 집에서는 함께 하는 시간이 너무 없는 바쁜 아버님이셨다. 그래서 아버님도 외로웠고, 어머님도 외로웠고, 우리 자녀들도 매우 외로운 길을 함께 걸었던 것 같다. 지금은 이러한 신앙의 명문가정에 태어난 것을 하나님께 감사하지만, 그렇게 되기까지 이 길은 좁고 외롭고 가난에 많이 울었던 길이었다.

7. 아버님은 삶도 죽음도 성(誠)이셨다

아버지의 인생을 한 마디로 요약하라면 그 분의 삶은 성(誠)으로 시작해서 성(誠)으로 마치셨다고 표현하고 싶다. 성(誠)은 아버님 생애의 처음(알파)이자 마지막(오메가)이었다. 그 분은 성(誠)의 삶, 곧 말씀이 육신이 되는 삶을 향해 달려오셨고, 마지막도 성(誠)으로 마치셨다.

항상 성도들이나 한국교회에 대하여 안타까워 하셨던 것은 말씀이 생활에서 나타나지 않는 사실 때문이었다. 그 분은 성(誠)이 없으면 아무 것도 이룰 수 없다고 몇 번이나 강조하셨다. 신앙의 생활화, 곧 성(誠)이 이루어지지 않는 성도나 교회에 대하여, 나아가서는 한국교회에 대하여 마음이 아파하셨다.

나는 목회자들과 영성훈련 하는 가운데 화육의 영성을 가르치면서 아버님의 성(誠)의 신학과 같은 맥락에 있음을 알게 되었고, 예수님의 생애도 성(誠)으로 시작해서 성(誠)으로 마치신 것을 알게 되었다. 이 세상에 성육신하셔서 33년간의 시간을 보내신 예수님은 십자가에 달리셔서 다 이루셨다고 말씀하셨는데 무엇을 이루셨다는 뜻인가? 바로 예수님을 통해서 하시려고 하셨던 하나님의 뜻을 다 이루어 구원을 완성하셨다는 뜻일 것이다.

> 예수께서 운명하실 때, 다 이루었다(it is finished)라는 표현은 '말씀이 이루어짐' (誠)을 뜻한다고 보아도 무방하다.[4]

아버님이 돌아가시던 날, 나는 로스앤젤레스에서 살고 있었다. 1월 21일 오후 한국 텔레비전을 보는데 총학장 회의에 대한 뉴스가 나오는데 마침 아버님이 사진에 찍혀서 나왔다. 그 뉴스에 아버님이 제일 앞쪽에 앉아 계셔서 카메라에 잡혔던 것이다. 나는 무척 반가웠다. 그 총장회의를 마치고 아버님은 둘째딸 명옥 언니네 집에 가서 사위와 함께 미식축구를 보다가 늦게 집에 가셨다고 한다.

그날은 무척 추운 겨울이었다. 그럼에도 아버님은 여전히 오전에는 학교에서 정구를 치시는 것을 거르지 않으셨다고 한다. 건강의 이상을 다른 사람들이 발견하지 못하던 상태라 장수하실 것이라고 생각하던 주위 사람들에게 아버님이 그 밤에 쓰러지신 것은 모두에게 충격이었다.

아버님이 어지럽다고 하시면서 쓰러지시니까 어머님은 평소 다니는 동네 의사에게 달려가셨지만 그 의사가 왔을 때는 아버님이 심장마비로 세상을 떠나신 후였다. 가까운 의원도 문을 이미 닫는 후여서, 잠자던 의사를 깨워 달려왔지만 아버님은 기다려 주지 않으셨다. 어머님이 의사를 부르러 가고, 막내딸 귀남이만 아버님 곁에 남았는데, 귀남이의 손을 잡고 "내가 하늘나라에 가게 되었으니 찬송가를 불러 달라" 고

4) 윤성범, 《한국적 신학》(서울: 서울문화사 1972), 17.

하셔서 귀남이는 "아버지, 그런 말씀 마세요"라고 말했더니 "나는 내 할 일을 다 했다. 급하다. 빨리 찬송가를 불러다오" 하셔서 막내딸 귀남이가 부르는 찬송가를 들으시면서 마지막을 맞이하셨다.

내 할 일을 다 했다. 이것이 바로 내가 할 일이 다 이루어졌다, 나의 삶에서 성(誠)이 완성되었다고 말하는 것이리라. 십자가상에서 다 이루었다고 하신 예수님의 말씀과 서로 연결되는 것이다. 아버님이 할 일을 다 하셨다고 말씀하셨는데 무엇을 다 하셨다는 말씀일까?

아버님이 돌아가시기 전, 평소에 하지 않으셨던 행동들을 하셨다고 주위에서 전한다. 그것은 사무실을 깨끗하게 청소해 놓고, 그동안 연락이 없었던 사람들에게 일일이 편지를 쓰셨다. 아마 아버님은 하늘나라 본향에 돌아가실 준비를 이미 하셨는지도 모른다. 나에게도 편지를 돌아가시기 일주일 전에 보내시면서, 가까이 있는 삼촌의 딸들에게도 일일이 안부를 전해주라고 부탁하셨다. 그리고 돌아가신 후, 책상 위에는 선한용 박사님을 신학대학 교수로 초청하는 공식 서신이 놓여 있었다.

그리고 이제 다시 신학을 시작해서 목회를 하라고 당부하시면서 클레아몬트에 있는 존 캅 교수에게 추천서를 써 보냈으니 언제 한번 찾아뵙고, 그 분 아래서 공부하라고도 당부하셨다. 내가 아버님이 떠나신 후, 존 캅 교수를 만나러 클레아몬트신학대학을 찾아갔을 때, 아버님은 나를 환영해 주셨다. "사랑하는 남옥아, 나는 결국 네가 이곳에 올 줄 알았다." 그 후, 아버님이 그토록 원하셨던 클레아몬트신학대학원에서 7년간의 공부를 하게 된다. 가까운 곳에 풀러신학대학원도 있었고, 남편은 그 학교에 다니지만 나는 아버님이 원하시는 학교에 가는 것으로 효도하고 싶었다. 살아 계실 때는 효도하지 못했지만, 아버님이 하늘나라에서 만이라도 기뻐하시는 모습을 보고 싶었다.

언제나 딸들의 건강과 나아갈 길에 대하여 새벽에 기도로 시작하신 아버님의 마지막 말은 "다 이루었다"였다. 말씀이 이루어졌다. 곧 성

(誠)으로 시작해서 성으로 일이관지(一以貫之)하고 성으로 마치는 인생이었던 아버님은 불러주는 찬송가를 들으시면서 편안히 하늘 아버지가 준비하신 본향으로 돌아가셨다. It is finished!! 아버님이 이루셨다고 기뻐하시면서 본향으로 가신 것, 이루신 것, 할 일을 다 하신 것은 무엇일까?

어떻게 한 개인이 무엇을 다 이루고 가겠는가? 아버님은 은퇴 후에, 조직신학을 집필하실 것에 기대를 가지시고 계셨다. 인간론도 쓰시고, 칼 바르트가 조직신학을 집대성한 것처럼, 아버님도 나름대로 한국적 조직신학을 완성하고 싶으셨다. 그렇다면 아직도 아버님은 너무나 할 일이 많이 남으신 것이 아닐까? 그런데 할 일을 다 하셨다니 말이 되는가?

하나 그것은 아마 하나님이 아버님에게 맡기신 사명, 그 몫을 다 하셨다는 뜻일 것이다. 자신의 계획이 아닌, 하나님이 맡겨주신 일을 다 마쳤다는 뜻이 아닐까 하고 결론을 내어본다. 인간적으로는 너무 아쉽다. 더 오래 사셔서 아버님이 계획하신 책들을 더 집필하시고, 한국적 신학을 후학들에게 자세히 알려주시고 가셨으면 얼마나 좋았을까? 아버님은 아버님이 하실 일을 하고 기쁘게 떠나 가셨지만, 그 분의 뒤를 이어 그 분이 하시던 한국적 신학을 계속 연구하고 발전해야 할 책임은 남겨진 제자들과 후손들에게 남겨졌다. 나도 죽음 직전에 "할 일을 다 하고 하늘 아버지 품으로 간다" 고 고백하는 복된 내가 될 수 있을까? 그렇게 말씀하시고 인생을 마친 아버님이 너무 부럽기조차 하다.

8. 그 분은 나의 영원한 스승님이시다

2007년 9월 한국기독교성령100주년대회(총재 피종진 목사, 준비위원장 장희열 목사)에서는 1907년 한국 교회 대부흥운동의 주역인 길

선주 목사를 중심으로 평양 장대현 교회에서 일어난 성령운동 100주년을 기념, 한국기독교성령100년사 선정위원회를 통해 성령의 사람 100인을 발표했다.

신학자 부문에는 남궁혁, 채필근, 이명직, 김응조, 박형룡, 송창근, 김재준, 박윤선, 홍현설, 김정준, 윤성범, 이상근, 민경배 목사 등 13명이 선정되었다. 각 교단의 신학을 체계화시킨 신학자 및 보수주의 전통 신학 및 사회참여 신학자, 성경 주석가 등이 총망라되었다. 여기에 선정된 분들이 한국인 전체에서 선정되었다는 의미에서 한국을 대표하는 신학자들일 뿐만 아니라 더 나아가서는 세계적인 신학자로서 조금도 손색이 없다는 데 자긍심을 갖게 된다.

아버님은 지금으로부터 37년 전 1980년 1월에 타계하였다. 37년 전에 우리 곁을 떠난 아버님이 한국을 대표하는 신학자 부문에 선정되었다는 것도 감사한 일이지만 무엇보다도 지금 아버님을 기억하며 추모하는 데에는 또 다른 중요한 의미가 있다. 제자들에게 그 분이 중요한 자리를 차지하는 이유 중에는 신학적인 업적에 의한 것도 있지만 더 중요한 것은 그들에게 아버님이 끼친 인격적인 삶의 이야기 때문이다. 그래서 아버님은 아직도 지워지지 않는 우리의 '영원한 선생님'으로 함께하고 있다. 그런 의미에서 아버님의 추모일을 맞이하는 우리에게 남다른 사모함이 있게 된다.

아버님이 돌아가시고 난 후에 많은 분들이 필자에게 이런 말들을 남겨주셨다. "제가 윤 박사의 사랑을 가장 많이 받은 제자였을 거예요." 모두가 한결같이 본인이 가장 사랑을 많이 받았다고 말해서 정말 아버님이 가장 사랑한 제자가 누구일까 궁금했던 적이 있었다. 하지만 모든 제자들에게 자신이 가장 큰 사랑을 받은 제자로 느끼게 하셨던 것은 그 분만의 은사였다. 아버님은 뜨거운 심장을 가지고 제자들을 사랑하였다. 마지막으로 학장의 소임을 맡으실 때에도 어떻게 제자들에게 좋은 신학 교육을 줄 수 있을지에 대한 고민으로 밤잠을 주무시지 못하셨다.

그 분의 삶에서 제자들을 떼어 놓을 수 없다. 겨울에 추워 떠는 제자들에게 외투와 옷들을 수없이 주시고, 이름을 밝히지 않고 학생들에게 장학금을 주시고, 김장 보너스를 어려운 제자들에게 은밀하게 전해주었던 그 분은 자녀들보다도 제자들에게 대한 사랑이 남달리 컸다. 그는 '사람을 키우는 선교'가 가장 중요한 선교임을 몇 번이고 말씀하셨다. 그리고 "목사가 되기 전에 먼저 인간이 되라."는 말씀도 언제나 강조하여 주시는 말씀이었다. 그러한 사랑을 가지고 제자들과 함께 살다가 열정적으로 제자들을 가르치다가 그들이 있는 곳에서 생명을 마치셨다.

이러한 사랑으로 인하여 '영원한 선생님'으로 제자들과 함께 하는 것이다. 그리고 그 분은 나에게도 삶과 죽음을 가르쳐주신 영원한 스승님이시다. 조직신학교수로 나의 논문 지도자이셨지만 정작 내가 그 분으로부터 배운 것은 진정한 스승의 모습이다. 아버님이 칠판에 그려놓은 그림들, 신학들, 비교종교학 등이 우리에게 과연 어떤 영향을 주었을

까? 그 가르침을 기억하고 설명할 수 있는 제자들은 많지 않다. 그러나 모두들 한결같이 그 분의 사랑을 기억하고, '감신에 계셨던 영원한 스승, 영원한 어른' 으로 기억하고 있는 것이다.

현대에는 진정한 스승이 없다. 학문을 이어주는 교수는 있을지 모르지만 인격과 삶을 나누어주는 스승은 없다. 그래서 더욱 목마른 시기에 제자들을 사랑하고, 제자들에게 학문을 사랑하고, 하나님을 사랑하는 길을 보여주신 아버님의 겸손한 인격과 사랑은 한국을 대표하는 신학자로서 선정된 것 이상의 큰 의미를 우리에게 남긴다.

9. 그 분에게서 사람을 키우는 것이 가장 큰 선교임을 배웠다

아버님은 항상 "사람이 없다, 사람이 없다"고 말씀하셨다. 사람이 없다니 무슨 말인가? 그것은 하나님을 위해 일할 진정한 목자들이 없다는 말씀이었다. 그래서 아버님은 사랑을 가지고 35년 간 신학대학에서 후학을 키우셨던 것이다. 나는 1985년 1월 16일, 한 여성 전도사님의 기도로 성령체험을 하게 되었다. 이러한 체험을 하지 못했던 감리교회라는 공동체에서 나는 순복음 계통의 전도사로부터 하나님을 처음 만나는 체험을 하였다. 나는 너무 기뻐서 이렇게 하나님께 고백하였다.

> 하나님, 이제 저도 사람을 키우는 목회를 하겠습니다. 아버님이 평생 이 길에 헌신하였던 것처럼, 저도 사람을 키우는 목회를 하겠습니다. 아버님으로부터 신학대학에서 이론을 배우고 졸업한 학생들을 저에게 보내주시면 그들에게 목회 현장에 나아가 실전(實戰)에 임할 수 있도록 훈련을 시키겠습니다. 신학이 실제가 되도록 키우겠습니다.

그러나 여성 목회자라는 이유로 누구도 나에게 이러한 교육을 받는 것을 꺼려하였다. 어떤 사람들은 세미나에 와서 여성목회자가 세미나를 인도하는 것을 보고 "갈릴리에서 무슨 선한 것이 나겠느뇨?" 하면서 떠나버리는 사람도 있었다. 그러나 사람을 키우는 것은 나의 사명이었다. 선교지에 헌금을 보내는 것도 중요하다. 그러나 사람, 곧 제자를 만들어 파송하는 것도 더욱 귀한 사역이다. 우리 주님은 교회를 세우라고 말씀하시지 않으셨다. 교회는 주님이 세우신다고 하셨다. 우리에게는 "가서 세례를 주고, 지켜 행하는 제자를 삼으라"고 하셨던 것이다.

> 예수께서 대답하여 이르시되 바요나 시몬아 네가 복이 있도다 이를 네게 알게 한 이는 혈육이 아니요 하늘에 계신 내 아버지시니라 또 내가 네게 이르노니 너는 베드로라 내가 이 반석 위에 내 교회를 세우리니 음부의 권세가 이기지 못하리라(마 16:17-18).

사람을 먼저 세우면 그곳에 주님께서 교회를 세우시는 것이다. 그런데 우리는 주님이 세우시겠다는 교회를 개인의 인간적인 노력과 능력으로 교회를 세우려고 하니 목회가 힘든 것이다. 한국에 여행 와서 모교회인 홍제감리교회를 방문한 적이 있었다. 나는 뒤에 앉아서 설교를 듣고 있는데 갑자기 아버님이 강단에 서 계시는 것을 보았다. 아버님은 매달 첫 주에 설교를 하셨는데 그 모습으로 나에게 설교하고 계셨다.

> 딸아, 한국에 돌아와서 너의 겨레와 조국을 위하여 일하여라.

나는 그 자리에서 앉아서 울고 또 울었다. 그 울음을 주체할 수 없었다. 너무나 생생하게 아버님은 말씀하고 계셨다. 한국을 사랑하고 그렇게 한국적 신학을 세우시기 위하여 노력하시던 아버님은 앉으나 일어서

나, 조국 한국을 위하여 마음을 주시고 계셨던 것이다. 한국에 찾아오신 예수님, 그 예수님에게 마음을 전부 빼앗기고 계셨다.

이렇게 아버님은 사람을 키우는 것을 가장 큰 선교라고 보셨다. 그것은 아버님이 나에게 남겨준 유언이자, 유산이었다. 나는 한국에 일 년에 4회 나와서 젊은 목사들을 모아서 영성훈련을 하면서 그들을 세우는 일에 전심을 다하였다. 그들이 재정적으로 힘들기 때문에 세미나에 필요한 재정은 내가 부흥회하고 받아온 강사비로 대체하면서 말이다. 교단이 할 수 없는 일, 교회 정치를 하러 다니는 사람들에게는 안 보이는 소외된 목사들을 모아 아무도 알아주지 않는 영성훈련을 1992년부터 한국에 나와 인도하며, 구속사적 설교 세미나를 하며 부흥회를 인도하게 되었다.

10. 나는 그 분에게서 한국을 사랑하는 것을 배웠다

아버님이 한국적 신학과 토착화에 관심을 두신 것은 철저하게 한국을 너무 사랑하셨기 때문이라고 본다. 한국적인 것이 세계적이라고 말씀하신 아버님, 이 아름답고 조화를 이루고 있는 한국 문화에 찾아오신 예수님을 어떻게 한국인들에게 소개할 수 있을까? 이런 고민과 질문을 거듭하면서 한국을 사랑하시는 아버님이 선택한 신학은 바로 토착화 신학이었다. 그래서 이 후에는 이것을 한국적 신학, 서양신학과 구분하여 yellow theology라고 부르시기도 하였다.

아버님은 토착화를 시작하시면서 감과 솜씨와 멋을 이야기 하셨고 한국인이라는 옷감에 성령님의 솜씨가 입혀지면 한국인만의 크리스천의 멋이 나온다고 말씀하셨고, 서양에서 오는 기독교의 복음의 본질을 받아드리되 그 문화는 조심해서 받아들여야 한다고 말씀하셨다, 만일 무분별하게 그것도 복음인 줄 알고 받아드리면 한국에 오신 예수님이 변질된다고 말씀하셨다.

우리 토양에 오신 예수님에게 한국인의 전통 옷을 그대로 입히시면서도 복음의 핵심이 변질되지 않게 하자는 것이 아버님의 뜻이었는데 이것이 오해되어 문화신학으로 평가받으면서 아버님의 본래 한국을 생각하시는 의도가 잘못 전달되었던 것이다. 아버님의 소원은 서양신학을 무조건 사대주의로 받아드리는 한국교회가 신학적 바벨론 포로에서 출애굽 하는 것이었다. 기름부음 사역자들이 외국에서 오면 더 큰 능력이 있는 것 같이 생각해 1억에 가까운 강사비[5]를 주고 불러오는 오늘의 한국 현상에 대하여 미리 지적해주신 말씀 같기도 하다.

그래서 토착화는 미국에서 철학(신학)박사 학위를 받으려는 사람들의 몫이 되었고 창조적인 신학으로 신학논문을 쓰려는 신학생들에게서 간신히 그 명목이 유지되고 있었다. 장로교 목사님들이 미국에서 논문을 쓰려고 하면 학교에서 한국의 창조적인 신학이 없느냐고 물어서 찾다보니 아버님을 찾게 되었고, 그래서 나를 찾아와서 많은 서적들을 가

5) 특별한 경우에 그렇고, 모든 외국 강사들에 대한 강사비는 모두 다를 것이다.

지고 갔다. 아버님의 신학은 이렇게 학자들의 책상에서 논쟁과 연구의 대상이 되고 있었을 뿐이다.

그러나 나는 아버님의 책을 다 읽어보고 나와 아버님의 기름부음이 같은 것임을 알았다. 아버님 역시 성령님을 갈망하고 한국이 선교 대국이 되기를 원하셨고, 신학적인 언어로 그것을 담아내지 못했지만 나와 같은 성령의 기름부음 안에 계셨음을 알았다. 그리고 간절하게 복음이 삶에 적용되기를 원하셨다.

40년이 지나서야 나는 아버님의 삶과 신학을 마음으로 가장 깊게 이해할 수 있는 사람이 바로 딸이면서 제자인 나라는 것을 깨달았으며 그 분의 토착화 신학은 이미 딸과 제자들의 삶에서 실제로 적용되고 토착화되고 있었던 것이지 학자들의 책상에서 이론화하고 논쟁의 대상이 되어서는 안 된다는 것을 깨달았다. 아버님은 신학대학의 책상을 넘어서서 한국교회의 목회현장으로, 아니 한국의 모든 불신자들에게도 복음이 가 닿도록 노력하셨던 분이셨다. 뒷방에 앉아 있는 과거의 신학자들을 감리교신학대학이 위대한 유산으로 알고 현대에 살려내는 것, 그것이 감리교신학대학도 살고 신학생들도 살아 움직이는 원동력이 될 것이라고 생각한다. 아마 그 일을 위해 하나님이 나에게 다시 한 번 더 기회를 주시는 것 같다. 할렐루야!!!

11. 그 분에게서 목사라는 직분보다도 참 인간이 되는 것이 중요한 것을 배웠다

지금도 기억에 남는 것은 강아지라도 인격적으로 대하라고 말씀하셨고, 그것을 견(犬)격적으로 대하라고 하셨다. 아버님이 딸들의 초청으로 미국에 다녀오셨을 때, 미국에서 너무 인상적이었던 것은 어린 아기들이 음식을 주문해도 끝까지 다 들어주고 존경한다는 것이었다. 그 당시만 하더라도 어린아이들이 무시되고 있을 때였는데 미국에서는 맥도날드나 마켓, 그리고 음식점에서 2, 3살 아이들이 무엇을 주문해도 인내를 가지고 존경하고 고객으로 대접한다는 것이었다. 이것은 아이들이 한국에서 무시되고 있을 때에 아주 신선한 기억으로 남으셨던 것 같다.

아버님이 항상 강조하는 것은 '인격자, 인간' 이 먼저 되라는 것이었다. 어느 날 우리 집에 한 여성이 길을 물으러 왔다. 그 때에는 홍제동이 허허벌판이었다. 그 여성이 길을 묻고 가자 아버님은 이렇게 말씀하셨다. "하, 저 여성은 교양이 있는 여자다. 인격적으로 훌륭한 여인 같다." 그래서 나는 이렇게 다시 여쭈어 보았다. "아버님, 교양이 뭐예요? 저도 교양이 있어 보여요? 교양이 어디에 있는 거지요?" 그러자 아버님은 빙그레 웃으시곤 대답하지 않으셨다. 나는 그 이후, 교양이 어디에 붙어 있는 것인지 항상 궁금하였다. 나중에서야 아버님은 사람을 보실 때 외모라든지, 경제적 배경, 학벌 등을 보시지 않고 내면의 인격적 향기를 먼저 보셨던 것을 알게 되었다.

아버님은 내가 고등학교에서 상담을 맡고 있다고 하였을 때, 걱정도 하셨다. "네가 인격적으로 아직 준비가 되어 있지 않은데, 어떻게 고등학생들을 지도하겠느냐? 참으로 걱정스럽다"고 하셨다. 그 때 아버님은 나의 교만과 미성숙을 보셨고, 그러한 모습으로 학생들을 지도한다는 것이 걱정이 되셨던 것 같다. 나중에 생각해보니 나의 교만하고 덜 준비된 모습으로 교단에 섰던 것이 부끄럽기도 하다. 이것은 비단 교단뿐만 아니라, 항상 강단에 서야 하는 모든 목회자들의 문제이기도 하다. 목사가 되기 전에 먼저 인간이 되어야 함은 우리가 마음 깊이 새겨야 할 주제이다.

아버님은 교양, 인격, 사람됨에 관심을 많이 가지고 계셨다. 목회자가 되기 전에 인간이 되라는 말씀은 딸과 제자들이 누누이 들었던 말씀이다. 지금 생각해보면 아버님의 말씀이 핵심을 찌르는 말씀인 것을 알게 된다. 다른 말로 바꾸면 "영성이 준비되어야 한다. 성화된 인격이 필요하다"는 말씀이다. 아버님은 이것을 '겸비한 인격'으로 생각하셨고 그의 생애와 신학에서 이렇게 강조하고 있다.

> 성(誠)은 바로 겸비(謙卑)인 것을 알 수 있다. 성과 겸은 일치되는 것이다. 바르트 교수는 하나님의 말씀을 그리스도로 보고 그리스도를 겸비로 특징짓고 있다. 그래서 옛 기독론의 하나인 '겸비, 그리스도론'을 재현한 것이다. 겸(謙)은 '거짓으로 겸손한 척하는' 것도 아니요, '위협에 못 이겨 겸손한 척하는 것'도 아닌, 말하자면 성이 바로 겸인 것이다. 이러한 겸비를 바르트는 그리스도에게서 찾아내게 된 것이다. 불의하고 죄 된 인간은 겸에 대하여 교만한 것을 특징으로 하고 있다.

그러므로 "먼저 인간이 되라"는 말씀은 그리스도의 인격으로 성화되라는 뜻이다. 그리스도의 겸비가 함께 하지 않고는 스승이 될 수 없고 아비도 될 수 없다는 말이다. 그의 신학과 생애에서 우리에게 남기고 싶은 메시지는 '우리가 어떤 사역을 하느냐가 중요하지 않고, 어떤 존재가 되느냐'였다. 그래서 아버님은 항상 말씀을 시작하기 전에 "부족한 종이, 부족한 제가"라는 서두를 사용하셨다. 그리고 "내가 이룬 일은 참으로 미미하다"고 생애와 신학 마지막에서 부족한 종이 이룩한 일에 대하여 겸손하게 고백하고 있다. 그리고 마지막 돌아가시기 직전에 "나는 나의 할 일을 다 했다"고 하신 말씀을 잘 이해하지 못했는데 항상 아버님이 성(誠)에서 강조하셨듯이 예수님이 십자가 상(上)에서 "다 이루었다. it is finished"라고 하신 말씀과 연결하여 보니, 내가 성(誠)의 생활

을 마치고 본향으로 간다는 말씀이었다. 성(誠)으로 시작해서 성(誠)으로 끝나시기를 원했던 아버님은 아버지로서, 남편으로서, 선생으로서, 친구로서, 학자로서 성(誠)의 생활로 일관되기를 원했고, 특히 하느님 아버지 앞에서 성(誠)의 자녀로, 효(孝)를 이루시면서 부끄럽지 않은 인생을 마치시기를 원하셨던 것 같다.

12. 나는 그 분에게서 한 명의 여성(女性)의 위대함을 배웠다

아버님은 딸 여섯을 낳으셨지만, 그 중에 한 명은 복막염으로 어렸을 때 잃어버렸다. 아버님은 딸만 다섯을 키운 덕분인지는 몰라도 여성주의자(feminist)가 되신 것 같다. 그 당시만 하더라도 아들이 있어야 대를 이으며 제사를 드려주며 노후를 책임진다고 생각했으므로 아들이 없으면 상당히 섭섭한 시대였다. 그러나 아버님은 딸들을 모두 고등교육을 시키면서 차별하지 않으시고 온 힘을 다하여 고등교육의 기회를 주셨다.

두 언니가 해외 유학시험에 합격하여 미국으로 떠나게 되었을 때, 비행기 값을 충당하기 위하여 은행 융자를 얻어야 했지만, 아버님은 딸들이 해외에 나가 공부하는 것에 반대하지 않으셨다. 반대하기는커녕 적극적으로 협조를 하셨던 것이다. 저녁 6시 이후에 들어오면 영락없이 벌을 서야 했던 엄격한 아버님이 어떻게 다 장성한 딸들을 무엇을 믿고 해외에 보내셨는지 지금도 이해가 안 된다. 한국이 안전함에도 믿지 못하여, 해 지기 전에 집에 들어와야 한다는 규칙을 세워놓고 엄격하게 지키시던 분이, 미국이라는 광대한 곳에 어떻게 딸들을 보내셨는지 지금도 궁금하지만 아마 아버님은 더 큰 뜻을 가지시고 딸들을 미국으로 보내셨는가 생각해 본다.

큰 언니가 시카고에서 미생물학으로 졸업한 후, 병원에 취직하게 되었을 때에도, 일하는 것보다 자녀교육에 더 힘을 쓰라고 편지를 써 보내셨다. 일은 언제든지 할 수 있지만 아이들은 중요한 시기에 집에 어머니가 없으면 위험할 수도 있다고 누누이 말씀하셨다. 그러므로 아버님은 여성들이 하고 있는 고등교육에 대하여 좋은 직장을 갖고 돈을 벌기 위하여 하는 것이 아니라 좋은 아내, 좋은 어머니가 되기 위함임을 강조하셨던 것이다.

아버님의 말씀, 내 가슴에 새긴 말씀도 아내가 변화되어야 세상이 변화된다고 하시면서 신사임당을 항상 예로 들으셨다. 우리 딸들이 심사임당과 같은 여인이 되어 가정에서 자녀교육에 힘을 써 주기를 원하셨다. 그리고 신앙교육도 강조하셨다. 딸들이 머리가 명석하여 학교에서는 K여중고를 갈 실력이라고 권하였지만 아버님은 극구 E여중고를 보내시면서 기독교교육을 청소년 시절에 잘 받아야 한다고 말씀하셨다. 그래서 딸 다섯이 모두 같은 여고를 나왔고, 딸을 세 명 이상 보낸 가정에게 주는 상도 받았고, 본인은 부족하지만 모교를 빛난 동창생에게 주는 상도 받았다.

대학원 논문의 주제를 정할 때에도, 아버님은 간곡히 신사임당의 자녀교육에 대하여, 태교에 대하여 연구해서 쓰라고 하셨지만 자료를 얻기가 힘들었고, 그나마 있는 자료들도 한문으로 되어 있고 제한되어 있어서 쓰지 못했다. 그런데 결혼한 후에, 부흥회를 인도하던 중, 하나님은 나에게 "태교가 아름다우면 인생이 아름답다. 태교가 건강하면 인생이 건강하다. 태교가 복되면 인생이 복되다"라는 것을 어느 날, 꿈속에서 명확하게 보여주시면서 태교에 관한 책을 쓰도록 인도하셨다. 그래서 하나님이 주신 큰 제목과 소(小)제목대로 한 권의 책을 완성하였다. 아버님이 그토록 원하셨던 연구를 하나님은 목회 현장에서, 그리고 한 가정의 어머니로서 경험한 후에 쓰게 하신 줄 믿는다. 하나님은 우리에게 언제나 그의 시간에 행할 일을 하게 하신다. 아버님은 신앙적 태교가 중요한 것으로 생각하셨겠지만 하늘 아바 아버지도 이것이 참으로 중요하게 생각하시어 후에라도 책을 쓰게 하신 것 같다.

아버님은 아무리 좋은 정치가가 있어도, 아무리 좋은 영적 지도자가 있어도 세상을 결코 변화되지 않는다고 말씀하시면서 가정의 아내요, 어머니인 여성이 신앙적으로 변화될 때, 가정이 변화되며, 교회가 변화되며 국가가 변화되며, 결국에 온 세계가 변화되는 힘이 있다고 말씀하셨다. 세상을 변화시키는 힘은 여성들의 신앙적인 힘에 있다고 말씀하셨다. "나는 너를 통해 세상이 변화되는 그런 세상을 꿈꾼다." 그런 세상을 변화시킬 수 있는 어머니의 힘, 어머니의 기도, 어머니의 신앙지도 등을 우리 다섯 딸들에게서 기대하시고 열심히 유학도 보내시고 한국에서도 고등교육을 받게 하신 줄 믿는다.

그런 교육이 여성을 아름답고 막강하게 능력을 갖고 있는 존재로 자의식을 갖게 했고, 여성 지도자에 대하여 당연하게 생각하고 있던 나는, 1992년 한국에 나와서 여성으로서 처음 3박4일, 목사님들을 위한 성서연구세미나를 인도하게 되었다. 그 때 한국이 이토록 깊고 깊게 여성을 차별하는 사회인지 몰랐었는데 피부로 그것을 직접 느끼게 되었다. 하지만 여성 지도자로서의 이 사역은 포기되지 않았고 30여 년 동안 계속되었다.

나의 딸이 중동[6]에서 선교하고 있을 때 딸의 가족을 만나러 간 적이 두어 번 있었다. 그런데 계획에는 없던 숨겨진 크리스천을 위하여 집회를 해 달라고 요청받았다. 그들은 10여 년 전, 예수전도단이 와서 집회를 하면서 주님을 만났다고 한다. 나는 이들을 위해 영어로 설교하고 기도하여 주었다. 기름부음이 충만하였다. 한국 사람들에게 나타나는 방언, 치유, 축사 모든 것이 그대로 그들에게도 나타났다. 그들은 너무나 오랜만에 기름부음을 받고 나는 듯이 기뻐하였다. 그리고 그 주간에는 그 나라에서 여성으로서 가장 높은 자리에 있었던 한 모슬렘 여인에게 세례를 주었다. 그 여인은 이제 사는 것도, 죽는 것도 예수님이라고 고백하며 울었다.

많은 분들이 여성신학을 교회 밖에서 '이러 이러하다' 고 신학적으로 정의하지만, 여성이 설교하고, 세례를 주며, 성만찬 인도하는 것을 직접 교회 안에서 보여주는 것이 여성도 하나님이 부르셨다는 것을 증거하는 일이 아니겠는가? 이것보다 더 구체적이고 확실한 여성신학이 어디 있겠는가? 실제로 한국교회에서 어느 어머님이 찾아와 고백하였다.

> 우리 작은 딸이 그렇게 목사가 된다고 해서 극구 말렸는데 목사님을 보니까 우리 딸도 목사님과 같은 여성 목회자가 되었으면 하는 바람이 생기네요.

만일 아버님이 여성은 초라한 존재로, 2등 존재(a second class)로

---

6) 딸은 15년, 사위는 러시아, 유고슬라비아, 그리고 중앙아시아 등지에서 25년 간 사역하였다.

가르치셨다면, 이런 일을 할 생각도 못하였겠지만, 육신의 아버지나, 하늘 아버지나 동일하시게, 연약한 여자를 목사로 불러주시고, 부흥사로 불러주시면서 그 부르심에 합당하게 사역하도록 인도하셨다. 이런 길을 걷기에, 남편의 외조도 많았지만 근본부터, 아버님이 위대한 힘을 가진 여성으로서의 정체성을 갖게 하시지 않았다면 결코 이루어지지 않았을 것이라 생각되니, 그런 아버님의 자녀로 자라난 사실이 너무 행복하고 귀하다, 한 작은 여성이지만 이렇게 믿어주는 사람이 있어서 격려해준다면 얼마나 큰일들을 할 수 있을 것인가? 세상에 큰일이 많이 있지만, 아버님은 가정을 변화시키는 역할을 하는 여성이 가장 위대하다고 가르치셨다.

13. 나는 그 분에게서 효(孝)를 배웠다

나는 아버님에게서 성경적 효가 무엇인지 배웠다. 그것은 이현부모효지종야(以顯父母 孝之終也)로[7] 집약될 수 있으며 예수님이 오신 목적이 허늘 아버지의 뜻을 이루시고 그 분의 뜻을 나타내고, 그것을 다 이루신 데에 있었는데 이것이 바로 성경적 효의 핵심이다.

실제로 나는 어렸을 때에는 세상 사람들이 말하는 효녀가 아니었다. 하지만 아버님 말씀 하나 하나가 내 마음 밭에 떨어졌고, 그 말씀대로 살면서 아버님을 나타내려고 한 것이 결국 효녀가 된 것 같다. 이현부모(以顯父母)가 나에게서 나타나게 된 것이다.

신학대학에 들어간 것도 효(孝)를 행하고 싶어서였다. 특별히 어떤 사명이 있어서가 아니라, 신학대학에 가면 교수 자녀들은 학비가 면제된다고 해서 들어간 것이다. 언니들이 사립대학에 다니면서 그 비싼 등

7) 부모를 나타내고 부모를 빛내는 것이 효도의 완성이라는 뜻.

록금 때문에 아버님이 힘들어하시는 것 같아서 신학대학을 선택하였다. 또한 이런 아버님의 말씀에 수긍을 한 것이다.

> 신학이 모든 학문의 여왕이고 기초다. 기독교 교육을 하더라도 신학을 모르면 그 학문은 아무 것도 아닌 것이 된다. 심리학을 전공하더라도 신학이 기초가 되지 않은 심리학은 아무 의미가 없다. 우선 신학을 공부하라. 그리고 그 다음에 네가 하고 싶은 것을 하라.

아버님이 신사임당을 좋아하시면서 그런 여성이 되기를 원하셨고, 태교에 대한 것을 중요하게 생각하시어 대학 졸업논문으로 태교를 주제로 삼으면 어떻겠냐고 제의한 적이 있어서, 그 뜻을 이어받아 나도《태교가 아름다우면 그 인생이 아름답다》를 출판하였다. 뉴욕 부흥회에서 가정 부흥회를 시작한 것을 계기로 '녹색가정운동' 을 시작하고 가정에 대한 책을 출판하면서 문서를 통한 새로운 가정을 소개하기 시작하였다. 그것도 당연히 아버님이 원하시고 기뻐하시는 일이었고 아버님의 영향을 받아서 하게 된 사역의 열매이다.

또한 아버님은 항상 "사람을 키우는 것이 가장 큰 선교다"라고 말씀하셨는데 내가 목사안수를 받은 후에는 목회자들을 영성 훈련하는 것에 모든열정을 쏟아 부었다. 아버님이 누누이 말씀하시던 사람을 키우고 싶어서이다. 영성으로 준비된 목회자들을 키우기 위해 1992년부터 20여 년간 한국에 나와 세미나와 산상집회로 아버님이 원하시던 사역을 하였다. 나의 삶을 통해서 '사람을 키우는 사역' 이 더 계속될 수 있다는 것도 효(孝)를 나타내는 한 일이라고 생각한다. 아버님의 뜻이 나를 통해서 나타나고 이어지기 때문이다.

아버님이 돌아가시고 난 뒤, 나는 신학을 다시 공부하기로 결단하였다. 신학이나 목회의 길은 다시는 걷지 않겠다고 결심한 적이 있었지만 아버님이 그토록 원하시는 이 길, 노래하여 즐거워하며 걸어가신 이 길이 무엇인가를 알고 싶었고, 그렇게 인도하신 하나님이 누구이신가를 인격적으로 만나고 싶었다. 그래서 어느 신학대학원을 들어갈까 망설였지만 결국 아버님이 원하셨던 클레아몬트(Claremont)신학대학원으로 결정하였다. 그 당시 풀러(Fuller)신학대학원에 다니는 남편 때문에 그 학교 기숙사에서 살고 있던 나는 풀러신학대학원에도 원서를 내었지만 마음이 내키지 않았다. 아버님이 기뻐하시는 것, 그 분이 원하시는 것을 다시 한 번 더 해 드리고 싶었다. 그래서 아버님이 원하시는 교수, 존 캅 교수를 찾아가서 나의 사정을 이야기 하고 학교 입학을 허락받았다. 나는 성산효도대학원이 주최하는 제1회 성경적 효 신학 논문 현상공모에서 효에 관한 글을 써서 우수상을 받은 적이 있다. 그 논문에서 이렇게 밝힌 적이 있다.

> 부모의 귀한 삶이 자녀들을 통해 이어져 가는 것과 나타나는 것이야 말로 가장 아름다운 효(孝)의 열매일 것이다. 그러므로 부모를 공경하고 자신을 귀하게 여기는 것이 효(孝)의 시작이라고 한다면 부모의 뜻을 드러내주어 성(城) 중에서 존경받도록 하는 것은 효(孝)의 마지막이라고 볼 수 있다.

그리고 이제 마지막 효(孝)를 이루기 위해 이 책을 집필하였다. 아버님의 신학과 생애를 소개하면서 후학들에게 아버님이 하신 사역들을 소개하고 싶어서이다. 아버님의 신학과 생애가 잊혀가고 있는 때에 글을 남겨서 그 분이 살아온 삶과 신학을 알려주는데 이 책을 쓰는 동기가 있다. 앞으로 매해 감리교신학대학교와 대학원 졸업생들 전원에게 이 책을 선물로 나누어주게 될 것이다. 감리교신학대학과 한국 신학계에 이런 분이 사셨구나 하는 정도로 기억되어도 좋다. 이것이 내가 효(孝)

를 행하는 마지막 미션이다.

결국 나의 결론은 효(孝)란 이현부모(以顯父母)라는 것이고 부모의 말을 귀담아(listen) 듣고 그 분들이 제시하는 지혜의 길을 따라가는 것이라고 생각했다. 잘 듣는 것과 순종한다는 말의 어원은 같은 것으로부터 나왔다. 아버님이 제시하시고 보여주신 이 길은 바로 성경적인 효(孝)를 행하는 길이었다. 예수님이 하나님의 뜻을 나타내는 효자였던 것처럼, 아버님이 원하시는 것을 나의 인생에서 계속해서 이어간다는 것이 바로 효(孝)였던 것이다. 지금도 내가 감사하는 것은 이렇게 아버님의 말씀을 듣고 그 분이 원하는 인생을 살다보니 복을 받는 것은 자손들이라는 것을 알았다. 효(孝)를 행하는 것은 자신이 복을 받는 길이요, 이 땅에서 실패하지 않는 길인 것이다.

> 아들들아 아비의 훈계를 들으며 명철을 얻기에 주의하라(잠 4:1).

> 아버지가 내게 가르쳐 이르기를 내 말을 네 마음에 두라 내 명령을 지키라 그리하면 살리라(잠 4:4).

14. 나는 그 분에게서 웃음과 음악을 배웠다

한 집안에 살면 어쩔 수 없이 가풍(家風)이 있어 부모님의 모든 것을 임파테이션(전이)이 되는 것 같다. 아마 이런 의미에서 아버님이 가정의 중요성을 그토록 강조, 또 강조하셨던 것이다. 나는 아버님으로부터 강점도 부족한 점도 닮았다.

아버님에게서 부족한 것이 있다면 당파를 만들지 않는 것이다. 그리고 소위, 사회에서 말하는 정치를 하지 못하신다. 그래서 유일하게 아버님만이 어떤 파(派)에도 들어가지 않으시고 홀로 서 계셨다. 주위에 자기 사람들을 만들어 놓지 않으셨다고 할까? 학문하는 데만 정진하시고 그것에서 즐거움을 누리셨던 분이시다. 어느 누구고, 아버님이 자신의 파(派)에 속했다고 말할 사람이 없을 것이다. 만일 아버님이 목회를 하셨다면 분명히 어려움을 많이 겪었을 것이다. 그런 정치적인 행동이나 정치적인 노선을 잡기 위해 줄을 서 보신 적이 없으신 분이셨기 때문이다.

이런 점은 나도 닮았다. 나도 이런 점이 너무 부족하여 주위에 파(派)가 없고 사람이 없다. 그런 목적으로 어디에 줄을 서 본 적이 없기 때문이다. 처음에 '브라이드 성경 세미나'를 하러 한국에 나왔더니 어떤 분이 모든 편의를 봐 주면서 자신이 하는 일에 협조하라고 하셨다. 교계의 어른이시고, 그 분에게 줄을 서면 어떤 면이라도 혜택을 받을 것 같았는데 나는 그 때 하나님 앞에 줄을 서기로 하였다. 사실, 한국에서 선거권이 없는 나는 누구에게도 유용성이 없었고, 나도 누구에게 속함으로 거기에 속하지 않는 다른 이들을 잃고 싶지 않았다. 그런 면은 아버님의 부족한 면이자, 한편으로서는 강점이기도 하다. 아마 하나님 측에서 보면 강점이고, 인간적으로 보면 부족한 점이 될 것이다.

아버님은 언제나 새로운 음악을 구하시면 나와 함께 음악을 들으셨다. 특히 모차르트 음악을 좋아하셔서 함께 클래식 음악을 감상하는 시간이 유일하게 딸과 아버지가 함께 보낸 시간이기도 하다. 아버님은 모차르트를 특별히 좋아해서라기보다 스승님이 좋아하였던 모차르트 음악을 들으면서 스승님과 함께 하였던 시간을 그리워하는 것인지도 모른다. 많은 음악이 나오지만 모차르트의 음악이 나오면 그 특징을 알아내어 구분해 내었다. 비발디의 사계도 좋아하셨고, 조용한 음악들, 슈베르트의 감미로운 음악도 좋아하셨다. 그리고 독일어로 된 가곡도 많이 들었고, 독일어 노래도 즐겨 부르시고 들었다. 그래서 나도 가끔 다음

(Daum) 카페(http:://cafe.daum.net/bride23)를_운영하면서 노래를 틀 적에 아버님이 좋아하시던 음악을 틀어주기도 한다. 곧 들장미 같은 노래들이다.

> Sah ein Knab' ein Röslein stehn. Röslein auf der Heiden, War so jung und morgenschön. Lief er schnell es nah zu sehn. Sah's mit vielen Freuden. Röslein, Röslein, Röslein rot, Röslein auf der Heiden

이 노래를 부르면 지금도 그 분이 즐겨 부르시는 모습이 떠오른다. 그리고 스위스에 가셨을 때 배운 만돌린 연주를 저녁이면 들려주셨는데, 그 선율도 그리움의 하나이다. 그 연주를 녹음한 테이프를 잃어버린 것이 너무 안타깝다. 어떤 악기이든지 아버님은 배워 본 적이 없으셨지만 조금씩은 다루실 줄을 알았다. 퉁소로 찬송가를 부르시고 가끔 피아노와 바이올린으로 찬송가를 들려주셨다. 나도 피아노를 조금, 기타도 조금, 드럼도 조금, 만돌린도 조금씩 치는데 이것도 아버지처럼 누구에게 배우지 않고 악기에 손을 대면 조금씩은 칠 수 있게 되었다.

아마 이것은 우리 집안의 내려오는 음악성인지도 모른다. 삼촌은 음악에 뛰어난 소질이 있어서, 여러 교회에서 성가대 지휘를 하였고, 시온성성가대의 멤버였고, 군대에서는 군악대를 지휘하기도 하였다. 음악에 재질을 나타내는 아들에게 할아버님은 악기란 악기를 모두 사 주셨다. 그래서 홍제동 집에서는 없는 관악기가 없을 정도였다. 할아버님은 삼촌을 위하여, 작은 풍금 만드는 공장을 하나 만들어 주셨는데, 후에 삼촌이 정리하여 지금은 없어졌다. 현재 A 전자오르간의 모체이기도 하다.

그러나 무엇보다도 뛰어난 점은 아버님의 유머감각이다. 아버님은 항상 사람들을 즐겁게 하고, 웃기시려고 노력하셨다. 이것은 저절로 되는 것이 아니라 많은 자료를 모아서 점심시간에 모이면 웃음을 선사하셨다. 점심시간에 웃고 나면 배가 벌써 소화가 다 될 정도였으니 말이다. 정말 그 때에는 교수님들도 12명 안팎이라, 기숙사생들과 함께 식사를 하였고, 식사가 끝난 후에는 둥그렇게 둘러앉아서 즐거운 대화를 서로 나누었다.

내가 처음 은평교회에 가서 저녁 설교를 할 때였다. 그 때가 1988년이었던 것 같다. 여행을 갔는데 부탁을 하여 설교를 하게 되었고 아주 열심히 말씀을 전하였다. 나는 나 나름대로 잘했다고 생각했는데 담임목사님이 하시는 말씀은 이러했다. "조금 설교에서 아쉬운 점이 있는데…설교에 유머를 넣어서 하면 금상첨화일 것 같은데…아버님처럼 말이야." 나는 그 다음부터 유머를 설교에 넣기 시작했고, 부흥회 때는 적당할 때 폭소를 터뜨릴 이야기보따리들을 가지고 다녔다.

아버님은 가칭 교수님들 '재정돕기위원회' 라는 것을 만드셔서 모든 동전들을 모두 모아서, 쌀과 연탄을 사서 나누어 주기도 하셨으며, 그 많은 동전들을 위해 딸 명옥이 언니를 회계로 두기도 하셨다. 지금도 기억하는 것은 어렵게 사신다고 박 총장님에게 연탄을 사주신 일이었다. 이것은 단순히 웃기시기 위해서지, 진짜 단체는 아니었다. 또 다른 모임의 이름은 엄처시하(경처가)의 모임이다. 모두가 엄처시하라고 단정하고 아내의 공격을 막도록 방어용 방패를 만들어 교수님들에게 하나씩 나누어 주기도 하였던 것이다. 그리고 본인은 아내에게 머리를 잡히면 안 되어서 스포츠형으로 빡빡 자르셨다고 말씀하시며 웃었고, 그런 머리로 한참 정부를 향해 데모하고 삭발하는 사람들로 정부의 오해를 받기도 하였다.

아버님은 어느 때부터인가 스포츠형 머리를 하고 다니셨다. 그래서 마치 대학생처럼 보일 때가 많았다. 어느 날, 남성 한 분이 아버님을 찾아오셨는데 아버님이 현관문을 여니까 젊어 보여서인지 "자네 아버님

김용옥 학장님과 파안대소하시는 아버님

이 댁에 계시는가?" 하고 물으실 정도였으며, 버스를 타면 학생요금을 받았다고도 한다. 많은 사람들이 왜 머리를 그렇게 바짝 자르고 다니느냐고 물어보면 이렇게 대답하셨다. "부부 싸움할 때 아내에게 머리카락을 잡히지 않기 위해서지." 부부와 싸울 때 머리카락을 덜 잡히려면 머리를 이렇게 바짝 자르고 다녀야 안전하다고 해서 모두 웃었다. 이 경처가 클럽에서 항상 놀림의 대상이 되었던 분은 박대선 총장님이셨다.

주로 웃기시는 대상이 교수님들이었다. 연세대 총장으로 가신 박대선 박사님을 웃기시기 위해서는 그 집에서 키우는 강아지를 예로 들으셨다. 잘 알고 있지만 박대선 총장님은 목소리가 좋지 않으셨다. 여성 목소리와 같이 성대가 남성적이지 않았다. 그래서 이런 말로 그런 목소리를 풍자하였다. 박대선 총장님 댁에 강아지 한마리가 있었다. 그런데 통 짖지 않는다는 것이다. 그래서 아버님이 그 강아지를 홍제동 집에 가지고 오셨다. 짖지 않는 개는 있으나마나 하니까. 박 총장님도 가져가라고 하셨단다. 그런데 데리고 온 밤부터 우렁차게 짖기를 시작하는데 그 목청이 놀라울 정도였단다. 그래서 아버님은 위대한 진리를 깨달았다고 하셨다. "개도 주인 목청 닮는다."

한 번은 사진에서 정말 박대선 총장님같이 생기신 분이 재판받고 있는 장면을 신문에서 오려왔다. 죄수복을 입고 있는 분이었는데 누가 말을 안 하면 영락없이 박대선 총장님 같이 보였다. 아버님은 그 사진을 오려다가 "부족한 죄인입니다"라는 제목을 붙여서 한참 박 총장님을 놀리기도 하였다. 또한 박 총장님은 아들들만 있고 우리는 딸만 다섯이었다. 박 총장님은 항상 새해가 되면 아들들과 우리 집에 세배를 오셨는데 아버님은 그러한 박 총장님을 향해 "사돈 맺으려고 너무 노력하시지 마시오"라고 놀리셨다. 이러한 박 총장님을 한 때 미국 디즈니랜드에서 만나 뵈었다. 그러자 아버님은 얼마나 오매불망 사돈 맺고 싶었으면 그곳에서 딸을 만났느냐고 놀려 대었다.

그리고 차풍로 목사님은 아들만 셋이었다. 이름이 하도 이상해서 '차(茶)를 끓이는 풍로' 라고 놀림을 받았다. 감리교신학대학에서는 년초에, 학교 기숙사에서 온 가족이 윷놀이도 하지만 어른이신 홍현설 박사님께 세배를 하는 전통이 있었다. 그리고 나서야 각자 세배하러 갈 곳으로 가기도 하였는데 차풍로 목사님이 들어오면 아버님은 "차차차가 들어옵니다"라고 놀리셨다. 그 때 한참 차차차라는 노래가 유행이었는데 세 명의 아들의 성(姓)을 세 번 이어서 부르면서 흥을 돋웠다.

아버님이 해외 어느 장소에서 어떤 것을 설명하실 때에는 정말 상세하게 설명하여 모두가 집중을 하고 들었다. 정말 드라마틱하게 설명을 하셔서 흥미진진하게 듣는다. 그러면 다 끝나고 마지막에 하시는 말씀이 있다. "내가 가 본 것은 아니지만."

아버님은 평안도 사투리로 올꾼이셨다. 변선환 박사님과 함께 감신의 2대 올꾼이셨다. 대부분 한 가지에 깊이 들어가면 다른 부분에 대하여는 기억을 잘 하지 못하는 경우가 많은데 아버님이 그러하셨다. 제자들도 확실히 누가 누군지, 그 이름을 잘 알지 못하셨다. 제자를 사랑하

시는 은사는 있어도 이름을 외우시는 데는 올꾼이셨다. 어느 날 냉천동 학교 앞 다방에 나가셨는데 누군가 인사를 하더라는 것이다. 그런데 전혀 기억이 나지 않아서 "많이 뵌 분인데 어디서 목회를 하고 계시나요?" 라고 물어보더란다. 그 제자는 금방 교실에서 강의를 듣고 나온 학생이었는데 말이다. 아마 천국에서 변선환 박사님을 만나도 서로 그럴 것 같다. "어디서 많이 뵌 분인데 …" 이런 기억력 없는 것 때문에 인생을 한편의 유머로 만드신 분이 아버님이셨다.

아버님은 교수님들의 생활에서 유머의 자료를 찾기도 하셨지만 세상에 나돌아 다니는 유머를 모아서 적당할 때 사용하시기도 하였다. 그 분의 유머 가운데 '장례식 시리즈 1, 2, 3, 4' 가 있다. 그 중에 한 가지를 소개한다. 한 사람이 장례식에 참여하게 되었다. 이 분은 말주변이 없어서 무엇이라고 유족을 위로할지 몰라서 망설이다가 이렇게 물었다.

조객: 아버님이 어떻게 돌아가셨나요?
아들: 그만 나무에서 떨어져서 돌아가셨어요.

조객: 그것 정말 안 되셨군요. 그런데 어디 다치신 데는 없습니까?

아들: 그렇게 심하게 떨어지셨는데 다리는 안 부러지셨습니다.

조객: 정말 천만다행이군요.

아들: (아들은 어안이 벙벙했다. 이미 돌아가셨는데 다리가 안 다쳤으면 뭘 해요?)

주로 감리교 신학대학 졸업생들이 유머가 뛰어나다. 이것도 스승님을 닮은 것 같다. 나도 아버님과 같이 유머가 있는 남편을 만나서 평생 웃고 살고 있다. 유머, 그리고 웃음은 삶을 활력 있게 만드는 비타민들이다. 나의 아버님도 64세, 시아버님도 64세, 다들 일찍 돌아가셨다. 그래서 나는 항상 이런 말로 남편에게 아버님이 일찍 돌아가신 이유를 말했다.

나: 윤 박사님이 왜 그렇게 빨리 돌아가신 줄 알아요? 그것은 사랑하는 딸이 너무 이상한 남자를 데리고 와서 결혼하겠다고 하니까 충격을 받아서 그 충격에 오래 살지 못하고 돌아가신 거예요.

남편: 아니예요. 오히려 충격을 받아서 일찍 돌아가신 분은 나의 아버님이예요. 잘 생긴 장남이 멋있는 여성을 데리고 올 줄 알았는데 쥐방울만한 여자를 데리고 와서 충격 받아 일찍 가신 것이예요. 그러나 윤 박사님이 그렇게 일찍 돌아가신 것은 딴 이유가 있어요. 윤 박사님에게 딸 다섯이 있었는데, 그 가운데 유독 시집 못 갈 것 같은 딸이 하나 있었어요. 누구라고는 말 안 해요. 가장 인물이 떨어지는 딸이 하나 있었지요. 그래서 매일 누가 저 딸을 데리고 갈까 걱정했는데 어느 날, 아랑 드롱처럼 잘 생긴 남자가 나타나 딸을 달라고 하니 너무 기뻤던 거예요. 이 세상 걱정 다 없어지고 너무 기쁘고 행복하셨지요. 그래서 "평화, 평

화로다"라고 평화의 찬송을 부르다가 평화로운 천국으로 평화롭게 먼저 가신 거예요.

15. 나는 아버님에게서 '처음' 이라는 것을 배웠다

나는 아버님의 인생에서 '처음' 이라는 단어를 배웠다. 그 분은 독일로 유학 가서 '처음' 으로 독일 계통에서 박사학위를 받으신 제1호 신학박사가 되셨다. 그리고 독일어 원서를 번역하여 한국에 소개한 최초의 신학자이다. 아버님은 '처음' 으로 국제종교사학회의 일원으로 참여하셨고, 처음으로 김태곤 박사나 유승국 박사와 같이 다른 종교에 계신 분들과 소통을 시작하였다. 무교, 유교 등 종교 간의 대화를 시도하였다는 말과도 같다. '처음' 으로 감리교신학대학에 무교와 원시종교 연구과목을 신설한 분이시기도 하다. 아버님은 내가 생각하기에도 선구자 길을 걸으신 것 같다. 그것은 어떤 의미에서 하나님 안에서의 자유로움을 의미할 수 있다. 다른 말로 하면 하나님의 능력과 행하심에 제한을 두지 않는다는 것이다. 열려있는 담대한 마음, 그것은 우리 가정의 유산과도 같이 내려온 것 같다.

나는 미국에서 한국 여성목사로 세 번째로 안수받았다.[8] 그 당시는 부부 목사로 안수를 받는 사람이 없었는데 오혜식 목사, 이준영 목사 부부가 안수를 받은 후에, 나도 그 희귀한 부부 목사(clergy couple) 계열에 들어갔다. 지금은 수도 셀 수 없이 많아졌다. 그리고 '처음' 으로 여성부흥사의 길을 걷게 되었다. 나는 1989년 처음으로 장로교에서 부흥회를 시작하였다. 감리교에도 여성부흥사가 문을 아직 안 열었을 때에,

---

8) 미국 여성들이 안수를 받은 것은 오래되었지만 한국 여성으로는 미국 감리교에서 김혜선 목사가 처음이다. 서부연회에서는 오혜식 목사, 그리고 그 다음이 나인 것 같다.

사우스 캐롤라이나에 있는 기독교장로교에서 부흥회를 시작하였다. 그러자 장로교에서 부흥회를 하는 목사를 감리교에서 초청 못 할 이유가 없지 않겠느냐고 덴버 한인 감리교회에서 부흥회를 시작함으로 여성목사가 인도하는 부흥회의 새로운 장을 열었다. 그 당시 한 시간, 두 시간 교회에서 간증하는 여성 전도사 분들은 있었지만 부흥회를 전체를 인도하는 여성 목회자는 처음이었다. 그 당시 부흥회는 3박 4일 간 10회를 인도하였다. 그 많은 시간을 여성에게 강단을 맡기기가 쉽지 않았을텐데 말이다.

그리고 한국에서 1992년에 자교교회에서 부흥회를 인도하면서 92년 만에 '처음' 그 교회에서 여성을 부흥사로 세운 첫 번 기록이 되어서 역사적인 사건으로 남게 되었다. 어느 교회에서는 42년 만에 '처음으로' 한 시간 주일 설교를 하는 처음 여성 목회자가 되었고 1992년 횃불회관에서 브라이드 성서연구를 시작함으로 한국에서 '처음으로' 전체 세미나[9]를 인도하는 여성 목회자가 되었다. 남성 강사 중심적인 세미나 인도에서 남성 목사님들이 40여 명 모인 세미나를 3박 4일 동안 여성이 전체를 인도하는 '처음' 세미나가 되었다. 그것은 처음으로 열리는 '구속사적 성서연구' 였다. 하나님께서 하늘을 열어주셔서 구속사를 이해하게 하였고, 그것으로 책을 집필하여 한국의 목사님들을 교육하였다.

이 책을 출판하고 한국에 갔을 때 재미 있는 일화가 있었다. 횃불회관이 나의 친구 순정이의 오빠 가정이[10] 하는 것이므로 그 회관을 빌리러 갔다. 이곳에서 성경 해석학자 K 교수를 만났다. 나는 이러 이러한 책을 쓰고 이 장소를 빌려 성서연구 세미나를 한다고 하니 그 책을 보여달라고 한다. 그 분은 잠시 책을 훑어보고 나더니 깜짝 놀라면서 "네덜

9) 처음으로 40명을 정원으로 성서연구세미나 3박 4일을 횃불회관에서 자고 먹으면서 진행하였다.

10) 최순영 장로와 이형자 권사.

란드의 성서 해석학자 시드니 크레디다누스의 구속사를 읽어본 적이 있느냐?" 고 물어서 그런 적이 없다고 하니까, 이 책이 그러한 성경 해석학을 기초로 만들어졌다는 것이다. 나는 그 학자의 이름을 들어본 적이 없고, 단지 하나님이 열어주시는 대로 책을 집필하였다. 그러다가 그 교수님은 내가 윤성범 박사의 넷째 딸인 것을 밝히자 깜짝 놀라면서 이렇게 말했다.

> 나는 대학을 다닐 때, 감리교의 윤성범 박사님이 회개하기를 열심히 기도하였다. 그 분의 신학이 이단으로 흘러가서 나는 그 분이 돌아오기를 열심히 기도하였다. 그런데 그런 분의 딸이 어떻게 이런 성서적인 책을 썼느냐? 하나님이 나의 기도에 응답을 해 주신 것 같다.

이 말을 듣고 웃어야 할지 울어야 할지 감사해야 할지 당황한 적이 있었다. 그러나 이 말은 단편적으로 아버님의 신학이 그들에게는 얼마나 위험하게 느껴졌는지 알아볼 수 있는 단면이었다.

가슴 아프게도 한국교회는 너무나 쉽게 이단이라고 정죄한다. 정말 이단이면 당연히 척결해야 할 것이다. 하지만 조금만 자기와 다르면 이단이라고 한다. 크리스천의 삶은 다른 이들과 다르게 사는 것이다. 예수님의 가치는 다른 이들과 구별되어 사는 삶을 가르친다. 그런데 틀린 것과 다른 것을 구분하지 못하는 사람들이 많다. 그래서 선의의 피해를 입는 사람들이 많은 것 같다.

나는 '처음' 으로 365일 자녀들을 위한 기도문을 한국 출판계에 선을 보였고, 태교가 아름다우면 인생도 아름답다는 태교 책이 처음으로 한국에 모습을 나타냈다.[11] 또한 처음으로 부부들을 위한 기도문을 출

---

11) 의학적인 태교에 관한 책은 번역서적으로 몇 권 나와 있었지만 이렇게 기독교 출판사에서 신앙적으로 태교를 안내하는 책자는 없었다.

판했다. 이렇게 한국에 없었던 사이문학이 나오자, 너도 나도 비슷한 주제의 책이 나왔다. 그리고 365일 자녀들을 위한 기도문을 '처음' 으로 영어로 번역되어 미국 이민 사회에도 소개되었다. 감리교 안에서 '처음' 으로 치유 신학원을 개원하여 치유에 대한 전문적인 것을 교육하였고, 처음으로 기름부음에 대한 300페이지의 책을 썼으며 처음으로 서울에서 힐링룸[12]이라는 것을 시작하였다. 물론 치유사역을 하는 곳은 많이 있었다. 그런데 힐링룸이라는 말은 처음으로 사용된 것 같다. 이 후에 힐링이라는 말이 방송에서도 대대적으로 사용되기 시작하였다.

아마 아버님이 이런 선구자의 길을 닦아놓지 않았다면 나도 두려움이 앞서 이러한 '처음' 길에 발을 내어놓지 못했을 것이다. 그러나 아버님이 가신 길과 같은 '처음' 에 우리 딸들은 아무런 부담 없이 첫 발을 내어놓았다. 그것이 아버님이 남겨주신 '처음' 이라는 역사를 쓰는 DNA를 가진 덕분인 것 같다.

아버님도 책을 많이 쓰셨는데, 나도 주제는 다르지만 40여 권을 한국과 미국에서 출판하였고, 출판되지 않고 비매품으로 치유신학원 강의 교재를 수십 권 저술하였다. 여성으로서, 아내로서, 엄마로서, 부흥사로서, 활동하면서도 여전히 활발한 저술활동을 벌인 것도 아버님이 나에게 물려주신 은사인지도 모른다.

나는 '처음' 으로 한국 감리교에서 기름부음 사역을 신학화하여 책을 쓴 여성목회자가 되었다.[13] 다른 사역자들은 은혜를 받고 성령사역

---

12) 미국이나 외국에 성령 사역자나 기름부음 사역자들은 모두 그들이 인도하는 작은 '힐링룸' 을 가지고 있다. 그곳에서 치유와 소집회를 열고 있으며 치유에 관한 소책자들도 만들어낸다. 2010년 처음으로 치유만 하는 힐링룸을 서초동에서 시작하였다. 이것 또한 사이목회이다. 대교회에서 할 수 없는 것들만을 전적으로 하는 힐링룸을 운영하였는데 치유, 축사를 위한 기름부음 집회를 위해 항상 열려 있었다.

13) 한국 감리교회 역사 가운데 부흥회를 인도하였던 모든 분들이 사실은 기름부음 집회였다. 하지만 구체적으로 기름부음이라는 말을 사용한 것은 몇 년 되지 않는다. 항상 성

을 하였지만, 나는 먼저 신학을 하고 기름부음을 받아 모든 은사와 기름부음을 신학화하는 작업을 할 수 있었다. 현재도 일 년에 2회씩, 기름부음 산상집회를 인도하는데 치유, 축사, 예언, 회복이 주제이다. 내가 기름부음 사역을 할 때, 한국에서는 이 기름부음 사역으로 인해 많은 부정적인 오해와 비판을 받았다. 그래서 오해를 풀기 위해 열심히 신학화하는 작업을 계속하고 있다. 그러면서 나는 하나님께서 하시는 일에 제한을 두지 않았고, 그 분 안에서 어떤 일도 가능하다고 믿었다.

생명이 없는 것을 붙잡고 계속 우기는 교리주의자들을 보면 너무 마음이 아프다. 미국에서 한인여성목회에 대한 가부 여부를 신문지상에서 토론한 적이 있다. 나는 '처음' 으로 여성목사 안수에 대하여 지상토론의 패널이 되었다. 상대 목사님은 '여성은 성경적으로 절대적으로 목사가 되면 안 된다' 고 주장하는 김의환 박사였다. 그 분은 아버님과도 토착화로 지상 논쟁을 하신 분이셨다. 아마 그 분이 내가 윤 박사의 딸이라는 것을 알았다면 더욱 더 반대하셨을 것 같다.

아마 이러한 DNA는 속일 수 없는 것 같다. 모든 것을 즐겁게 배우시고, 앞장 서서, 총탄을 맞아가며 선구자의 길을 가신 것처럼 나도 역시 기름부음 사역을 하면서 무수한 총탄을 맞았다. 아무도 이해하지 못하는 길이지만, 하나님은 하실 수 있는 것을 믿고 앞을 향해 달려갔다. 이렇게 '처음' 길을 여는 선구자들이 순교를 하며 총탄을 자처하고 맞은 세대가 있듯이 어느 때는 이것이 일상이 되는 때도 올 것이다. 여성목회자가 이상하지 않게 보이는 것처럼, 치유도 축사도 예언도 기적도 임파테이션도 모두 일상처럼 되는 때가 올 것이다. 그러나 선구자가 없었다면 이런 길이 만들어졌겠는가? 그래서 선구자는 외롭고 힘들고 지치는 길을 가는 자들이다. 하지만 내가 감사한 것은 아버님이 이 길을

령집회라는 말은 많이 사용했지만 기름을 붓고, 기름부음 치유와 축사를 하게 된 것은 최근의 일 같다.

노래하며 즐겁게 가셨다는 점이다. 그래서 나도 한결같이 노래하며 끝까지 선구자의 길을 걸을 것이다.

> 내가 나그네 된 집에서 주의 율례들이 나의 노래가 되었나이다(시 119:54).

16. 성(誠)의 실천윤리로서의 효(孝)

예수님이 십자가에 달려 돌아가신 후, 제자들은 절망하여 엠마오로 내려간다. 그 때 길에서 만난 어떤 분이 성경을 구속사적으로 풀어주자 마음이 뜨거워졌고 그 분이 예수님인 것을 안 순간, 그 분이 부활하신 것을 알고 다시 예루살렘으로 올라갔다는 이야기를 나는 최근에 아버님을 통해 체험했다. 오랫동안 뒷방 노인처럼 사장되어 있었던 토착화신학[14]이 다시 모습을 드러내어 아버님이 차근차근 나에게 설명해 주셨을 때, 내 눈이 열리고 마음이 열리면서 아버님 신학의 재발견과 부활에 내 마음이 뜨거워져서 누가복음의 말씀을 직접 나도 체험하게 되었다.

아버님의 토착화 서설은 감과 솜씨와 멋으로 출발한다. 국제종교사학회 회장으로 대표로 세 번 외국에 다녀 오셨다. 그 후, 아버님은 우리만의 신학에 대한 관심을 갖기 시작하셨다. 감은 하나님의 감으로 복음의 씨를 의미한다. 이것은 떨어져 심겨질 자리가 필요하다. 그 자리가 바로 문화이다. 아버님은 이 문화의 문제에 직면하면서 한국인의 순수한(고유한) 문화의 자리가 무엇일까를 찾기 시작하셨다. 아버님은 우리의 문화가 불교와 유교와 무교의 옷을 입고 혼합하여 잘 보이지 않지만 이런 종교적 옷을 입은 문화가 아닌 우리만의 문화가 있을 것이라고 찾

14) 물론 감리교신학대학교에서는 계속 토착화를 가르치는 과목이 있었다.

아가셨다. 물론 유불선의 종교적 바탕에서 그 자리를 찾기도 하셨다. 나라마다 문화의 자리가 다르다. 그래서 복음의 씨가 떨어질 적에, 각자 나라마다 다른 문화 가운데 복음의 씨가 떨어질 때, 성령님의 솜씨가 그 복음을 독특한 생명이라는 것으로 살려내신다는 이론이다. 이 살려진 생명 이것이 한국그리스도인의 멋이 될 것이라고 말씀하신다.

그러하면 우리의 genuine 문화는 어떤 것인가? 중국인가? 단군신화인가? 아니면 우리가 갖고 있는 3대 종교라는 옷인가? 하나님의 감이 떨어질 문화의 자리를 찾다가보니 유교와의 대화를 시도하게 되었던 것이다. 그래서 아버님이 정통신학자에게 비교 종교 철학자처럼, 문화신학자처럼 보였던 것이다.

나도 그러한 아버님 신학이 너무 나간 것이 아닌가? 나가다가 변질되지 않은 것일까? 우려해서 나만이라도 복음주의자가 되자고 아버지와의 다른 점을 강조하고 다녔다. 그러면서 내가 옳다고 믿은 신학과 영성으로 40년을 목회하다가 은퇴하였다.

아버님이 그토록 찾기를 원하셨던 문화적 선험성(아 프리오리)을 나는 효(孝)에서 찾았다. 아버님은 이 효가 문화의 자리가 될 것을 말씀하시지 않았지만 서양과 동양의 차이에서 효의 윤리가 다른 것을 발견하시고, 한국인이 태어나면서부터 누가 가르쳐주지 않아도 가지고 있었던 효(孝)라는 문화에 눈을 돌리시고 마지막 작품으로 남기셨던 것이다.

한국의 윤리는 아버지와 아들의 수직문화로서의 효이다. 하나님의 감이 부부 중심의 윤리 가운데 떨어지는 것과 효라는 수직문화에 심겨지는 것과는 너무 다르다. 그러나 아버님은 유교의 효(율곡의 성리학이 말하고 있는)를 모범삼지 않으셨다. 바로 성경에 나오는 예수님을 효자의 모범으로 보셨다. 이현부모(以顯父母)의 가장 모범은 예수님이시다. 예수님은 아버지의 뜻을 이루려고 오셨다고 말씀하셨다. 그런 의미에서 그리스도의 효의 문화는 우리의 순수 문화적 아프리오리였던 것이다.

이 문화적 아프리오리는 화육적 영성의 극치이다. 아버님이 살아서 아들을 통해 나타난다는 것이다. 말씀이 육신이 되는 원리이다. 아버님은 바로 토착화신학에서 문화의 자리를 바로 찾아서 우리만의 멋을 찾자는데 의도가 있었다. 아버님이 그토록 찾으시던 우리만의 문화의 자리는 바로 효(孝)였던 것이다. 그리고 이어서 인(仁)과 성(誠)을 말씀하시는데 인은 하나님을 사랑하고 이웃을 사랑하는 것이라고 하셨고, 하나님을 사랑하면서 이웃을 사랑하게 되는 이 화육을 성이라고 보시면서 효를 수직적이라고 한다면 인은 수평적이고 이것의 만남에서 말씀이 육신이 되게 하는 것은 성(誠)이라고 말씀하셨다.[15]

나는 40년 동안 화육적 영성을 가르치고 실천해왔다. 그리고 2005년에 제자들과 함께 모여 아버님의 신학을 세계화해 보자고 모여 의논하면서 아버님의 책을 거의 다 읽었던 적이 있다. 그때 아버님이 그토록 찾고 찾던 것, 열심히 추구하였던 것이 바로 한국인의 자리에 복음의 씨가 내려 30배, 60배, 100배의 열매를 맺자는 것임을 알았다. 우리 신학은 바벨론 포로가 되어 있다. 서구 신학을 무분별하게 들어오면서 하나님의 감이 다른 문화적 자리에 내렸던 것을 그대로 받아드리면 우리의 것이 없어지고 한국을 찾아오신 예수님과 성령님이 솜씨를 부릴 수 없게 된다. 그리고 자연적으로 우리 한국인에게 서양 옷을 입힌 기독교가 탄생한다는 것이다.

그래서 아버님의 책을 읽으면서 내가 너무 놀란 것은 아버님이 말씀하시는 구속사[16]와 기름부음, 성령님의 솜씨, 성(誠)의 신학을 나는

---

15) 아버님은 처음 한국적 신학에서 성(誠)을 아주 복잡하게 말씀하셨는데 가장 후기 작품인 효(孝)에서는 성을 이렇게 단순하게 표현하고 계신다.

16) 아버님이 오스카 쿨만에게서 배운 구속사를 내가 실제 목회 현장에서 가르치고 훈련시켰다는 것이 너무 놀랍다. 나는 아버님이 오스카 쿨만의 도움으로 바젤에 가신 것을 최근에 알았다.

40년 동안 아무것도 모르면서 목회현장에서 실천하고 있었다는 것을 알았다. 어떻게 하나님은 아버님의 신학의 이론을 나의 목회현장에서 실제로 풀어내셨는가가 놀라웠다. 그것이 바로 그 분의 솜씨이고 나는 그 솜씨로 태어난 멋의 자녀였다. 엠마오로 내려가는 제자들에게 오목조목 예수님의 구속사의 과정을 소개해 주신 것처럼, 나는 이번에 아버님이 오서서 토착화를 설명해주실 때, 시공을 초월하여 만나는 하나님의 구속사를 체험하였다. 그래서 내 마음이 놀랍도록 뜨거워졌다. 이것이 바로 하나님의 솜씨이구나 … 아버님이 그토록 원하시던 실제, 평신도와의 대화(communication)를 내가 목회현장에서 풀어 내었구나.

아버님이 원하시는 것은 책상에 앉아서 토론하는 기독교가 아니고 삶의 현장에서 화육되는 것을 원하셨던 것이고 하나님의 감을 한국적 문화의 자리로 끌고 오셔서 우리의 것을 열매 맺기를 원하셨음을 깨달았다. 그 문화의 자리가 바로 가정이고 효였다. 브루너 등이 창조질서로서의 결혼과 노동을 이야기하였지만 정작 아버지와 아들의 효의 윤리, 가정의 윤리에는 관심을 주지 않았다고 아쉬워 하였다. 그리고 아버님이 그렇게 존경하던 칼 바르트도 가정의 윤리라는 데에는 관심을 두지 않았다. 수평적인 부부의 윤리는 개인주의에서 발전했고, 그 근거가 자유라고 하였는데 아버님이 말씀하시는 자유는 공동체적인 자유로서 누구 향한, 누구를 위한 자유라고 말씀하셨다. 개인적인 윤리에서의 자유는 어디로부터의 자유(exodus from=Freiheit von)만을 이야기할 뿐, 누구를 위한, 누구를 향한 자유(exodus for=Freiheit zu und für)를 말하고 있지 않다고 말씀하셨다.

그래서 근본적으로 서양의 문화의 자리에서는 진정한 기독교의 윤리가 정착할 수 없다고 말씀하셨다. 성경에서 말하는 그 자유의 원리가 개인주의적 부부관계의 수평적 윤리와 접목하면서 우리 한국이 자리 잡고 있는 효라는 공동체적인 질서와 조화라는 것이 잃어버리게 되었다는 것이다. 가정이 무너지면 국가도 무너지고 사회도 무너진다. 아버님은 최고의 경건이 효라고 말씀하셨다. 왕과 신하의 충이 국가의 근간이 되는 것이 아니라 아버지와 아들의 관계, 효에서 근간을 찾아야 한다고 말씀하셨다.

디모데전서(5:4)에서는 자녀들에게 가장 먼저 가르쳐야 할 경건은 효라고 설명하고 있다. 그러나 한국어 성경에서는 효로 번역하였지만 영어성경에서는 requite 혹은 repay의 뜻으로 기록되어 있다. 즉 감사한 것을 다시 부모에게 돌려주라는 뜻이다.

> 만일 어떤 과부에게 자녀나 손자들이 있거든 그들로 먼저 자기 집에서 효(孝)를 행하여 부모에게 보답하기를 배우게 하라 이것이 하나님 앞에 받으실 만한 것이니라.

우리 삶의 목적은 결국 하늘 아버지의 말씀과 뜻이 우리 삶 가운데 나타나는 것, 바로 성(誠)이다. 그리고 이것이 바로 이현부모, 효를 나타낸다. 이 효를 그리스도의 효로 접목하여 우리만의 신학을 만들어보고자 노력하셨던 아버님의 뜻이 나의 삶 가운데서 그대로 흘러나왔다. 이렇게 역사하시는 성령님의 솜씨에 감격한다.

17. 아버님이 남긴 멋진 제자들이 우리 신학의 미래다

이제 그 분이 우리 곁을 떠난 지 37년이 지났다. 강산이 세 번 변하고도 남을 세월이 흘러갔다. 그의 사랑을 받은 제자 중의 하나로서 필자도 제자들과 같이 아버님의 신학과 사역을 발견하고 발전시켜야 한다는 사명감을 가지게 되었다. 한편 그 분의 신학에 대하여 바로 평가를 하고 그 분의 신학을 발전시켜 앞으로 아버님에게 배우지 못한 후학들에게 남겨주어야 할 책임을 느낀다. 그가 남긴 것은 재산도 아니요, 건물도 아니다. 그가 남긴 것은 제자들이다. 그의 솜씨로 만들어진 멋들어진 제자들이 유산으로 남아 있다. 그 제자들은 아버님의 작품들이다. 그 제자들과 그들의 목회와 선교가운데 아버님은 아직도 자신의 목회의 비전을 이루고 계신다. 이러한 제자들이 한국 신학과 한국 기독교 영성의 미래가 된다.

한국적 신학과 토착화는 신학자들만의 몫이 아니다. 어려운 용어와 전개로 읽기조차 어려운 학문이 아니다. 한국적 신학과 토착화는 서민의 문화로부터 나오는 우리 모두가 참여하는 장이어야 한다. 또한 한국적 신학의 토착화에 가장 기여한 사람들은 바로 부흥사들이다. 신학을 쉽게 풀어서 삶의 현장에 씨 뿌릴 때에 자신들도 알지 못하는 사이에 토착화작업을 하였기 때문이다.

이런 실제적인 토착화과정에 우리 아버님이 키우신 제자들이 있다. 이 제자들이 아버님의 신학적 업적이다. 아버님은 평소 "사람을 키우는 것이 가장 큰 선교이다"라고 말씀하셨다. 그리고 돌아가시기 일주일 전 어느 교회에서 외치시던 설교도 바로 이렇게 세워진 제자들이 앞으로 나아가야 할 선교의 방향을 외치셨다.

> 한국의 신학대학은 더 많이 세워져야 합니다. 우리나라는 선교대국이 되어야 합니다. 이제 전 세계에 선교사를 파송해야 하는 나라이기 때문에 많은 신학교를 통해서 인재들을 키워야 합니다. 한국은 선교를 향한 모발입니다. 이곳에 심겨진 모발의 신학생들이 세계를 향하여 모내기를 위해 뽑혀서 세계로 나아가야 합니다. 그렇게 될 때, 지금의 신학교로는 부족할 것입니다. 우리는 세계를 향한 사람들을 키우고 세우고 준비해야 합니다.[17]

이제 이 신학의 보화를 다시 찾아서 삶의 현장에서 육화하여야 하는 작업이 제자들의 몫이다. 제자들의 삶과 목회 현장에서 토착화신학은 육화되어야 하고, 정립이 되고 발전이 되어야 한다. 부족한 점이 보완되고 잘못된 것은 교정되어야 한다. 그래서 윤 박사가 남긴 그 이상 깊은 곳으로 나아가야 한다. 이것이 스승이 남겨준 유산에 대한 우리의 보은이다.

---

17) 그런 아름다운 원옥 언니는 미국에서 두 자녀를 잘 키워 아들을 목사로, 딸은 장애인을 위한 교사로 키웠고, 교회에서는 여선교회장으로, 부부 장로로 열심히 헌신하였는데 2006년 피부암이 발생해 2년 투병하다가 2008년 2월에 세상을 먼저 떠났다(편집자 주).

윤성범 박사 약력

호는 해천(海天). 1916년 1월 13일 윤태현 목사와 장영규 사모와의 사이에서 경상북도 울진에서 출생. 1934년 평양 광성고등보통학교(光成高等普通學校)를 나와, 1941년 일본에 유학, 동지사대학교[同志社大學校] 신학부를 졸업하고 1945년에 목사가 되었다. 8 · 15광복 후인 1946년 감리교신학교 교수가 되어 6 · 25전쟁을 겪고 나서, 1953년 스위스 제네바의 에큐메니칼 학원을 거쳐, 1954년 바젤대학교에 입학, 칼 바르트에게서 사사하고, 1955년 졸업과 동시에 신학박사 학위를 받았다. 또한 국제종교사학회 실행위원에 피선되어 영국, 독일, 미국 등지에서 열리는 국제종교사학회에 참여하였다. 신학의 토착화(土着化) 내지 한국적 신학을 주창하며 바르트의 제자답게, 삼위일체론적 · 존재론적인 신학방법론을 구사하였다.

1963년에는 단군신화 논쟁을, 1973년에는 유교의 진리체계와 접목시킨, 이른바 '성(誠)의 신학' 논쟁을 불러일으키는 등, 그리스도교와 한국사상과의 만남을 통하여 한국적 신학을 정립하려고 노력하였다. 따라서 국내 유교 · 불교 학자들과도 폭넓은 교제를 가지며 국제 종교사회학에서도 적극적인 활약을 하여 한국 신학계에 새 바람을 일으키기도 하였고, 많은 논쟁의 대상이 되기도 하였다. 1977년에는 감리교신학대학교 학장에 취임한 이후 한국적 신학의 정립을 위하여 헌신하였다. 2년 학장직은 헌신적으로 마친 뒤, 다시 한 번 더 학장직에 위임되었는데 1980년 1월 22일 하나님의 부르심을 받았다.

1941년 이희영 여사와 결혼하여 슬하에 딸을 다섯 명 두셨으며

1941부터 4년 동안 강화, 강원도 이천 등지에서 전도사로 목회를 하기도 하였다. 그러나 대부분 감리교신학대학 교수로, 초대 대학원장으로, 학장으로 35년을 교직에 계셨다

윤성범 박사 저서와 역서*

단행본

Sung Bum Yun,. 바울의 인간학(독일어박사논문), 1958

윤성범. 《갈라디아서, 에베소서》. 서울: 대한기독교서회, 1959

_____. 《청년과 세계 기독청년생활총서》. 서울: 총리원교육국, 1958

_____. 《한국신학방법론 서설》. 서울: 감리교신학대학 학생회 학예부, 1961

_____. 《인간론》. 서울: 대한기독교서희, 1961

_____. 《기독교와 한국사상》. 서울: 대학기독교서희, 1964

_____. 《위대한 기독교 신앙》. 박대선 공저, 서울: 총리원교육국, 1964

_____. 《우리 주변의 종교》. 서울: 대한기독교서회, 1965

_____. 《오늘을 보람 있게》. 서울: 삼중당, 1973

_____. 《칼 바르트》. 서울: 대학기독교서회, 1968

_____. 《한국적 신학: 성의 해석학》. 서울: 선명문화사, 1972

_____. 《성(誠)의 신학》. 서울: 서울문화사, 1972

_____. 《효: 서양윤리, 기독교윤리 유교윤리의 비교연구》. 서울: 서울문화사, 1972

_____. 《한국종교개관》. 윤성범 外 공저, 원광대학교 종교문제연구소, 1973

_____. 《현대와 효도》. 서울: 을유문화사, 1975

_____. 《한국인 종교의 흐름》. 서울: 대한기독교교육협회, 1975

_____. *Ethics East and West*. Tr. by Michael C. Kalton, Christian Literature Society, 1977

V. V. Club. 《 사랑의 말씀을 모아》서울: 성균문화사, 1981

편집위원회편. 《윤성범 전집 총7권》서울: 도서출판 감신, 1998

_____. 《성령》. 문익환, 유동식 외 공저, 서울: 오리(悟理)문화사, 1957

윤성범 편. 《칼 바르트의 신학연구》서울: 대한기독교서회, 1970

---

* 윤성범 박사의 저서, 역서, 논문 목록은 《해천 윤성범의 토착화 신학 - 그 기억과 꿈》(서울: 감리교신학대학교 출판부, 20160, 46- 60에 노종해 목사의 수고로 자세히 기록되었다.

______. 《현대와 효도》. 서울: 을유문화사, 1975.
______. 《동서사도론》. 서울: 을유문화사, 1976.

번역서

에밀 부르너. 《종교철학》. 서울: 율유문화사, 1963
파울 알트하우스. 《교의학 개론》. 서울: 대한기독교서회, 1963
루돌프 옷토. 《종교입문》. 서울: 을유문화사, 1963
어거스틴. 《신국, 고백》. 서울: 을유문화사, 1966
임마누엘 칸트. 《순수이성비판》. 서울: 을유문화사, 1966
존 D. 갓세이. 《칼 바르트와의 대화》. 서울: 대한독교서회, 1969
칼 야스퍼스. 《철학입문》. 서울: 을유문화사, 1974
아돌프 하르낙. 《기독교의 본질》. 서울:삼성문화사, 1975
알버트 슈바이처. 《예수전 소전》〈슈바이처 전집 3〉. 서울: 1956
킬케고르. 《철학 단편 및 단편의 철학 세계기독교사상전집》. 서울: 신태양사, 1975

나가면서

이 글들을 옮기고 쓰면서 나는 40년의 시공을 초월하여 아버님과 대화하게 되었고, 하나님은 나와 아버님, 그리고 하나님과 깊은 대화를 하게 만드셨다. 그리고 아버님의 말씀들, 말씀들이 내 마음에 촉촉이 녹여드는 것을 체험하였다. 아무 말씀도 하지 않으시지만 그 분이 얼마나 한국을 사랑하고 십자가에서 우리 죄를 위해 죽으신 예수 그리스도를 사랑하셨는가를 알았다. 또한 한국의 평신도들이 성숙해져서 소금과 빛의 역할을 하여 교회와 가정, 그리고 개인이 성(誠)과 효(孝)의 생활의 열매를 맺도록 기도하고 계셨다. 또한 생생하게 아버님의 생애가 마치 한편의 드라마처럼 내 눈 앞에 살아서 전개되었다.

어떻게 학문을 전개해 가셨는지보다 그 분이 어떤 동기를 가지고 이 신학적 전개를 하셨는지가 백 번이고 천 번이고 나의 마음을 울린다. 처음 시작하셨던 이 일에 대하여 애정을 가지고, 선구자적인 마음으로 글을 써 내려가셨던 아버님의 동기, 의도를 나는 높이 산다. 그리고 그 마음에서 오로지 주님만을 사랑하고 나가시는 목회자의 마음도 읽었다.

이제 40년이 지나가고 나도 은퇴를 하고, 이러한 어려운 긴 목회의 여정을 마치고 삶을 정리해 나갈 때, 아버님과 다시 시공을 초월하여 만날 수 있다는 것이 큰 축복이었다. 그래서 그런 아버님은 스승이자, 친

아버지로 모시고, 그 분의 자녀이고 제자인 것이 자랑스럽다. 아마 예전에 책을 집필했다면 이런 마음이 덜 하였을 것 같다.

이 책이 누군가의 마음에 불을 붙이고 한국적 신학에 눈과 마음과 삶을 열어 헌신해 줄 수 있다면 더 없이 기쁠 것 같다. 한국 신학의 정체성을 가지고 신학적 바벨론 포로에서 자유롭게 되려는 많은 시도들이 나오기를 기대해본다.

이 책을 완성하기까지 하나님의 도우심이 너무 크다. 어느 날, 이 책을 어떻게 써 내려갈까 걱정하던 나에게 주님은 아버님의 말로, 아버님의 글로 일인칭으로 생애와 신학을 쓰도록 하셨고, 여러 자료를 모아 아버님의 생애를 다시 편집해서 살아나게 하도록 도와주셨다. 그래서 쉽게 짧은 시간 내에 이 책이 우리 손에 들어오게 되었다.

이제 마음의 짐을 덜고 노후에 하나님이 인도하시는 삶을 더 즐기며 살 것 같다. 아버님에 대하여 무엇인가 효도(孝道)를 하고 싶었는데 이런 기회를 주신 하나님께 감사를 드린다. 아울러 가족들과 끊임없이 아버님의 신학을 연구하며 존경해 주었던 제자분들께도 감사의 마음을 전한다. 가족들이 아버님을 잊고 다른 일을 하는 동안에도 이 제자들은 여전히 그 자리에 있으면서 아버님의 신학을 서로 연구하며 소통하고 있었기 때문이다.

아마 천국에 가서 아버님을 뵙게 되면, 아버님은 무엇이라 말씀하실까? 잘 했다고 하실까? 아니면 부족하다고 하실까? 아니면 잘못 이해하였다고 하실까? 그러나 부족한 점들은 읽는 독자들의 사랑으로 채워나가면서 이 책이 할 수 있는 사명을 다 할 수 있기를 기도한다. 또한 아버님도 함께 우리와 즐거워하시고 기뻐하셨으면 좋겠다.

이 책을 읽으시는 모든 분들이 아버님이 사랑하셨던 한국과 한국교회와 목회자와 선교사, 그리고 학자들과 제자들을 위해 계속 기도하는 기도 팀이 되기를 바라며, 이 책을 읽으시는 모든 분들에게 하나님만이 주시는 창조적 자의식이 넘쳐흘러서 모든 육적, 정신적, 영적, 신학적 포로생활의 묶임으로부터 자유하게 되는 복을 누리게 되기를 바란다.

2017년 봄에

아버님의 딸이자 제자인 윤남옥 목사

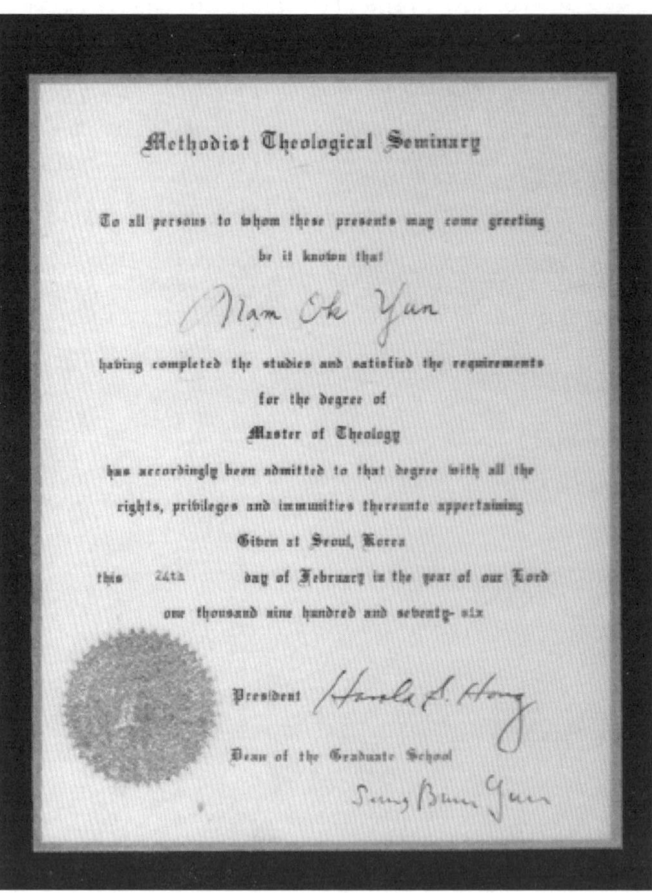

Methodist Theological Seminary

To all persons to whom these presents may come greeting
be it known that

Nam Ok Yun

having completed the studies and satisfied the requirements
for the degree of

Master of Theology

has accordingly been admitted to that degree with all the
rights, privileges and immunities thereunto appertaining

Given at Seoul, Korea

this 24th day of February in the year of our Lord
one thousand nine hundred and seventy-six

President Harold S. Hong

Dean of the Graduate School Sung Bum Yun

아버님이 직접 사인한 대학원 졸업장

* * * * * *

이 책은 故 해천 윤성범 박사님을 회고할 뿐만 아니라 보다 더 활발하게 윤성범의 신학이 연구되고 발전되도록 만들어졌습니다. 가족들도 윤성범 장학기금을 신학대학교에 헌금하지만 혹시 여러분 가운데 이러한 목적에 함께 참여해주고 싶으신 분들이 계시면 아래 은행을 사용해 주십시오. 이 모든 기금은 다시 신학대학교에 들어가서 윤성범 박사님의 학술 강연회나 후배 양성 등에 사용될 것입니다. 감사합니다.

농협(윤순옥) 351 0665 1220 53

윤성범 박사의 효 사랑마을 카페:

http://cafe.daum.net/yunsungbum

윤남옥 이멜: yunnamok@gmail.com

윤남옥 북카페: http://cafe.daum.net/bride23

* * * * * *

성(誠)의 신학자 윤성범의 삶과 신학

엮은이 윤남옥
펴낸이 정덕주
3쇄 발행일 2022년 12월 25일
펴낸곳 한들출판사
서울시 종로구 대학로 19(기독교회관 1012호)
등록 제2-1470호. 1992년
홈페이지 www.handl.co.kr
이메일 handl2006@hanmail.net
전화 02-741-4069, 741-4070
전송 02-741-4066

ISBN 978-89-8349-722-2 93230
* 잘못된 책은 바꾸어 드립니다.

이 책의 국립도서관 출판예정도서목록(CIP)은 서지정보유통지원시스템 홈페이지(http://seoji.nl.go.kr)와 국가자료공동목록시스템(http://www.nl.go.kr/kolisnet)에서 이용하실 수 있습니다.(CIP제어번호: CIP2017027387)